本书列入"十一五"国家重点图书出版规划

北大高等教育文库·大学之道丛书（第二辑）

THE SEARCH OF UNIVERSITY
PRESIDENT

大学校长遴选

理念与实务
THEORY AND PRACTICE

黄俊杰 / 主编

北京大学出版社
PEKING UNIVERSITY PRESS

图书在版编目(CIP)数据

大学校长遴选:理念与实务/黄俊杰主编.—北京:北京大学出版社,2006.7

(北大高等教育文库·大学之道丛书)

ISBN 978-7-301-10567-2

Ⅰ.大… Ⅱ.黄… Ⅲ.高等学校-校长-学校管理-研究 Ⅳ.G647.12

中国版本图书馆 CIP 数据核字(2006)第 012343 号

书　　　名:	大学校长遴选:理念与实务
著作责任者:	黄俊杰　主编
丛 书 策 划:	周雁翎
丛 书 主 持:	周志刚
责 任 编 辑:	郭　莉
标 准 书 号:	ISBN 978-7-301-10567-2/G·1846
出 版 发 行:	北京大学出版社
地　　　址:	北京市海淀区成府路205号　100871
网　　　址:	http://www.pup.cn　电子邮箱:zyl@pup.pku.edu.cn
电　　　话:	邮购部 62752015　发行部 62750672　编辑部 62767346
	出版部 62754962
印　　刷　者:	北京汇林印务有限公司
经　　销　者:	新华书店
	787 毫米×1092 毫米　16 开本　15 印张　198 千字
	2006 年 7 月第 1 版　2007 年 5 月第 2 次印刷
定　　　价:	28.00 元

未经许可,不得以任何方式复制或抄袭本书之部分或全部内容。
版权所有,侵权必究
举报电话:010-62752024　电子邮箱:fd@pup.pku.edu.cn

编者引言

一

"大学之理念"在当前中国台湾地区高等教育界之所以值得特别重视,乃是由于近百年来中国台湾地区的各级教育具有强烈的功利取向,流风所及,大学的理念乃为之晦而不彰。从历史角度来看,近代台湾地区的教育自刘铭传在台北大稻埕创立西学堂(1887)与电报学堂(1890)以后,台湾地区的教育就以实用教育为其特色。日据时代,日本殖民政府对农工实业教育颇为重视。1945年光复以后,台湾省在时间与空间的压力及经济挂帅的背景之下,中等及高等教育颇为强调职业导向,以"人力规划"概念作为制定教育政策的重要依据。20世纪60年代中期以后,中等学校高中高职分流政策的实施,高等教育中就业导向系所的增设,都反映"二战"后台湾地区高等教育的功利取向特点。这种功利取向的特点,在"二战"后台湾地区政治支配一切的特殊状况之下,为台湾地区高等教育带来的伤害至深且巨。台湾地区的大学教育深深地受到"政治力"与"经济力"的支配,形成"教育政治化"和"教育商品化"两大病症,大学的理念因而晦而不明。流弊所及,许多大学的职业训练的性质日益彰显,而在戒严时代大学受到"政治力"渗透的状况不但不因近年来的校园民主化而改善,反而随着"统独"、"省籍"、"党派"等矛盾的激烈化而日益深刻。在这种状况之下,大学之所以为大学的理想性格日趋模糊。因此,以"大学之理念"为中心,邀集各位学者共聚一堂,集思广益,实有其对治时代沉疴之用意在焉。

二

本书上编主要探讨对大学理念的解析。关于这个课题,英文论著为数不少,从纽曼(John Henry Newman, 1801—1889)的《大学的理念》(*The Idea of a University*. ed. by Frank M. Turner, New Haven: Yale University Press, 1996)一书出版以来,关于这个问题的论著不少,较近的就有罗索夫斯基(Henry Rosovsky)的《大学:经营者手册》(*The University: An Owner Manuel*, New York and London: W. W. Norton & Company, 1990),以及帕利坎(Jaroslav Pelikan, 1923—)的《大学理念之再考察——与纽曼对话》(*The Idea of the University: A Reexamination*. New Haven and London: Yale University Press, 1992)这两部书。在21世纪前夕,大学的转型更是一项值得关心的课题。英国里兹大学教授斯科特(Peter Scott)最近就指出,在21世纪的大学里,如何在多元性之中获得共识,是未来大学重要的挑战(见:Peter scott, "The Idea of the University in the 21st Century: A British Perspective," *British Journal of Educational Studies*, 41:1, March, 1993, pp. 4—25)。美国学者法兰斯(Cameron Fincher)则认为在21世纪里,大学将是一个将教学、学习与领导融于一炉而治之的机构(见:Cameron Fincher, "The Idea of the University in the 21st Century: An American Perspective," *British Journal of Educational Studies*, 41:1, March, 1993, pp. 26—45)

在中文世界里,关于"大学之理念"的论著为数不多,金耀基先生曾将他讨论大学教育的论文集为一书,名之曰:《大学之理念》(台北:时报文化出版事业公司,1983,1995)。我们现在收集在这部书中的法伦(Daniel Fallon)的《大学理念的持续与变迁》这篇论文,可以视为讨论这个课题最新的文字。法伦曾任美国马里兰大学副校长,长期关注"大学理念"这个课题。他早年曾撰有专著讨论研究型大学,并获奖。在本书中的这篇论文中,法伦首先区分大学的通识教育、人文教育与人文学术这三个相互关联的名词。接着,他从古希腊、罗马哲人思想中的教育理念开始,探讨两千年来西方大学教育理念的变迁,并兼及中国的教育理念。这篇论文对于"大学理念"的思考,颇有开门见山的贡献。

  本书所收的《大学理念:洪堡与傅斯年观点之比较》的作者是王晴佳,这篇论文主要是借着探讨和比较前台湾大学校长傅斯年(1896—1951)和德国教育家、思想家威廉·洪堡(Wilhelm von Humboldt,1767—1835)对高等教育的见解和论述,希望能对目前大学中"通识教育"的功能、作用以及如何实施等问题有所启发。作者指出,虽然傅斯年和洪堡身处两个不同的世纪,接受教育的社会文化背景也大不相同,但是他们的教育思想却有不少相似之处。举例言之,他们都十分强调大学的独立自主,反对行政权力的过度干涉,也十分注意"教与学的自主"(Lehre-und-Lernrn Freiheit),让教师有学术自由,学生有选课和追求自己兴趣的自由。傅斯年和洪堡处于社会变动的时代,他们教育思想的特征是,力求将教育的改革与社会的需要加以结合,以促进有用人才的培养,使教育跟上时代,满足社会的需求。所以在大学的理念上,傅斯年和洪堡都认为大学教育不能过于专门化,而要针对人品、人格培养和塑造进行均衡教育。同时,这种教育改造的观点不墨守传统,也不一味追求新奇。王晴佳以为,傅斯年和洪堡关于教育的理想与大学的理念,不盲从、不抄袭,力求使教育与现实社会的需要相结合,这种思想是值得我们效学的。

  《美国现代大学的理念与实践——以芝加哥大学为例》一文以芝加哥大学为例,探讨美国现代大学的理念与实践。该文执笔人林孝信与黄俊杰指出:美国的高等教育在19世纪末发生革命性的变化,传统的学院(College)逐渐转型为现代大学(University)。高等学府不仅注入科学与实用知识,而且开始重视学术研究,并且把研究与教学结合起来。芝加哥大学成立于19世纪(1822),是转型期间新成立的现代大学中最具代表性的案例,在学术研究与通识教育上,都有非常突出的成果。这篇论文提出两点结论性的看法:第一,芝加哥大学创校理念及其通识教育经验,因其特定时空背景与大学领导人的思想因素,才有其成果,并非其他国家或大学可以完全模仿与移植。第二,参考其他办学成绩优异之学府的理念与具体经验,并针对台湾特殊的时空情境,以落实大学教育改革工作,是一切教育改革的根本原则。

接着,林孝信与黄俊杰合撰的论文《美国的经典通识教育:经验、问题与启示》,主要是回顾近百年来美国各大学通识教育的兴起与发展,探讨美国的经典通识教育的经验及其潜藏的问题,并就美国的经验对中国台湾地区的大学通识教育所可能具有的启示略加讨论。本文认为:(1)近百年来的美国经验显示:以经典作为通识核心课程,是传承文化价值的有效方法。"核心"通识课程的设立,是通识教育课程的常规。而在核心课程的规划之中,为引导学生研读最有价值的经典著作,所以经典教学遂进入了通识教育之中。(2)美国经验显示:核心通识课程经典著作的选定,并非一经定案就永不改变,事实上核心课程的设计以及经典著作的必要性,并非一帆风顺地受到通识教育者的支持。如何规划核心课程的内容,如何选择教材,仍然争论不息。(3)针对当前中国台湾地区社会的特殊状况,通过经典著作而使学生之心智获得启发与陶冶,是值得努力的做法。

《"理念治校"与"全人教育"之大学新典范:省思、建构与分享》一文,作者是台湾中原大学校长张光正。他认为,所谓"理念",就是方向之指引原则,有理念之组织方能长治久安,有良好的教育理念才足以治校。"全人教育"的理念朝向"四平衡":(1)专业与通识的平衡;(2)人格与学养的平衡;(3)个体与群体的平衡;(4)身、心、灵的平衡,以此培育出具有宏宽胸襟且整全之教育通才。张光正以本身治理台湾中原大学的实务经验,针对台湾中原大学既定的教育理念,与读者分享他个人的治校经验。

三

本书下编讨论大学校长的角色及遴选。首先是林孝信的《从学术领导看大学校长遴选》一文,他在文中开宗明义指出,大学校长遴选的目的,归根结底,是要找到适当的人来办好大学。但是遴选的方式设计即使再完善,如果选出的校长不善于领导大学,那么遴选制度的完善,还是不足以保证可以找到优秀的校长。台湾地区近年来改变了大学校长的产生方式,从官派转变为大体上由各大学自行遴选,但是偏重的是程序民主的考虑,而忽略目的性与学术领导的问题。作者从学术领导的角度,来考察大学校长遴选的问题。由于过去台湾地区在威权政治体系下,大学校长的权限高度受制于台湾教育主管部门的制约,大学的领导功能不能发挥。为此,作者介绍了欧美大学教育发达国家的学术领导的经验,以及相关的学术研究成果,作为参考的范例。林孝信认为,在不同的高等教育体系中,大学校长的教育职责就不一样。美国的高等教育体系,赋予了校长最大的权力,因此校长对大学的成败影响也最为直接。校长的权力愈大,其领导也愈为关键,所以校长的遴选就需要特别慎重。在遴选的过程中,候选人学术成就、抱负与眼光,至少一定要和普通的行政领导能力等量齐观。中国台湾地区的高等教育体系越来越接近美国,虽然美国的成就有值得学习之处,不过也要特别注意其缺陷以及特有的文化背景。

张隆溪的《21世纪的大学需要什么样的校长》这篇论文主要介绍美国大学校长遴选和治校风格的情形,讨论自20世纪60年代以来西方大学在观念、规模和在推选大学校长的具体做法上所产生的变化,作者从英国人纽曼《大学理念》这部书谈起,纽曼理想的大学教育与职业教育和技能培训不同,大学教育以纯知识和理性为目的,来获得科学或哲学的修养。纽曼关于学术非功利的观念具有十分根本的意义,因为这可以让我们认识到,除了商业价值之外,人生还有别的价值,还有超功利的精神价值,而大学作为社会最重要的学术机构,除了提供实用的职业教育和科学技术发明之外,还担负着传播文化知识即通识教育的责任。西方大学独立性和自由精神,在中国建立大学之初就是教育家们追求的目标。蔡元培时代的大学独立自由最大的威胁,乃是各派政治力量的控制。而当今的中国内地的大学需承担商品经济的压力,承受大众俗文化的冲击。在这种情形之下,如何能一方面坚持教育和学术的独立性,另一方面又能有道德的承担,可以为解决重大社会问题贡献知识和技术人才,这实在是高等教育领导者必须接受的挑战。一个有雄心成为学术重镇的大学,也必须寻求一个不仅能接受这种挑战,而且能恰当平衡两方面要求的领导人,一个不仅处理当前问题时能应付自如,而且更能洞见未来,为高等教育在21世纪的发展做出充分准备的大学校长。

西方大学校长的遴选经验,借由他山之石以作为我们大学校长遴选的参考。涂经诒的《美国大学校长遴选经验——兼谈大学组织及功能》一文提到在美国对大学的功能有三种认识:一是教学功能,二是研究功能,三是对于公共社会的服务功能。最近有人提出第四种功能,就是营造理想民主社会的功能。这四种功能彼此有联系,在组织的要求上彼此又有冲突。大学校长工作繁重及难以久任,主要就是由于学校现有的功能与学校现有的组织之间的复杂关系所造成的。认清这一事实,才能了解制定大学校长遴选方法的必要性和重要性。在美国,遴选校长的方式大致要考虑几个方面:(1)校长角色的变迁;(2)共同治校的要求;(3)机会均等法案;(4)校内候选人与校外候选人的选择;(5)遴选校长的时机和原因;(6)遴选方法的变通。在清理这几个方面问题后,便要成立遴选委员会。它通常有四种形式:(1)由学校校董会本身组成遴选委员会。(2)由学校各组成单位选出的代表组成遴选委员会,又称单一遴选委员会。(3)同时成立两个委员会,一个是寻找委员会,负责找人;一个是鉴定委员会,负责选人。(4)由校董会中的委员会再加上教授、学生及其他代表组成咨询委员会,协助遴选工作。

遴选委员会成立之后,第一要务就是要确立校长遴选的标准。校长所应具备的一些基本条件就在考虑之内,比如候选人对教育本质的理解、行政能力的高低、承受压力的程度、个人道德修养与领导能力等。最重要的还在于与学校目前和未来的需求是否相关。紧接着是建立候选人圈,经由对应征人的背景调查,进而再筛选建立初步名单,也才能开始初步面谈。初步面试完成之后,遴选会应要慎重地讨论与调查,将候选人名单缩减到3~5人。经过校园调查后,收集与候选人见过面的人或团体的意见,确认出推荐的候选人。借由完善的遴选过程,可以使校董、教授、学生、员工、社区及州政府之间彼此相互了解和信任。大家基于一种共同目标产生的和谐,对学校的整体事业极为有利,使学校更加稳步、健康地成长。

《美国大学校长的遴选制度》一书的作者郑洪是美国麻省理工学院教授。他指出,近30年来,美国大学校长的遴选制度受社会潮流的冲击而进入一个新的平衡点。先是在各大学校园内,学生运动受越战冲击而风起云涌,挑起大学教职员工及学生对学校行政干预的意念。因应这种社会风气的压力,各大学的校董会或同类机构多少交出一些校长遴选的权力。总括来说,美国大学校长遴选权掌握于董事会之手。每次校长出缺,由董事会或督学会组织委员会找寻校长候选人。这种委员会有双层制和单层制之分,一为咨询委员会,有建议权而无投票权;一为遴选委员会,有权投票决定校长人选。郑洪希望美国的经验,有助于我们教育界对校长遴选制度的改进。郑洪进一步说明,今日美国大学的校长主要任务之一往往是财务上的,反而很少有在办公室沉思反省的余裕。他认为一个大学校长应是全校学术和思想的领导人,不是募捐专家。如何在21世纪的现实中,在财务和学术中取得均衡?这应是我们面对的一大课题。

香港理工大学副校长梁天培在《香港地区的大学主管产生办法及校务运作内涵》中指出,香港地区的大学财政来源基本上是由香港特区政府所提供的,而学生家长则通过缴交学费,支付学校经常性开支的18%。香港地区的大学教育政策是由政府的"教育及人力统筹科"所制定的,而高等教育则通过香港大学教育资助委员会拨款、统筹学生人数和类别,以及为大学的管理、科研和教学水平做调查评估。每所大学都设有校董会,控制全校的发展、财政、教职员的编制与任命事项。近年来在要求民主化与社会化的呼声之下,大学也趋向讲求效率及接受社会公众舆论的监督,加上学生人数与学校数目的增加,因此大学好像商业机构一般,存在着相当激烈的竞争,以招收良好的教职员、学生来争取资源。在大学主管产生的办法上,对教职员都有严谨的评核方法,通常招聘校长都要经过很严格的程序,甄选条件都包括教学经验、科研成就、知名度、大学管理经验及能力、办学方针等。如果有校长位置空缺,大学首先成立一个遴选委员会,主要由一些重要的校董会成员组成,有些大学亦包括教师代表在内。在大学的校务运作及内涵上,大学校长有副校长为他分工分忧。大学的教务委员会对学术、课程、考试及学位颁授等有最高的决定权力。每个课程都有课程委员会,在听取各方的意见后,为具体的教学内容作出编排。中国香港地区的每所大学虽办学宗旨不一,课程也有所不同,但目前的通识教育较着重于人文学科,平衡了当今各个大学培养专业人才的偏颇。在对大学的监管上,虽然香港特区政府一直强调大学的独立性,但通过教资会、校董会以及对财政上的控制,加上最终的校长委托权,特区政府的控制可以说是非常的有效及隐蔽。教资会有定期的评审,确保各大学的教与学的素质。传媒亦是有影响力的公众监管工具,加上在民主意识浓厚的情形下,大学高层也要小心行事,对外接受特区政府及廉政公署的调查,对内接受自我严格评审与考勤系统的评审,以及接受学生填写表格的评估。

台湾大学经济系教授朱敬一的《台湾地区大学校长遴选方式及问题(一)》,讨论台湾地区的大学自1992年起开始,从争取校长选聘的主导权,演变成校长选聘主导权从台湾地区教育主管部门的手上转变到各大学的校务会议上。如今,虽然台湾教育主管部门被逼迫释出权力,但也形成了大学校园里的"民粹主义"。作者这篇文章的目的,就是要对目前台湾许多大学择聘校长的设计,提出检讨与批判,希望能借此反省得到一些改进制度的思考,以改善台湾地区的高等教育。朱敬一认为,要区别出学术社群与民主社会,以及破除遴选过程中的"民粹"干扰,非得要修"大学法"不可。校务会议可以是大学"运作"层次的决策会议,但不应该是大学"方向"、"发展"层次的决策会议。朱敬一认为,这种由教授直接或间接选举校长,又期望这样被选出来的校长回过头来引领督促教授的教学研究,这其中显然是矛盾的。

与此文相呼应的,是由台湾成功大学医学院创办人黄昆岩所执笔的《台湾地区大学校长遴选方式及问题(二)》,作者曾经历过在美国延揽大学校长的过程,深深为中国台湾地区以教授治校方式迎合校外选举文化,校长经由半遴选半选举产生的制度感到忧心。他指出,美国的一流大学没有以全民投票方式行使同意权,遴选委员会的委员也并非以受欢迎度或选美式的评断产生。况且西方院校延揽校长的理念,是认为学术机构的领导人士要整顿校内,防止因循苟且,为了避免校内同仁的利益互祖,故选人的视野往往投向校外而非校内。作者认为"教授治校"在中国台湾地区已经被严重地曲解,黄昆岩认为"教授治校"的目的有二:一是让大学社区里的知识分子发挥智慧,集思广益,辅助校长,达到在学术自由的风气之下,追求大学开发新知,培养下一代知识分子之工作臻于尽善尽美。二是在以校园自主精神作导向,在辅助校长、推行校务之际,每位大学教员应该借机学习什么是培养知识分子大学社区的柴米油盐,了解其幕后又有看得到看不到的真正运作与障碍,以求自己在专业修身方面有所成长。台湾大学校长遴选的方式由于长期的被曲解运作,因此弊病丛生,但如果教员们的意境够高,仍是可以推行出可观的成果,所以问题的核心在不得不回归台湾教育者的水准与智慧问题上。

武光东的《台湾阳明大学遴选校长经验》,以台湾阳明大学遴选校长的实际经验分析这个问题。1995年,阳明大学开展自创校以来首次校长遴选工作,为了避免其他学校在遴选过程中所暴露的恶质选举文化,阳明大学从制度上建立了良好的规范,要把社会不良的选举风气摒绝于校门之外,希望借着校长遴选办法的实施,能为校园注入新的生命力。在遴选过程中,因为遴选委员会的委员坚守着程序正义的原则,一切依法办事,并排除任何不当的干扰,因此达成了摒绝不良选举风气的目标。但是在为校园注入新的生命力目标上,仍有不够尽善尽美之处。武光东认为阳明大学的遴委会的人数太多,职员委员有很大的缺陷。为了避免遴选委员会有个人门户之私,武光东主张应扩大校外委员名额的比例,比如若总数为九人,其理想比例是校内教师四人,校外公正人士四人,另校友委员一人。紧接其后的论文《台湾清华大学遴选校长经验》接着说明台湾清华大学校长的遴选经验,作者陈力俊教授曾参与两届该校校长遴选工作,他的经验极为具体,有高度参考价值。

本书所收录最后一篇论文是黄俊杰的《大学校长遴选的理念与实务:从台湾经验出发》。大学校长由各校自主推举产生,是近年来台湾地区民主化在学术领域的新发展。但推举产生校长之方法,则各校颇不一致,瑕瑜互见。作者曾参与台湾地区五所大学校长的遴选工作。这篇论文从作者的实际经验出发,析论大学校长遴选的理论基础,并就遴选之实务问题加以探讨。这篇论文扣紧台湾地区"大学法"第六条与"大学法施行细则"第四条之条文,分析法律条文在落实过程中所呈现的问题,作为提出修法建议之参考。论文中除了第一节"前言"之外,第二节分析当前大学校长遴选中由于票选所产生的问题,并建构遴选的理论基础。第三节分析遴选委员会之组成及其背后之理念。

第四节讨论遴选过程中的实务问题,尤其集中在"候选人访谈"这项重要工作中。第五节讨论遴选委员应具有之心理准备。第六节则综合以上各节之论点,提出结论性看法。这篇论文从近年来台湾地区各大学遴选校长的具体经验出发,分析大学校长遴选的理念及其实务问题,并提出两点结论:

第一,台湾地区"大学法"第六条以及"大学法施行细则"第四条条文,应考虑修改,删除台湾教育主管部门另组遴选委员会择聘之条文,而由大学之校长遴选委员会完成遴选工作。但是,这项条文修订的前提是:各大学校长遴选委员会之组成,除了本校现在专任教师之外,应包括校友、社会与学界公正人士以及教育主管部门代表,而且这三种委员之总数最好占全体委员总数之半数或半数以上。其中校友代表可以经由本校教师或校务代表选出,社会或学界公正人士由台湾"中央研究院"推荐,教育主管部门代表由台湾教育主管部门推荐。如此组成之委员会,较能避免各校专任教师代表之本位主义问题,也因为委员较具有多元性而能照顾多角度之视野,较为周全。因为台湾教育主管部门已有代表参与校长遴选委员会长达一年之遴选工作,所以,台湾教育主管部门可以不必再另组遴选委员会再行遴选,一则避免重复,浪费人力与时间;二则可以进一步落实"大学自主"。

第二,遴选委员会决定校长最后名单时,最好避免动辄出之以投票方式,而尽量以理性之态度,就候选人之状况作客观之讨论,委员之间最好以理服人,而不是以选票定天下。

作者认为,大学校长遴选工作成效与否的根本关键仍在于人心之自觉。只要所有的校长候选人及遴选委员,都能心体清明,自作主宰,校长遴选工作就似繁而实简,成功可期。如果人心未能醒悟,则一切的制度设计或法律条文修改,都足以成为《道德经》所说"大盗窃国"的工具。

在 21 世纪即将降临的前夕,台湾地区各个方面都面临激烈的变动,大学教育的变革更是其中极具关键性的一环。20 世纪初期,北京大学校长蔡元培(1868—1940)曾说:"大学者,囊括大典、网罗众家之学府也。"我希望这部《大学校长遴选:理念与实务》的出版,对于台湾地区的大学教育改革,发挥正面的作用。

目 录

编者引言 ……………………………………………………… 1

上 编

大学理念的持续与变迁 ………………………………………… 3
大学理念：洪堡与傅斯年观点之比较 ………………………… 15
美国现代大学的理念与实践——以芝加哥大学为例 ………… 28
美国的经典通识教育：经验、问题与启示 …………………… 54
"理念治校"与"全人教育"之大学新典范：省思、建构与分享 …… 69

下 编

从学术领导看大学校长遴选 …………………………………… 87
21世纪的大学需要什么样的校长 …………………………… 101
美国大学校长的遴选经验——兼谈大学组织及功能 ………… 113
美国大学校长的遴选制度 …………………………………… 129
香港地区的大学主管产生办法及校务运作内涵 …………… 145
台湾地区大学校长遴选方式及问题（一）…………………… 150
台湾地区大学校长遴选方式及问题（二）…………………… 158
台湾阳明大学遴选校长经验 ………………………………… 169
台湾清华大学遴选校长经验 ………………………………… 181
大学校长遴选的理念与实务：从台湾地区经验出发 ………… 194

上 编

☞ 大学是追求知识的地方,而知识是没有地理限制的。

☞ 孔子非常清楚地描述了通识教育的价值:智者不惑,仁者不忧,勇者不惧。

☞ 大学教育是带动社会和谐与经济蓬勃的主要动力,在掌握环境变迁的脉动过程中,大学教育该如何借由教育内涵的提升,让我们的社会由冷漠中重返富而好礼的善境;让我们的社会由注重财势浮奢中重拾强调生活品质的内涵;更让每一位国民摒弃急功近利的心态,重建开明豁达的远见,此为当前从事教育工作者首先应重视的课题。

大学理念的持续与变迁

丹尼尔·法伦[①]

托马斯·杰斐逊(Thomas Jefferson, 1743—1826)在1820年时, 仍活力旺盛地进行他从40年前开始的长征。他想要在维吉尼亚州建立公立大学。州政府最后指派一董事会来执行设立大学的计划, 杰斐逊先生这才开始计划课程、建筑物与土地等。在这年圣诞节后的12月27日, 他花一晚上的时间写信给一名英国通信者——威廉·罗斯寇(William Roscoe)。他在信中描述现在占用他日常生活的事业。他写道:"无论真理导引我们到何处, 我们都不用害怕追随它; 只要理性能自由地与错误战斗, 我们也不必忍受任何错误。"这是一个不凡的陈述, 在独立的人类理智中浸入自由与承诺。在这里, 我们要探索一些观念, 是关于这种思想如何引导杰斐逊在后来的维吉尼亚大学取得胜利。它主要是关于通识教育的问题, 通识教育发展成一种煽动的思想, 依靠于文明, 却独立于文明之外而产生。

我们应该从词语与定义的讨论开始。有三个紧密相关的概念应该弄清楚, 它们是通识教育(general education)、通才教育(liberal education)与通识科目(liberal arts)。通识教育的目的在于提供国民关于大范围重要科目的可靠资讯; 通才教育则是提供国民智慧, 用以评价

[①] 丹尼尔·法伦(Daniel Fallon), 美国马里兰大学前任副校长。

资讯以及认识资讯的目的与价值;通识科目是借以获得通识教育与通才教育的工具,它们是审查、探询、解决、诠释与评价的科目。在谨慎的分析中,我们应该弄清楚通识教育、通才教育与通识科目这三个概念之间专业上的差异。今天我们可以将它们的紧密关联视为可相互替代的。合起来,它们构成建立大学理念不可缺少的基础。所以,当我用"通识教育"一词时,通常是指包含这三个概念的单一观念。

文明在通识教育惊人地登场之前,已存在数千年之久。追溯这些观念在西方与东方的起源,是令人着迷的,因为它们大约在相同的时间,以大致相同的方式,独立地在两个世界中发展。用今天一般的历法,我们发现西方在公元前9世纪到公元前8世纪,有一位具有启发性的神秘人物,他的存在无法证明,他留下来的作品,实际上可能是许多佚名作者的合集。这个人是希腊盲诗人荷马,他留给了我们《奥德赛》与《伊里亚特》。在公元前6世纪的东方,也有一位相似的人物叫老子,他给我们"道"。公元前5世纪到公元前3世纪之间,在西方,我们发现通识教育的原理被苏格拉底(前470—前399)、柏拉图(前427—前347)与亚里士多德(前384—前322)等人发展出来。在东方,则是由孔子(前551—前479)、墨子(前468—前376)与孟子(前372—前289)等人所完成。

通识教育自从被发现以来,便惊人地发展。它从帝国的衰败中存活下来,并超越宗教信仰。它激发西方的文艺复兴,以及东方的宋代复兴,它提供燃料给知识与(遵循这些发展的)成就的显著扩充。通识教育紧密地关联到人类自由的条件,它在自由之中繁荣,而且滋养建设性的想象力。

一个有助于了解通识教育的方法,是去探索它如何开始,以及如何影响文明的发展。有两个似乎是必须的条件。第一个条件是经济繁荣到足以允许大部分国民享受休闲时间。第二个条件是政治上的强烈利益,权力被人们所分享,由此建立强有力的社会。在西方与东方,这两个条件——繁荣与政治,都造成哲学的兴起,它成为更高的学问之基础。首先让我们考虑在西方的发展。

在古代的希腊社会,统治者经由寻求人民的分享与同意,试图用来强化政府。接着,人民尝试影响城邦依循他们的经济利益去做决定。公民了解到要影响政府,他们必须能够清楚地思考,收集可靠的资讯,以及在公共集会所中进行有说服力的表达。最明显的说服技巧是好的公共演讲。希腊雅典城邦的公民认识到有效的论证最终建基于知识或智慧。知识或智慧的希腊字根是"soph",于是出现一些技术家满足公共演讲训练的要求,被称为诡智者,他们教导智慧与雄辩的技术被称为诡辩术(智慧的精通)。苏格拉底是雅典的公民,他进一步察觉到自由公民的更高理想。

很多证据显示苏格拉底是一位有争议性的人物,也是个难缠而且常常不受欢迎的人,他与每个人辩论的习惯令人从根本上感到不安。他的基本洞见是光凭技术不可能提供真正的智慧,而且对一个好的政府也是不够的。与其用诡辩术,他宁可用"哲学"(爱智)一字,这个字是在希腊字根"soph"之前加上代表爱、强烈的实行或献身的"philo"。哲学的目的是通过持续的探究,用以扩充我们的理性,由此帮助我们寻找真正的智慧。他设计的方法称作辩证法,其内容是对平常持有的命题建构一个不得不接受的对反论证。苏格拉底的敏感问题激怒了雅典市民,从好的方面来说,他的问题是对城邦激励的评论,从坏的方面来看,则是彻底的颠覆,因此他遭到叛国的指控。他被审判、定罪,并判以自尽的刑责,他尽责地执行了这个判决。

柏拉图是来自一个有权力的贵族家庭,他是苏格拉底的一个聪明学生,深受其师之死的影响。后来他接受苏格拉底所发展起来的哲学观念,开始有系统地教导学生。在雅典郊外有一公园,园内有步道穿梭于橄榄树林之间,四周被围墙保护着。这个地方据说一度曾属于一位英雄,叫阿卡得默斯(Akademous),园内有一庙宇与圣殿用来纪念这位英雄。柏拉图发现这处闲置的公园既可以用来指导课程,又可以与其他市民对一些观念与问题进行讨论。他在这里举行每日的聚会,于是雅典人称此地为"学院",用来纪念使这公园得名的英雄。柏拉图的"学院"通常被视为现代大学的诞生地。在学院中发展出来的研究训练,后来演变成通识科目。

柏拉图最著名的学生是亚里士多德,由于他不知满足的理智欲求,柏拉图称他为"读者"。亚里士多德的父亲是著名的自然学家,从他那里,亚里士多德学到自然科学的分析方法,并以他的生物学知识而闻名。亚里士多德是一位伟大的体系创造者,他所建立的学校位于另一个公园里,是一座用来供奉阿波罗·莱修斯(Apollo Lyceus)神的公园,所以他的学校被称为"学园"(Lyceum)。在那里,亚里士多德形成他的教育原理,被称为"通才的"(liberal),意谓其适合于自由市民。"自由"在希腊文里的意思,意谓不是奴隶、劳工或工匠。因此,通识教育被定义为非有用的,是理性的理智能力之发展,具备这种能力的有闲市民能够负责任的行为。

可见,在西方,通识教育经过"学院"与"学园"之后,在公民道德上有其根源。它的目的在于培养能够治理一个自由国家之重任的自由公民。通识教育的有些知识内容与通识教育相关联,但是它们自身不能决定通识教育这个概念。例如在雅典,公开演讲对参与民主社会是重要的,所以它是许多通识科目的一种。与其说某种基于修辞学构成知识的简单原理是有价值的,不如说演讲的技术,或沟通的训练是有价值的。通识教育最主要是教导认知的方法,而不是知识的内容。它发展理性的技术:审查、探询、解决、诠释、评价与沟通。

虽然东西方的社会与政府是不同的,然而它们的通识教育概念却惊人地相似。孔子的观念与后来在他所不知道的希腊世界中的同类(人类)的主张非常相像。在希腊的观念中,通识教育是理智的,而不是功利主义的;而在中国,孔子则训诫:"君子不器。"希腊公民道德的概念是通识教育的核心,也是大学理念的基石。在中国,孔子提倡一个相似的概念,那就是他所称的"仁"。在描述"仁"时,孔子说:"志于道,据于德,依于仁,游于艺。"这个忠告被柏拉图与亚里士多德理解为哲学与修辞学学科有责任去促进公民道德。在西方,可见到几个世代的哲学家与演说家,他们所依据的基本概念曾经是通识教育已经主张的。在东方同样为真。墨子提出"兼爱"概念优于自利之爱,孟子提出"义"的观念。这些中国哲学家累积的结果,使通识教育发展为一种公民道德,然而也是人类政治的最佳基础。

亚里士多德通才教育的概念是非功利主义的,并未导致他逃避实际应用。在希腊社会的脉络中,亚里士多德的攻击是集中在头部,而不是在手上。但是他是在没有幻觉的情形下,认为理智的活动可以单独完成结构的改变。他真正的原话是说:"推理并不推动任何事物。"

通识教育与实际事物之间的关系,被亚里士多德最著名的学生——亚历山大大帝(前356—前323)完全地理解。

亚里士多德的父亲曾经是马其顿国王艾明塔斯二世(Amyntas Ⅱ)的私人自然学家,亚里士多德的童年是在马其顿王宫中度过的。他与艾明塔斯的儿子菲利浦二世同年,王子成为他的童年玩伴。过了许多年,在亚里士多德离开学院之后,他回到马其顿,并且成为菲利浦的儿子亚历山大的老师,他鼓励亚历山大扩展权力。在亚历山大继承菲利浦王位并且征服希腊之后,亚里士多德在雅典建立"学园",成为"学院"的竞争对手。亚历山大随后继续征服一切马其顿人所知道的文明世界,他在整个帝国都建立了"希腊式的"学校,并且遵循亚里士多德的教导。他还筹设图书馆建筑,用来收藏这些学校累积的文本。大概是亚历山大将学问散布开来,经由增加它可以被发现的地方,来保存西方的通识教育,因此使后代更易于接近它。

当希腊没落而罗马兴起时,罗马采用雅典所发现的体系。在奥古斯都大帝时期的大政治家与演说家西塞罗(Cicero,前106—前43),明显地写到他所称的"通识科目"。在这个时候,某些学科训练似乎与通识教育形成规律的结合,虽然没有固定的一组学科训练被清楚地建立为一课程表。从柏拉图时代到亚里士多德,就已经出现两个主要流派。它们是我们在现代学院试验中的老朋友——语辞的与量限的。举例来说,一个是研读修辞学与文法,明显地与通识教育的语辞面向结合在一起;另一个是几何学与算术,则明显地与通识教育的量限面向结合起来。

西方在罗马帝国崩溃之后,基督徒采用并发展通识科目。在早期基督教时代,七个特殊学科的课程与通识教育相结合。举例来看,我们知道圣奥古斯丁(St. Augustine,354—430)建立了以教会为基础的通识教育课程,该课程要求研习当时学者所同意的七种通识科目。这七科可分为两群:一群是三个语辞类科目,其他是四个量限类科目。音乐被视为是量限的,因为它主要的成分是节奏与拍子的研究,那是时间单位的复杂分析。

一位来自基督教帝国北部的学者,比欧修斯(Boethius,480—524)着迷于四种量限科目:算术、几何、天文学与音乐。他称呼它们为四路所聚之处,或四学科(quadrivium)。许久之后,英国神父艾尔昆(Alcuin,735—804)强调三个语辞类学科:逻辑、文法与修辞学,称它们为三学科(trivium)。因此,在西方所谓的中世纪,通识教育与七特殊学科结合在一起,由三学科与四学科所构成,合起来称为七通识科目,有时或称为人文科学(三学科)与自然科学(四学科)。

亚历山大在东地中海区保存通识科目所扮演的角色,在欧洲再一次被伟大的法国将军查里曼国王(Charlemagne,742—814)所扮演。当查理曼帝国统一之后,他请艾尔昆从英国来为他的王宫建立学校,并指派艾尔昆在他整个帝国中建立教会学校。在这些学校中,艾尔昆的通识教育课程是由七个通识科目的研习所构成的。

在12世纪,由于在西北方的基督教与在东南方的伊斯兰教之间的接触增加,许多在欧洲所不知道的亚里士多德作品被发现。这些作品从亚历山大时代,就被保存在中东与非洲的图书馆中。这些所谓的亚里士多德"新"作品,对欧洲的学者产生深远的冲击。例如,托马斯·阿奎那(St. Thomas Aquinas, 1225—1274)就深受其影响。

在教会学校,通识教育的教导开始快速增殖。阿奎那强烈地主张传统七学科必须再加上许多其他领域的探究。学生与教师的公会,称作大学,开始在教会学校周围形成。证明学历的方式是学生首先必须认识三学科与四学科的原理,然后会获得"文学士"的资格。为了教授通识科目,他们的精通程度必须接受进一步测验,然后才可称为"文学硕士"。在大学的教师则被称为博士,这个字简单地来自拉丁动词"docere"(教导)的过去分词。

在东方,通识教育也有重大的相似发展。如我们所见到的,西方在通识教育被发现的古希腊时代与文艺复兴之间的中世纪时期,通识教育被教会学校所保护与滋养。在东方,于相同的时间里,中国哲学家的观念被保存在佛教的寺庙与学校里。在西方的发展过程中,被称为文艺复兴的时代,是发生在与宋代(960—1279)相同的时间。在宋代,通识教育从寺庙学校中浮现出来,理智活动的中心从宗教转移到学者身上。例如,胡瑗(993—1059)开始借由公民道德来讨论通识教育;他关心政治与日常生活的伦理学。程颢(1032—1085)追寻通识教育的普遍性含意,他见到集中于心灵的生活,可以使人更了解如何安排人类社会。这些观念被朱熹(1130—1200)更往前推进,他提倡对世界一切现象的考查,作为促进人类幸福的手段,就像在西方的情形一样,这些学者开启对世界的经验考查与大胆探索,证明通识教育的力量可以改进人类条件。他们引导我们进入现代世界,在其中,东西方会相遇,并且分享共同的理智命运。

在文艺复兴时期,通识教育扩展超越了中世纪时期的七个特殊通识科目,创造许多新的学科。教导这些学科的学者合起来称为哲学教师(群)。中世纪晚期与文艺复兴时期的学习专业有神学、医学与法律。公民要研读这些专业,首先得证明他们精熟通识教育。然后他们可以跟着杰出的开业者进行研究。哲学教师们经由正式授予开业者"博士"(意谓教师)的头衔,来证明他们是最佳的专业开业者。

探索精神的解放,是经由通识教育的广泛研究所导致的新知识爆炸而达成。文艺复兴时期的大学,从事着将过去遗留下来的知识加以同化的工作,然而通常是被新的文学与科学所压倒,而无法将其调和。从十六七世纪开始,大学逐渐被轻蔑地描述为中世纪的堡垒之一。在当时的一些言论中,大学被视为"萎缩成职业公会的心智"。出色的独立学者如莱布尼兹与笛卡儿,他们对大学理念渐渐感到不快,并寻求建立与拥护一个对抗的机构,即皇家学院或国家学院。如果这个运动完全成功,则教导的功能会和研究的功能分开来,一个不幸的分离。这个危机被某位天才的意外行为所避免,他是一位有高尚教养的古典主义者——威廉·冯·洪堡(Wilhelm von Humboldt, 1767—1835)。

就今天所知道的大学基础,是在1810年柏林大学创建时所奠定的。通识教育的古代精神注入到这个著名的新机构的每一要素中,是经由它的创建者的心灵,他就是洪堡。洪堡是一位古代风俗的学者与语言学家,他精通古典希腊文,可用它来了解世界,就像柏拉图与亚里士多德所知道的那样,他们是他最赞赏的知识分子。虽然他的大学梦想是由古典原则所指导,但是他为他所知道的世界创造了现代的大学。

因为研读神学、医学或法律必须先研读通识教育,所以哲学教师们变成比专业学校的教师低等的教师。洪堡据理指出,在通识教育中,学者的工作本质上与专业的实习是相同的,给予传授专业的教师特别证书,是一值得支持的传统。然后,他获得国王颁布的法令,从此将可发出哲学博士(Ph.D)的特别证书。随后他将通识教育的基本教导降低为第二级学校,创造了德国大学预科(German Gymnasium),那是一种精英高中。

从部会那里,洪堡得以进一步筹备新法令,那就是:每个大学预科的教师必须通过考试检定,考试由大学中人文科学与自然科学的主题专家所准备。这个法案可以淘汰训练不足的第二级学校教师,他们的位置会由大学毕业生补上。最后,他将通识教育的毕业综合考试,即高中生毕业考试(Abitur),委托给大学人文科学与自然科学的教师来筹备,以此作为学生完成大学预科的唯一方法。任何通过高中生毕业考试的学生,都可无条件获得大学入学许可。这个法案保证大学能有受良好教育的新生之稳定来源。

洪堡在大学中,遵循苏格拉底与柏拉图的路线,主张自由与批判地寻求新知。他主张教师可由他们的权力导出这样的结论,即他们可以只用曾经训练他们心灵发现新真理的实例来教学。他称这个原理为教学与研究的统一,并且遵循它而废除普鲁士科学院,任命科学院中最好的学者与研究员为新大学的教授。其次,他为学生废去固定课程,告诉他们可以自由的与任何教授从事研究工作。最后,他提供自由给教师,让他们从事自己的研究,而不论研究会导向何方,以及教导他们所发现的,而不必害怕被干扰。他指派德国最杰出的学者为24个职位的教授,提供充分的资源来经营他们的研究。这个由洪堡建立的出色的新机构,成为现代所有重要大学的模本,包括北大、清华与复旦等大学。

洪堡的改革所发生的年代,被称为启蒙时代,并不是个意外。此时,权威社会被初期民主推翻与改革。虽然在洪堡的时代,普鲁士并没有民主,但是它也没有严厉的君主制度。的确,洪堡拥有不寻常的权力,可以改造教育政策,只因为普鲁士被拿破仑打败,并被他掌控。普鲁士王国会变成什么样的社会尚未确定。洪堡将其命运赌在民主政治的原则上,并建立一所与他所理解的民主一致的大学。从洪堡的柏林大学中,我们获得学术自由的概念,他坚持将学术自由作为新机构的中心观念。其中有两个原则是相关联的:教学自由,教授有自由去教导任何由研究所找到的结果；学习自由，学生有自由去研究任何值得研究的事物。

正当洪堡在创立柏林大学的时候，斯·杰斐逊也正在计划建立维吉尼亚大学。虽然现代大学的先驱在殖民的北美荒野中有些不同，杰斐逊与洪堡仍有很相似的观念。剑桥与牛津的英国学院体系输入美国，它们倾向于主张长期维持中世纪大学的基本结构。就像早期欧洲的大学，美国殖民地大学是学生与教师的公会，一个学院，在其中可以研读并精通通识科目。因此，这些机构被称为通识科目学院，坚固地建立在通识教育的概念上。

在19世纪中叶，当美国革命只有50年之久时，通识科目学院必然地成为美国唯一可采用的高等教育形式。虽然大学一词常被用到，但是19世纪60年代的美国高等教育机构，本质上都是通识教育学院。在哈佛、耶鲁与密歇根大学，以及安姆赫斯特、威廉斯与包多因等之间并无真正的差异。由于研究的鼓舞，所以引进洪堡式的德国大学，与美国社会服务的革命理想相结合，在19世纪后半叶，现代美国大学出现，通识科目学院逐渐变得孤立起来。科学与民主成为大学的力量，学院受到威胁，日渐式微与过时。

大学在美国的发展，迫使历史性的通识科目学院必须将其自身与角色界定得更清楚。学院能存活下来并繁荣的理由，是因为它们明白地寻求促进通识教育——审查、探询、解决、诠释、评价与沟通的科目——并使通识教育成为它们的中心任务。因为建立公民道德的通识教育对于民主社会的公民是有价值的，他们可由此获益，通识科目学院的毕业生能成为成功的公民，因此，在美国社会，学院的地位很稳固。

新的解放（通识教育）被某种前进的民主革命所鼓舞，它内在于建立美国研究性大学的动力中。它最清楚的形式是洪堡在建立柏林大学时，用来使其更出色的两个概念的杰作：学习自由与教学自由。第一个自由提供给学生，清除美国学院中完全决定的课程，代之以自由选课。第二种自由提供给教授，让他们可以教导任何从研究中所学到的东西。因为没有约束，这个解放导致课程的大量膨胀，引进许多新的学科，如心理学、政治科学、地质学与语言学，也导致实践与理论的相依共存。

在美国大学中,功利主义的目的恐怕是不可避免的,公共服务、社会责任与经济发展等价值很早就被鼓励为在新世界存活的必需品。"功利主义"的事业在现代大学中出现,并不意味着在大学中的学习变成职业的。相反的,真正发生的现象是,审查与探询的通识教育精神倾向于扩充新领域,并且有极大的收获。最清楚的大概就是在19世纪,物理科学的努力在由人文科学所支配的现有课程中,获得可接受性。

物理科学被人文学者批评为太过功利主义,于是物理学家开始在自己的游戏中打败人文学者,强调在他们工作中理论的与理智的特性。因此,他们将"纯粹科学"的方法转向自然是什么的大问题上,并且首先抽象地发展出原子的构造理论。他们在英国卡文狄什实验室(Cavendish Laboratory)举行世纪之交的年度宴会,宴会期间,由几个大学聚集起来的物理学家,一起印证并庆祝他们所学。在那里出现一个干杯贺词"电子万岁!愿它对任何人都永远无用!"只由认识自然的这种目的指引,纯粹研究的学科揭露了电子的秘密,所以在当时,无用才可以被设想。在相似的趋势下,今天一些最具影响力的发现是出现在农学院,细胞与分子生物学的快速发展领域。简短而非严格地说,与其说是主题引起反省通识教育的活动,不如说是由进路引起的。

在19世纪后半叶,在美国发生了通识科目学院的转变,以及研究大学的出现。这是个政治的现代民主形式被建立与精心制作的时代。通识教育的明确实行,形成美国学院的核心价值。因此,造成同时代所有美国高等教育机构的团结,加盟者扩充到所有的路径上。我们今天可以从美国大学课程中坚持某种通识教育的形式或核心课程看见这些。美国在大学通识教育的角色实行上的气度与向心力,在现代国家中无可比拟。

今天,在20世纪就要画上句点时,有两个主要强有力的发展贡献于大学理念上,第一个是努力于再次统一大学中的教学与研究的功能,寻求克服权威支配的遗留物。第二个是在进步的经济条件下,不同形态的大学广泛的分化,成就大量的高等教育。

因为许多理由,权威政府通常会强迫教学与研究分离。这对于东欧国家特别明显,在这些国家里,通过将研究机构与工业化计划结合的方式,研究被置于生产工具的控制之下。教学同样也在政府官员的监视下,以确保政府所喜欢的政治目标是唯一被提倡的观念。这也造成在当局控制下的通识教育,与服务于工业发展的技术教育的分离。虽然这种体系可以快速导致技术利益,但是只能在现有的知识限制下进行。新知识的创造,对人类的进步是必要的,当教学与研究分离时,它会被强烈地抑制。然而,在东欧的新兴共和国,与今天的中国,有一种一致的努力去重建研究机构,因此,科学家与学者的结合可以是大学之间的结合,以及与教学功能的结合。

在进步的经济情况下,高等教育已经如此成功,现在社会上有一种分享的要求。在美国,现在30岁以下有超过50%的人受过某种高等教育。在西欧则有30%。在一个每个人都必须接受高等教育的社会中,在高等教育部门里,必然会有许多不同形态的机构,在其中大约有1400所两年制社区学院,而只有125所研究大学。许多大学与学院的角色与任务分工明确,它们相同的地方是都实行通识教育。通识教育被视为在现代民主社会中有效分享之柱石。

虽然大学会随时间的推移而大幅改变,但是有一特征被证明是持久的,那就是实行通识教育,把它作为智慧之路。在现代大学中,通识教育的角色继续了雅典的学院与学园所特有的人类考查的相同精神。通识教育被发明来帮助公民在民主社会中,负责地行使权力。因此,通识教育深深地根植于公民道德的理想中。一经发明之后,提倡理性学科的通识教育就成为解放人类理智的有力工具。敏锐的探索是有益于人类幸福的最佳保证。

赖尔夫·沃尔多·爱默生(Ralph Waldo Emerson,1803—1882)是一位美国哲学中艰苦独立的重要拓荒者。他明白表示,通识教育将会在新世界中培育民主。在1837年8月31日,他应邀去哈佛学院的淮-贝塔-凯帕($\varphi\beta\kappa$)社团致辞。他提出这样的演讲题目:《美国学者》。在这篇无论何时何地都是伟大文献的演讲里,他告诉他的同胞:

……你自身是一切自然的法则……

……你自身整个理性都在沉睡;为你自己的缘故去认识一

切,为你自己的缘故勇于尝试一切……

文字的研究不再是怜悯、怀疑与放纵感官的称呼。

我们要用自己的脚走,我们要用自己的手工作,我们要用自己的心说话。

这些话为现代世界说明了通识教育的作用。它们反映一位发现通识教育者的预言,孔子说:

三年学,不至于谷,不易得也。

孔子非常清楚地描述了通识教育的价值。让我用他的话来结束我们的讨论:

智者不惑;

仁者不忧;

勇者不惧。

(本文原系英文稿,由林景铭先生译为中文)

大学理念:洪堡与傅斯年观点之比较

王晴佳[①]

本文旨在探讨和比较前台湾大学校长傅斯年(1896—1951)和德国教育家、思想家洪堡对高等教育的见解和论述,希望能对我们目前大学中"通识教育"(general education)的功能和作用,以及如何加强其建设,有所启发。傅斯年和洪堡虽然身处两个不同的世纪,在几乎截然不同的社会文化环境中接受教育,但他们的教育思想,却有不少相似之处。这不仅因为傅斯年曾留学西欧,对欧洲近代教育的建设有切身的体会,而且因为他们两人对中国和德国高等教育的发展,作出了相似的贡献。傅斯年和洪堡都处于社会变动的时代,他们的教育思想的特征是,力求将教育的改革与社会的需要加以结合,以促进有用人才的培养,使教育跟上时代,满足社会的需求。我们对"大学理念"的探讨,想来也是为了同一目的。

一、洪堡的人文主义教育观

为了更精确地描述洪堡和傅斯年教育思想的这一特征,笔者注重

---

① 王晴佳,美国新泽西州罗万学院(Rowan College)副教授。

从社会和教育的关系的角度来比较他们两人有关近代教育的论述。首先让我们来看一下洪堡所处的时代和他所处的思想文化背景。洪堡出身于普鲁士的一个贵族家庭,从小就受到了良好的古典文化教育。成年之后,与其兄弟亚历山大·洪堡都在德国文化和科学史上有着崇高的声誉。与他兄弟亚历山大在自然科学上的杰出成就相比,威廉的声望主要体现在人文学科中。他对语言学、哲学、历史学和教育学等方面,都有精彩的论述,影响深远。① 虽然他们兄弟两人兴趣不同,但在治学上有共同之处。他们知识广博,涉猎多种学问,堪称为"文艺复兴式"的学者。的确,近代德国与其他西欧国家相比,在文化、政治和经济发展上都慢了一步。当法国和英国已经完成了近代文化和政治体制的建设以后,德国尚处于初始阶段。如启蒙运动在德国的开展,就比法国慢了将近半个世纪,因而也具有了不同的内容。②

洪堡教育思想的形成,与其人文主义的信仰有着不小的联系,也与德国启蒙运动有关。如他和歌德、席勒等人的交往,就传诵人口。③ 从洪堡身上,我们可以同时见到人文主义和理性主义的影响。譬如,洪堡对希腊文化极端推崇,自己曾钻研希腊语,以后又学习了不少文字,包括梵文等古典语言。在他晚年,他还学习了中文,写出了关于中文语法的论文。洪堡对语言文字的爱好,不仅是他个人的兴趣,同时也反映了他的社会观和文化观。他认为,语言文字是人类之所以区别于其他生物的主要标志。语言又是人类进行思想交流的主要工具。① 因此洪堡看重语言,主要是因为语言是人类与其周围世界交流的媒介。他的教育观也与之相连。对洪堡来说,教育的根本目的就是促进人与人之间和人与世界之间的沟通。他注重教育之完善人性、陶冶人

---

① 洪堡曾经半开玩笑地说,他只想让人记得他是亚历山大·洪堡的兄弟。见 Paul R. Sweet, *Wilhelm von Humboldt: A Biography* (Columbus, OH: Ohio State University Press, 1978—1980), I, vii。

② 见 Peter Reill, *The German Enlightenment and the Rise of Historicism* (Berkeley: University of California Press, 1975)。

③ 洪堡对歌德和席勒都有很好的评价。见 Wilhelm von Humboldt, *Humanist without Portfolio*, trans. Marianne Cowan (Detroit: Wayne State University Press, 1963), 166—167。

① 在洪堡写给他妻子的一封信中,他说道:"在所有与人类思维密切相关的学问中,特别是美学和艺术,语言学的研究是其灵魂,是所有思维和感觉的来源。"引自 Clemens Menze, *Die Bildungsreform Wilhelm von Humboldts* (Hannover: Hermann Schroedel Verlag, 1975), 38。

格的作用,源出于此。

洪堡教育思想在德国和西方的影响,主要体现在公共教育方面。他在19世纪初负责普鲁士的公共教育,在初等、中等和高等教育等各个方面都留下了明显的痕迹。但饶有趣味的是,洪堡本人并没有受过系统的公共教育。直至进入大学,他一直在家由家庭教师培养。这一教育方式,自然是普鲁士贵族在那时所流行的,但在一定程度上也符合了人文主义教育的理想。人文主义的理论根基是个人主义,注重个人能力的发展和培养,希望能因人制宜,充分调动人的主动性和兴趣爱好,追求每个人人格的独特发展。从这一点来看,家庭教师对学生的了解自然胜过学校,因而有利于根据学生的特点进行有针对性的培养,发展每个人的内在潜力和才华。

洪堡本人对公共教育的评价并不高,这可能也是促成他改革的原因。他曾言:"任何形式的公共教育,因为有政府的意志贯彻其中,便不免有一些国家化的倾向。……因为公共教育的目的是培养公民性或培养政府的属民,而不是为了个人,公共教育不需要特别的高人之处或异常的追求。它只要保持一种平衡,因为平衡能带来和平与稳定,这正是国家所热切向往的。"而私人教育在洪堡眼里则正好相反。私人教育能促使个性的培养,有利于显示个人的才华和特性。[①]

洪堡对德国教育的设想,贯串了人文主义的精神。他一再重申,学校教育的目的是促进人格的深化和完美。德语中的"Bildung"有多重含义,可以指学校的教育,又可指个人的教养,又可指社会的文化。对洪堡来说,"Bildung"这一多重性含义正是他所需要的。学校的设立不仅仅是为了传授知识,更重要的是培养人格,发展人的智力,发掘人的潜力。洪堡认为,在以上这几个方面,每个人对教育的需要在本质上都是不同的,应该有自由发展的机会和可能。因此他指出自我教育、自我完善是教育的最终目的:

---

① *Wilhelm von Humboldts Gesammelte Schriften* (Berlin, 1903), I, 144f. 洪堡对公共教育的看法和批评,与他的政治理念相关。他信奉启蒙运动时代所提倡的开明社会,认为社会必须对政府有所约束。他身后发表的著作"论政府职能的限度"(Ideen zn einem Versuch die Grenzen der Wirksamkeit des Staats zu Bestimmen)表达了这样的思想。有关洪堡与德国启蒙运动在思想上的关系,见 Christina M. Sauter, *Wilhelm von Humboldt und die deutsche Aufklarung* (Berlin: Duncker & Humblot, 1989)。

为了让每个人都能发展个人的性格并使其个性化(这是个性培养的目的),我们必须让其充分了解自己。同时,他还必须与他周围的环境充分接触,不但认识自己,也认识他的同胞、自身所处的环境和时代。教育的所有方面都是为了这一目的。因为我们所想要教育的是我们自己,我们所想要了解的是我们自己的环境,以便嘉惠于我们自己。①

由上可见,洪堡所要强调的是人文主义和启蒙运动时期所推崇的个人主义教育。在一些其他场合,他还指出,教育并不局限于学校。人们可以在各种不同的环境中陶冶性情,培养人格。在他看来,教育的目的不是为了造就温顺的公民,服务于政府,而是为了每个人自己的需求。洪堡在人文主义思想使他能够就任教育主管的时候,对德国的公共教育大胆改革,推陈出新,使德国的教育走上新轨。

洪堡虽然有以上的教育观念,但他本人并不能完全脱俗,一心追求学问和人格。事实上,他也曾遵循母亲的嘱托,与其他贵族子弟一样,力求通过教育在普鲁士政府中谋得官职。但最后他还是放弃了这一想法。他自己的求学经历对他教育思想的形成既有正面的促成作用,也有反面的刺激作用。洪堡曾在当时德国的新型学府哥廷根大学学习,但在这之前,他曾进入过一所保守的贵族学校——奥德尔的法兰克福大学(Frankfurt on the Oder)。虽然这所大学在当时来说并不算小,但教学手段和内容都相对陈旧,学生求学的目的并不是为了钻研学问,而是为了在政府里求得一官半职。洪堡在那儿学习了仅仅一个学期,便转学到了哥廷根大学。但他却无法轻易忘却在法兰克福大学的经历。他亲身感受到了旧式学校的弊病,因而立志改革。②

大学毕业后不久,洪堡得到了一个相当不错的位置,成为普鲁士高级法院的实习法官。这本来是他仕宦生涯的开始。但他很快就发觉这样的生活与他人文主义的理想背道而驰,因而在结婚之后,便辞了职,与新婚妻子一起搬到了乡下,过着优哉游哉的生活。他妻子一

---

① *Wilhelm von Humboldts Gesammelte Schriften* (Berlin,1903),Ⅱ,15f.
② 洪堡的传记家保罗·斯威特(Paul Sweet)这样说道:"从反面的意义上来说,法兰克福大学的这一个学期对洪堡来说是非常重要的。他懂得了什么是一所大学所不应该做的。这位普鲁士教育的未来改革者从那里学到了有用的经验。"见 *Wilhelm von Humboldt*,32.

边生儿育女,一边随洪堡学习希腊语,而洪堡自己则全力从事写作。夫妇俩真正变成了文人雅士,十分自由自在。① 这种生活在他们搬家到大学城耶拿以后,由于与歌德、席勒的友谊和交往,变得更加丰富多彩。洪堡的人文主义理想,得到了实现。

虽然后来洪堡又重返仕途,但他还是不能忘怀他的理想。他的第一个官职是充任普鲁士驻梵蒂冈的外交官。这让他有机会携全家在罗马住了六年,使他能实地欣赏古罗马文化的残迹,展玩古典文化的精华。洪堡这种人文主义的生活态度,一直持续到拿破仑战争打到了普鲁士,这才使他不得不放弃原来的生活方式,开始担任不同的官职,为政府服务。不过这一变化,也使他有机会担任教育主管的职务,将他的人文主义教育理想付诸实践。

二、大学:研究与教学并重

关于大学理念,洪堡的观点与他对教育的功能的想法一致,即必须创造一个发挥个人聪明才智、培养独特人格的环境。这一想法与德国启蒙运动的基本思想脉络相契合。在洪堡之前,不少德国著名启蒙思想家如谢林、施莱尔马赫和费希特等人已经对高等教育的设置和性能作了不少探讨。谢林的《论学术研究的方法》和施莱尔马赫的《德国意义上的大学》等文与洪堡本人的有关论述一样,对德国大学的改造和创新都非常有意义。他们都批评了旧式大学的守旧和忤时,提出了建立理想的新型大学的设想。

这些思想家的中心思想是,大学并不是培养学究性学者的场所——旧式的所谓博学家已不再适合社会的需要——更不是培养官僚的培训中心。大学应该成为人们钻研和实践理性的地方。大学教育的目的是提高人们社会行为的水准。所以谢林就大声疾呼"知识"(Wissen)与"行动"(Handeln)之间的有机联系,认为知识的增长应该

---

① 洪堡和他妻子的贵族家庭背景使他能够过这样的生活。有关洪堡这一时期的心理活动,可见 Paul Sweet, *Wilhelm von Humboldt*, I,83—103。

对行为有所影响。为了让知识运用到行为中去,大学教育就必须注重学生的创造性。学生在大学学习并不是仅仅为了学得某种知识,而是在学习过程中发挥自己的主动性。一言以蔽之,大学不仅是为了传授学问(Lehren),更重要的是为了提倡科学(Wissenschaften)。科学就是理性的实践,即运用理性来指导人们的行为,提高人们对周围环境的认识。①

谢林对"知识"和"行动"、"科学"和"学问"之间关系的分析重新界定了大学中教授与学生之间的关系,使得教授与学生不再像师徒那样,一个传道,一个受业,而是成为了科学研究的同道和同事。费希特则着重对教育与国家之间的关系作了分析。他毫不讳言地说,大学应该成为民族振兴的工具。大学的建设和改革必须与民族的发展相联系。为此目的,大学教育不是为了追求一种知识,而是应该从事科学研究。科学研究不是所有经验知识的总和,而是一个不断创造和发展的过程。对费希特来说,如果大学能成为实践科学理性的样板,便能有助于建立一个完美的国家。②

这些思想家对教育的论述,对洪堡的大学教育改革,极有影响。但正如 Clemens Menze 所指出的那样:"把这些复杂的想法付诸实践并在普鲁士首都柏林建立一所新型大学的不是别人,而是洪堡。"③1808年,洪堡在自罗马短期回国的时候,他被改革家司坦因(H. F. K. von Stein)任命为教育主管。④ 虽然司坦因本人不久下了台,但这一任命并没有取消。在一定的意义上说,洪堡可以说是在民族危难中受命于政府。与傅斯年在第二次世界大战后就任北京大学代理校长有相似之处。当时普鲁士正处在与拿破仑交战的关键时候。柏林曾为法国军队占领,在洪堡抵达柏林之前不久才撤离。在他任期内,洪堡目睹了普鲁士从向拿破仑开战直至战败的过程。洪堡本人视这一任命为报

---

① 参见 Clemens Menze, *Die Bildungsreform Wilhelm von Humboldts*, pp. 288—291。
② Clemens Menze, *Die Bildungsreform Wilhelm von Humboldts*, pp. 292—297。
③ Clemens Menze, *Die Bildungsreform Wilhelm von Humboldts*, p. 303。
④ 虽然这一任命并不算是完全出自意外,但还是相当突然。洪堡有点犹豫,但司坦因只是干脆地说:"住在罗马当然不错,但并不能对现时的国家有什么帮助。"这样洪堡就开始了新的工作。见 Paul Sweet, *Wilhelm von Humboldt*, Ⅱ,5。洪堡的正式官职是在内政部,为宗教学教育方面的主管。但实际上,他的主要职责是负责普鲁士从小学到大学的教育。

效祖国的一种表现。像费希特一样,洪堡认为教育对民族振兴来说至关重要。他清楚地知道,一旦接受任命,他的一举一动便与国家的前途连接在一起了。

有了这样崇高的责任感,洪堡便着手对从小学到大学的教育进行彻底改革,但建立柏林大学无疑是他最值得称道的成就。1809 年,洪堡给国王及其内阁写了两封关于建立柏林大学的计划书,其内容可以概括如下:(1)尽管普鲁士在他那个时候战乱仍频,但如果能抓住机会,推崇学术,普鲁士能对所有德语国家的文化产生影响。(2)这一新型大学将利用现有的学术力量和机构组成一个从事科学研究的有机的总和机构。(3)"大学"这一名称可以保留,但其实质必须改革,学生可以来自全德国甚至西方。(4)增强新教在大学中的势力,削减天主教的影响,并将天主教大学的教员并入新教的大学。(5)国王应该让柏林大学永久拥有其校园的土地。①

这些计划书反映出洪堡创立柏林大学的一些基本想法。这些想法以后又逐步落实于办校的过程中,变得更加具体化。洪堡具体的办学方针是,保持财政独立,坚持学术自由;延聘一流学者,提高教学质量;加强学术交流,使得大学成为研究与教学并举的机构。在财政独立方面,洪堡的观点非常明确。他认为,新型的大学不再仅仅属于国王和王室,而是属于整个国家的,因此,其开支不能再由王室支付,受其牵制,而应向全国募款来维持。这一方针在他向国王要求柏林大学拥有自己的土地中,已见端倪。以后,洪堡又继续其理想,力求使大学拥有一个独立募款的基金(Dotation)来负担其开支。② 这一做法,为以后不少大学所仿效。

在延聘一流学者方面,洪堡也是不遗余力。在他就任之初,他便延请了施莱尔马赫、费希特等人来校作系列讲座,为新校的成立奠定学术基础。以后他又聚集了一批年轻的学者,他们大多有北部新教的

---

① Wilhelm von Humboldt, *Werke IV* (Stuttgart: J. G. Cotta'sche Buchhandlung, 1964), pp. 29—37,113—120.
② 见 Clemens Menze, *Die Bildungsreform Wilhelm von Humboldts*, pp. 308—310。洪堡有关大学建立自己基金的论述可见 *Wilhelm von Humboldt, Werke IV*, pp. 127—128;267—277.

家庭文化背景。后来有些成为了德国著名的学者。① 他的办法是鼓励教授从事研究,相对减轻他们的教学工作量。当然,即便如此,还有一些当时颇为有名的学者出于各种原因,不愿转到柏林大学,其中包括著名数学家高斯(Carl Friedrich Gauss)。在洪堡建校的过程中,教授的征聘花其心力最多。②

洪堡教育思想的最重要的遗产是其办大学的理念,以追求"科学"(Wissenschaft)和"教养"(Bildung)为核心,以服务于德国民族为目的。这一理念集中体现在他《论柏林高等学术机构的设置和安排》(Über die innere und äussere Organisation der Höheren wissenschaftlichen Anstalten in Berlin)一文中。首先,洪堡认为,大学之所以成为大学,是因为大学的目的是追求科学,而其他一般学校只是学习既成的知识。因此在大学中,老师和学生的关系不是固定的。学生不是老师教授的对象,而是他从事科学研究的伙伴。

其次,在大学和政府的关系上,洪堡绝对主张政府应保持大学的独立自主。不管是出于好意或者歹意,政府的干涉只会对大学的发展造成困难。政府还应该帮助大学摆脱其他教会或者职业学校的影响。在洪堡眼里,大学是从事纯粹科学研究的机构。这一研究的目的是发现一种凌驾于一切的原则,然后用来解释自然与人生。因此,大学既不是一般中等的、以教学为主的学校,也不是科学院之类专门从事研究的机构。

再次,在大学和研究院的关系上,洪堡认为它们的目的是一样的,都是为了钻研科学,只是环境有所不同。大学因为有学生和老师之间的交流,能够更好地促进研究。教学并不是研究的中断,而是研究的继续。与学生接触能刺激和开拓研究的兴趣和领域。在许多方面,大学教授因此比科学院的研究人员在研究上更有成就。这是因为大学

---

① 如 F. C. von Savigny 后来是法学中历史主义学派的创始人之一,其思想还影响了洪堡的历史观点。有关洪堡的历史主义观点,见 Georg G. Iggers, *The German Conception of History: The National Tradition of Historical Thought from Herder to the Present* (Middle town, CT: Wesleyan University Press, 1983), pp. 44—62.

② 在洪堡写给妻子的家信中,他承认招聘教授十分辛苦,与一般人相比,教授的自尊心、自私心、偏见和心胸狭隘远胜一筹。见 Clemens Menze, *Die Bildungsreform Wilhelm von Humboldts*, pp. 311—312.

教授保持了一定程度的与社会的接触。

最后,洪堡提出要想办好一所大学,人事和财政是关键。在这两个方面,大学应有自主权。但是他同时又指出,大学教授的任命应由国家来负责,因为大学的好坏与社会的发展之间有着密切的关系。而研究院的人员则可以由研究院自己选择。①

洪堡上述观念,在德国高等教育的发展上有着十分显著的影响,起到了一个推陈出新的作用。柏林大学的成立,结束了以前大学培养官僚的传统。以后德国的大学,一直向着洪堡理想中的研究与教学并举的方向发展。至20世纪60年代,德国兴起了不少所谓"改革大学",其宗旨仍然是为了更好地实现洪堡的大学理念。② 今日德国大学的教授仍然为国家公务人员的传统,也可追溯到洪堡。

三、教育与国难

曾经留学德国和英国的傅斯年,对于欧洲近代的教育体制和思想,特别是中世纪以来欧洲大学的发展都有较深切的了解。他在1927年回国之后,先后在中山大学、北京大学和台湾大学建立研究所和担任校长等职务。对近代中国的教育状况不但有深入的了解,也有实际的经验。如洪堡一样,傅斯年具有浓厚的民族忧患意识。他的教育观念,浸透了民族主义的感情。傅斯年对教育方面的论述,集中发表于20世纪30年代和40年代,这正是国难当头、民族危机深重的时候。他对教育改革的热忱,目的是为了救国救难,培养有用的人才。

从傅斯年的教育理论的渊源来看,当然有来自中国传统的一面,但他的教育改革理想,则以欧洲为模式。他的大学理念,基于洪堡所

---

① 见 Wilhelm von Humboldt, Werke IV, pp.255—266。
② 20世纪60年代较著名的改革大学是比勒非尔德(Bielefeld)大学,由洪堡的信徒 Helmut Schelsky 帮助建立。有关比勒非尔德大学的成立历史,见 Peter Lundgre-en, Reform universitat Beilefeld 1969—1994: Zwischen Defensive und Inovation, (Bielefeld, 1994)。有关近代德国大学的发展,见 Charles McClelland, State, Society, and University in Germany, 1700—1914 (Cambridge: Cambridge University Press, 1980)。

建的柏林大学。① 而作为一个中国教育家,他对原有的教育传统,则多有批评,立志改革。因此,傅斯年大学的理念,带有深刻的启蒙运动和实证主义思潮的痕迹,与洪堡的观点相当接近。为了节省篇幅,我们从以下几个方面来着重总结他们之间的相似之处,不再对每一细节做详细论述。

第一,像洪堡一样,傅斯年崇尚科学和理性,认为大学的教育不是为了培养"士人",而是为了培养科学研究人才。他对"读书为登科,登科为做官"的传统深恶痛绝,如同洪堡反对学校成为培养政府官僚的场所一样。② 大学的设置是为了造福于社会,而不是有便于政府。

第二,大学应该在财政和人事上独立。傅斯年以普鲁士为例,指出即使在普鲁士这样"官治"的国家,教育系统仍然能够保持相当的独立性(这可以部分地归功于洪堡的教育改革)。在具体做法上,傅斯年提出:

> 所以政府的责任第一是确定教育经费之独立,中央的及地方的。第二是严格审定校长教员教授的资格,审定之后,保障他们的地位。第三,教育主管部门设置有力量的视学,教厅亦然,参以各种成绩之考核,纯然取用文明国家文官(Civil Service)之办法,定教育界服务人员之进退,及升级补缺。③

这一建议与洪堡的有关论述,如出一辙。

第三,大学教育之所以不同于中学或职业教育,是因为学生和老师的关系不同。像洪堡一样,傅斯年认为中学的教育在于"知识之输进,技能之养成",而大学教育则是为了引入学问界。因此,"中学教师对学生是训练者,大学教师对学生是引路者,中学学生对教师是接受

---

① 在傅斯年有关中国教育的长篇论述《中国学校制度之批评》一文和短文《台湾大学与学术研究》中,他提到了洪堡在欧洲教育史上的影响,并称赞了柏林大学在改革德国和欧洲教育上的影响。《傅孟真先生集》(第六卷),台湾大学出版社1952年版,第344、420—421页。
② 《教育崩溃之原因》,《傅孟真先生集》(第六卷),台湾大学出版社1952年版,第277页。
③ 《教育改革中几个具体事件》,《傅孟真先生集》(第六卷),台湾大学出版社1952年版,第286页。

者,大学学生对教师是预备参与者"①。

第四,在有关大学与研究院之间的关系上,傅斯年的观点也与洪堡相近,所谓"研究院之研究,与大学中之研究,本非两截,不过因人因事之分工而已"。在傅斯年眼里,大学与研究院的区别只是在研究项目方面。集体项目可由研究院承担,而个别项目大学教授完全可以个人独挡。②

虽然傅斯年大学之理念与洪堡相较有不少相似之处,但毕竟两人处于不同的世纪,他们之间还是存在一些明显的不同之处。首先,虽然傅斯年注重在大学中的学术研究工作,但他似乎更重视大学生技能的培养。比如他曾强调,近代教育的目的是训练各种技术人才,让学生学得一技之长。而不像洪堡那样,认为大学教育只是为了学术研究。即使在重视学术研究方面,傅斯年也并不认为大学应以培养研究生为主要目的。相反,他认为大学仍应以培养"高级学生为重要"③。这些不同显示出傅斯年能够从中国社会的现况出发,使大学教育切合社会需要。综观傅斯年对大学理念的阐述,其爱国救国之心,溢于言表。

四、余 论

综述洪堡和傅斯年两位教育家对大学理念的论述,我们可以从中发现许多值得借鉴之处,如他们都十分强调大学办学的独立自主,反对行政权力的过度干涉。他们也十分注意"教与学的自由"(Lehre-

---

① 《改革高等教育中几个问题》,台湾大学出版社1952年版,第293—294页。也许是有了这样的观念,傅斯年对教育学院培养的教师大不以为然,认为不敷科学研究的需要,只能任教于中学。见《教育崩溃之原因》,《傅孟真先生集》(第六卷),台湾大学出版社1952年版,第281—282页。

② 《教育崩溃之原因》,《傅孟真先生集》(第六卷),台湾大学出版社1952年版,第295—296页。

③ 《教育崩溃之原因》,《傅孟真先生集》(第六卷),台湾大学出版社1952年版,第278—279、308页。在担任台湾大学校长期间,傅斯年曾作文谈到"几个教育的理想",其中他用了孔子的话来说明教育必须切合生活;《教育是随着生活之后来的》,《傅孟真先生集》(第六卷),台湾大学出版社1952年版,第326—327页。

und-Lernen Freiheit),让教师有学术自由,学生有选课和追求自己兴趣的自由。这些都对西方和中国的高等教育发展,有着深远的影响。

除了上述这些重要的、为人所知的思想之外,洪堡和傅斯年的大学理念还在两个方面对我们现时有关"通识教育"的讨论有所启发。第一是他们重视教育对人品、人格培养和塑造的重要性。洪堡不满传统教育一味追求官僚的培训,傅斯年严厉批评中国科举制对学校教育的不良影响,都是为了让教育摆脱外部不利因素的控制,获得自由发展的空间。对这两位改革家来说,教育必须有其自身追求的目的,那就是不仅帮助学生获得知识,掌握技能,而且使他们能陶冶性情,塑造人格,追求人性,成为更好的公民。这就是傅斯年所谓的"性品教育"。为此目的,他们都一致主张大学教育不能过于专门化。傅斯年就提出大学教育应该同时重视技能与"通才"。他指出虽然中国当时的国情不能像美国那样在大学中全面实行"通才教育"(Liberal Education),但"通才教育"和技能教育必须达到均衡。[①] 洪堡对大学生人格的培养、人性的发展,更是极端重视。他们大学的理念,以此为基础。

第二点启发是,洪堡和傅斯年的教育观都以教育的改造为出发点,致力于教育的改良、改造,以适合社会的需求,他们不墨守传统,也不一味追求新异。傅斯年在这方面的论述特别有价值。他既不赞成所谓"本位文化",又不主张"全盘西化"。因为他认为,传统始终存在,无法抹杀,只能根据现实的需要随时"扩充"、"彻底的修正"。[②] 而对于西方文化、教育的影响,傅斯年也不一味接受。尽管他留学西方多年,受西方教育的影响很深,并经常以此为楷模。但在具体设想时,傅斯年特别反对照搬照抄。于是他特意指出"模仿"和"抄袭"的不同,因为模仿需要用心,而抄袭则可"随随便便",成为一种"杂糅"。因此他明确指出:

> 我以为学外国是要选择着学的,看看我们的背景。当然,定一种制度也和定民法刑法一样,完全求合于当前的环境,便不能

[①] 《中国学校制度之批评》,《傅孟真先生集》(第六卷),台湾大学出版社1952年版,第378—380页。

[②] 《中国学校制度之批评》,《傅孟真先生集》(第六卷),台湾大学出版社1952年版,第377—378页。

促成进步,完全是理想,便无法实行,当然混合一下才好。①

这种审慎取舍的态度,值得我们效学。我们不仅应该用此来对待西方教育和中国传统在现代教育中的影响,也应该用这种态度来看待傅斯年、洪堡的教育理想、大学理念。笔者以为,这种不盲从、不抄袭,力求使教育与现时社会的需要相结合的思想,是这两位教育家留下的最有意义的思想遗产之一。

---

① 《中国学校制度之批评》,《傅孟真先生集》(第六卷),台湾大学出版社1952年版,第345页。

美国现代大学的理念与实践
——以芝加哥大学为例

林孝信　黄俊杰[①]

一、前　言

美国的高等教育,在 19 世纪末叶发生革命性的变化,传统的学院(College)逐渐转型为现代大学(University)。南北战争(Civil war,1861—1865)以前的美国高等学府,基本上沿袭英国剑桥、牛津大学内学院的体制,模仿欧洲中世纪学院的精神,并略带一点文艺复兴以及宗教改革的成分。[②] 学院的功能,在于传授既有的知识,且多是古典的知识,忽略对于新知识的研究与创造。它的教学虽然标榜通识教育,但与今日的通识教育相比,不论在内容上,或是目的上,都有很大的差异。当时的通识教育教学内容,主要是古典人文教育,近代科学知识多半受到忽略,与今日科学与人文并重的情况,大不相同;而其目的也

[①] 林孝信,美国士林书苑主持人。黄俊杰,台湾大学历史系教授,台湾地区通识教育学会理事长。

[②] 参见 Frederick Rudolph, *Curriculum: A History of American Course of Study Since 1636*, S. Francisco: Josse Bass, 1977, p.30, 转引自 Daniel Fallon, "The Function of Liberal Arts in the Modern University", in Hermann Roehrs ed, *Tradition and Reform of the University under an International Perspective*, Frankfurt am Main: Verlag Peter Lang, 1987, pp.29—40.

在于培养精英统治阶级,也与今日民主化的通识教育精神大相径庭。转型后的美国高等学府,不仅注入科学与实用知识,而且开始重视学术研究,并且把研究与教学结合起来。进入20世纪之后,美国大学学术研究蓬勃发展,取代欧洲而成为世界学术发展最先进的国家,并且进一步影响美国经济的成长,以及军事与文化各方面的蓬勃发展。推究这些蓬勃发展的原因,19世纪末的大学改革实居功厥伟。

南北战争以后,美国急速工业化,社会日趋复杂,再加上当时的科学发展也日益专业化与职业化,往日学院传授的古典知识已不足以应付时代的需要。外在的社会因素逼迫美国旧日的学院朝向现代大学转型,这是美国高等教育转型的外部因素。但是,高等教育的改革,并非完全根据时代的需要自发地产生的。外在的社会因素诚然会催生改革,内在的大学理念的传承与发展,也往往提供了改革珍贵的灵感泉源,以及作为改革而进行论战的理论武器。在具体的历史过程中,内在与外在的因素往往互相影响,从而推动了历史巨轮的旋转。

美国在19世纪末的高等教育改革,正是这种内在因素与外在因素交互影响下发展起来的结果。社会变动的需要,促使美国教育学者思考教育改革的方向。欧洲的大学改革就成为参考的对象。欧洲(主要是德国)大学对美国高等教育的影响过程,首先是经由参观访问者以及留学生的报道,再渐渐地深入到理念层次的了解。这些大学的理念,就如此在成熟的美国教育改革的土壤中发芽。①

从19世纪初开始,欧洲的高等教育也经历了一场巨大的变革。1810年普鲁士创建了柏林大学,洪堡受命筹办。他为这所新的大学确立了几个办学的原则,使柏林大学很快鹤立鸡群,成为现代大学的新典范,洪堡也因此被尊为现代大学之父。洪堡的大学理念,不仅为德

---

① 19世纪中叶开始,美国介绍德国大学的文章便不断出现,例如:Jamed M. Hart, *German Universities: A Narrative of Personal Experience*, 出版于1874年,该书对美国大学生前往德国留学影响很大,该书的部分章节刊于:Richard Hofstadter and Wilson Smith ed, *American Higher Education: A Decumentary History*, Chicago: Univ. of Chicago Press, 1961, pp. 569—583; Daniel C. Gilman, *The Launching of a University*, New York, 1906, 重印于1969年, New York: Gamett Pr. p. 6. 近二百年来,美国与德国大学之间的相互影响,参见: D. Goldschmidt, "Historical Interaction Between Higher Education in German and in the United States," 1992, 该文刊于 U. Teichler and H. Wasser eds., *Cerman and American Universities: Mutual Influences-Past and Present*, Kassell: Comprehensive of Kasser, 1992, pp. 11—34.

国其他各大学所采用,也成了其他国家大学改革的学习与模仿的对象。时至今日,世界多数大学,基本上都自觉或不自觉地接受洪堡的原则来办理大学,其影响之深远实难以估计。我们可以说,从洪堡之后,源自欧洲中世纪的古老大学才找到了适应现代社会的形态。

19世纪欧洲大学理念的另一个里程碑则来自英国。1852年纽曼主教在都柏林的演讲,全面地阐述现代通识教育的含义。当时的英国由教会主办的大学,也面临改革的压力。科学革命的浪潮,不仅冲击大学的宗教色彩,也压缩古老大学通识教育的内容。处在这个浪潮中,纽曼主教对大学宗教作了某些让步,却捍卫了通识教育的精神,使得通识教育在科学研究以及实用知识的压力中生存下来。纽曼主教的这些演讲以及其他论文,结集成书,书名是《大学的理念》(*The Idea of a University*)。① 此书一出,就受到广泛的重视,其影响至今不衰,是一个半世纪以来,在讨论大学理念以及通识教育时,最常被引用的论著。②

洪堡与纽曼主教的大学理念,是19世纪高等教育思想的两个主要的里程碑。这两个理念与19世纪末急速变迁中的美国社会相结合,便推动了美国大学的转型,塑造了美国20世纪高等教育的风貌。

本文旨在从大学理念的角度,探讨这个转型的思想来源、现代大学理念的主要内容,以及必然出现的重大论争。我们将以芝加哥大学的理念及其实践过程为例加以分析。芝加哥大学成立于19世纪末(1892年),是在转型期间新成立的现代大学中,最具有代表性的案例。20世纪美国现代大学的两个主要特征是学术研究与通识教育。芝加哥大学在这两方面都有非常突出的成果。我们首先简介影响美国大学转型的两个主要大学理念,然后介绍芝加哥大学的理念及其实践过程,最后则从台湾的大学教育的立场,提出一些结论性的看法。

---

① 纽曼的演讲稿,最初以小册子的形式于1852年印行。1873年,纽曼自己重新校订出版,并采用 *The Idea of a University* 此一名称。1969年,大英百科全书出版社出版的年鉴:*The Great Today 1969*, Chicage: Encyclopedia,1969,节录了该书直接有关通识教育的章节,见该书 pp. 356—383. 1976年,有个新版本,由 Ker, I. T. 编辑,并加以注解与引言,由英国 Clandon R. 出版,1996年又出版了一本新书,由弗兰克·泰纳(Frank Turner)主编,Yale U. Pr. 出版,是属于 Rethinking the Western Tradition 丛书之一,该书除了重印纽曼的全文,还加入多篇讨论文章。

② 参见 J. Pelikan, *The Idea of the University*: *a Reexamination*, New Haven: Yale Univ. Pr., 1992, Chaps. 18: *The Idea of University in Scholarly Literature*, pp. 190—198。

二、美国现代大学理念的思想前驱

（一）洪堡的大学理念

在19世纪以前，大学主要的功能仅在传授既有的知识，其目的在于为政府培养有效率的公职人员，或是为教会训练神职人员。另外，对于某些国家，大学有时成为炫耀权力的面门，或是经济建设与军事扩充的工具，知识被认为已经完备，不需加以扩充。大学的任务，仅在于将前人的知识一代一代地传递下去，只有极少数的大学教员从事学术研究。[①] 当时德国30多所大学绝大多数都只在照本宣科地复述古老的教材，完全跟不上急速变迁社会的需要。这种学术荒芜的现象，已经引起强烈的改革要求。某些人甚至主张废除大学，代之以学会以及实用性的理工学院。[②] 这项要求在1806年普鲁士被拿破仑军队打败之后，显得更加迫切。处在拿破仑铁蹄之后的普鲁士，正想重建民族的自信心，便企图通过教育的改革，来提升普鲁士的学术文化，作为重建民族精神的依据，并且冀望以此成为往后德国统一的基础。

除了社会变迁的因素之外，改革的主张还直接受到当时德国以及欧洲思想的影响。19世纪的欧洲是启蒙运动的时代。人文主义与浪漫主义的浪潮席卷全欧洲。源自文艺复兴的人文主义，强调"人"的中

---

① 在19世纪洪堡筹办柏林大学之前，全德意志已有近40所大学，只有哥丁根大学（Goettingen University）、耶那大学（Jena University）以及赫尔大学（Halle University）的教授从事学术研究。另外，在克宁斯堡大学（Koenigsberg University）还有一个著名哲学家康德（I. Kant）也在作研究，哥丁根大学的学术研究一直延续到20世纪。但是，在18世纪末，最负盛名的耶那大学以及赫尔大学则在1806年拿破仑攻入普鲁士之后被摧毁了。柏林大学的成立，正是为了弥补赫尔大学的位置。参见 Daniel Fallon, *The German University: A Heroic Ideal in Conflict with the Modern World*, Boulder, Co: Colorado Ass. Univ. Pr., 1980, pp. 8—9。

② 例如，知名哲学家莱布尼兹于17世纪末，主张废除大学，代以学会。他身体力行，于1700年成立柏林科学学会，自己出任会长，1860年普鲁士政府负责高等的司法部长马寿（J. von Massow）建议废除大学。参见 Daniel Fallon, *The German University: A Heroic Ideal in Conflict with the Modern World*, Boulder, Co: Colorado Ass. Univ. Pr., 1980, pp. 5, 8。

心地位,不仅要把"人"从中世纪时期宗教的束缚中解脱出来,也要在封建政权的压迫下争取自由,人文主义就逐渐转化成为古典自由主义。在当时欧洲封建体制下,封建领主把"人"当作领主的财产之一,教育只是一种工具,用以协助封建领主巩固他们的统治,增加他们的财富,或是加强他们与其他封建领主竞争的实力。人文主义的教育则以人的性格的发展以及个人潜力的激发为目的,与封建领主的工具主义格格不入。

洪堡的思想正是属于这种人文主义思想,他认为政府对教育的干预愈少愈好,教育的目的不是把个人国民化,而是要把政府人性化。在这种古典自由主义思想指导下,洪堡的大学理念便是以反对工具主义以及政府的干预为主要原则。一般认为,洪堡的大学理念的主要特色在于把学术研究引进大学中,然而,从17世纪科学革命以来,研究的重要性已经逐渐受到肯定,欧洲各国政府已经普遍提倡科学。因此,要求大学从事科学研究,并非新鲜主意,如何促使学术研究真正在大学中蓬勃地进行,才是问题所在。自由主义的教育理念,正是促使学术研究与教学在大学中有机地结合起来的关键因素。

归纳起来,洪堡的大学理念的主要精神有下列数项:[①]

1. 大学应该从事学术研究,学术研究也应该在大学进行,才能蓬勃发展。

2. 大学的学术研究须要为追求真理、创造知识而研究,应当摒除各种工具性的动机,诸如为增强国力,为经济发展,或为研究者个人的升迁、利益等。换言之,要为知识而研究知识。

---

① 关于洪堡的大学理念,参看丹尼尔·法伦前引书第三章:"W. von Humboldt and the Idea of University: Berlin 1809—1810," pp. 10—31; Hermann Roehr, "The Classical Idea of the University, its Origins, and Significance as conceived by Humboldt," in Hermann Roehr 前引书, pp. 13—28; Frederic Lilge, *The Abuse of Learing*: *The Failure of the German University*, NY: MacMillan, 1948。第一章:"The Brief Flowering of German Humanism," pp. 1—36; Charles Mac Clelland, *State, Society, and University in German 1700—1914*, New York: Cambridge Univ. Pr., 1980, "Part Ⅱ: The Humboldt Era," pp. 106—140. Fischer-Appelt, "The University: Past, Present, and Future," 收入 Steven Muller ed., "Universities in the Twenty-First Century," Providence, RI: Berghahn Books, 1996, pp. 9—12. 洪堡的大学理念虽然引起无数的讨论,但他在这方面的著作并不多,主要是一份他在筹办柏林大学时写于1809年的政府内部文件,此文件的英译本为:"On the Organization of Institutions of Higher Learning in Berlin," 刊于 *The Great Ideas Today* 1969, pp. 348—355。

3. 大学的教育与中学教育不同，大学不应当传授已经成了定论的旧知识，学生应当参与知识的研究，从参与、创新之中得到学习。因此，要培养学生有批判旧知识、旧观念的能力。

4. 在大学里，研究、传授与学习是三位一体、紧紧相扣、缺一不可的。教员的传授与学生的学习，都是研究工作重要的环节，而非独立隔开；研究者不应该单独做研究，再将其成果传授给学生；同样地，教学的内容不是已成定论的旧知识，而是正在研究前沿的新知。因此，教学的方法不能是老师单方面的灌输，而必须是师生共同探讨的研讨会（Seminar）。就学生的学习方面来说，大学的学习不在于记诵已有的知识，而在于体认学问的非封闭性，以及知识之创造过程。

5. 为确保学术研究的绝对自由，大学必须高度独立，政府不应干预学术研究的方向与内容。在教学方面，老师有权力决定开课的内容，学生也有自由选择修课的权力。

洪堡的这些大学理念，严格说来，并非他一个人所独创，而是时代思潮的产物。当时德国许多知识分子，如费希特（Johann G. Fichte, 1762—1814）及施来马赫（Friedrich D. Schleiermacher, 1768—1834）等人，都对洪堡的大学理念产生影响。然而也因为如此，影响德国大学理念的思潮也就驳杂不纯，既有人文主义与古典自由主义的思想，也有一些正要盛行于德国的唯心主义的内容，甚至还有20世纪兴起的法西斯思想的萌芽。即使是人文主义的教育理念，实践的结果也往往和初衷相违背。例如，人文主义的教育理念认为，知识是一体的、整合的，要避免知识的分割或零细化。因为，知识一旦零细化，就容易片面化，甚至僵化，这是人文主义教育所要反对的；然而，洪堡式的大学促成了科学研究日新月异，于是知识便不断深化与分化，知识的整合就愈来愈不容易。这就会走到人文主义教育理念的对立面。因此，洪堡的大学理念虽然成就了19世纪德国学术的灿烂花朵，助长了德国的兴起，但是却阻止不了20世纪纳粹时期学者的逃亡，预防不了日后德国法西斯主义的兴起。洪堡的大学理念，虽然是要防止教育成为国家的工具，却无法逃过这个宿命。事实上，19世纪德国与20世纪美国的兴起，均得力于洪堡的大学理念所衍生出来的科技的快速成长。这种宿命其实只是反映古典自由主义思想的局限。

另一方面,即使科技的发展容易成为野心政客的工具,也不能因噎废食,不要发展科学研究,或是完全归罪于洪堡的大学理念。毕竟,教育机构(或是任何的社会机构)的成就都很容易成为政客的工具,这不是教育(或是其他其社会活动)本身的问题,而是政治学的课题。

(二)纽曼的大学理念

如果说洪堡大学的特色在于促进学术研究,属于人对于外在世界的探索;那么纽曼的大学理念的特色,则在于人的内在世界的成长——包括人的智力、人的个性以及人的创造力的成长。两者的侧重点正好相反,其所造成的结果也是相对立的。洪堡的大学理念着重研究,学者专心研究,常常顾不了大学的教学工作,这已成了近半世纪以来,研究型大学最大的内在矛盾之一;纽曼的大学理念则侧重大学中的教育工作。知识的研究在纽曼看来,不应该是大学的任务,而应当属于专职的研究所的责任。大学的分内工作,还是在于教育学生。而且,人的理性要到大学的年龄,才趋于成熟;通识教育是要在人的理性成熟的前提下才能实施的。[①] 大学应当在学生成长的关键年龄,提供通识教育,使学生的智力与人格成长得以完成。因此,大学的首要任务还是在于教育。

通识教育在英国已经行之有年,从 12 世纪牛津大学创校起,英国的大学教育就是通识教育。那么,纽曼一再强调的通识教育,到底有何独到之处?会不会只是保守人士卫道的挣扎而已?

诚然,作为一个宗教人士,从时代的急速进展来看,纽曼的思想或许有其保守之处;但在基督教体系内,纽曼是一位激进的改革派,他年轻时是 19 世纪英国新教改革运动——牛津运动的积极分子,后来,他终于不满于英国的清教而改宗天主教。由于他长期重视大学教育,因

---

① 关于理性与通识教育之间的关系,参看:Paul H. Hirst, "Liberal Education and the Nature of Knowledge," 收入:R. F. Dearden, P. H. Hirst & R. S. Peters eds. , *Education and the Development of Reason*, Boston:Routledge & Kegan Paul, 1972, pp.391—414,R. S. Peters, "Education and Human Development",亦入同书 pp.501—520.

此,当北爱尔兰天主教要筹办一所大学时,他便受邀主持。他关于大学理念的著名演讲,便是为筹办这所大学而发表的。因此,在宗教与教育的大框架内,他是一个激进的改革派。他保留了通识教育,但却赋予通识教育一个新的定义与一个新的生命。

往日的通识教育,只是旧知识的转述机器。学生学习时,并不被要求理解,更不鼓励思辨、诘难与创新。纽曼虽然不主张在大学中从事知识的创新工作,但却主张学习需要基于理解与思辨。因此,就教育与学习的方法来说,纽曼的大学理念是革命性的。就内容来说,他也主张把一些新知识(例如科学)引进课程的内容中,他甚至认为,大学如果不开"宗教科学"的课,就不是真正的大学。因此,他的通识教育的课程内容,也有革命性的跳跃。

如果新知识是如此重要,那么纽曼为什么还要坚持通识教育呢?首先,在纽曼看来,通识教育的内容本来就应当包容科学与其他新知识。其次,纽曼认为,大学教育的目的是要突破个人的局限,追求普遍的知识。纽曼认为,真理具有普遍性,大学的目的,如果在于智力的发展,也就是在于真理的追求的话,那么,学生就不应该一头钻进一个特殊的知识部门,而应当掌握站在高处俯瞰新知的能力。这种能力的培养,正是纽曼的通识教育的新定义。正因为新知识快速地产生,通识教育也就更加重要,也因此,纽曼反对在大学中传授实用的知识,反对把专业的(Professional)与职业的(Vocational)训练放进大学之中。

纽曼虽然改革了源自中世纪的通识教育,但是,他的改革并不彻底。他的大学理念仍保留了相当多的保守色彩。通识教育的目的,和从前一样,仍然在于培养社会的精英,要把自然人(Natural Man)教育成有教养的人(Gentleman),即所谓的绅士,这与今日的通识教育理念不同。他虽然赞同把科学知识纳入大学课程之中,但通识教育的核心仍然是人文教育。科学在英国19世纪的大学中,长期不受重视。在相关的哲学思想上,他的认识论基本上属于柏拉图式的,这当然是相当保守的。至于他对于学术研究的重视不够,更是跟不上社会变迁的需要。

洪堡与纽曼的大学理念,虽然有许多相反之处,但也有相同之处:两者都反对教育的工具主义,都关注知识。当然,前者着重于知识的创新,后者关注知识的传递。两人都重视理性在教育中的作用,但是洪堡的"理性"是 18 世纪启蒙运动的产物,"理性"与科学、进步等观念结合在一起,而且带有以"理性"来改造世界的浪漫色彩;纽曼的"理性"则接近古希腊柏拉图理想国的概念,认为通识教育所要追求的普遍真理是永恒不变的,如同理想国中的理念。另外,在学习方法上,两者都强调要用批判的态度来对待旧有的知识,都认为只有经过批判的思辨,学到的才是知识。因此,19 世纪这两个主要的大学理念,貌似对立,但其背后的哲学思想却有相通之处。他们的对立,是可以变为互补。事实上,这两个理念都共生地构成美国现代大学的思想基础,虽然这两者之间还是有其矛盾性在焉。

欧洲这两个大学理念的里程碑,对美国产生影响的时期有所不同。洪堡的大学理念较早发生影响,从 19 世纪三四十年代开始,美国学界就开始注意德国现代大学的兴起。19 世纪末,美国学院转型为现代大学,是直接效法德国的大学。① 纽曼的理念,则要到 20 世纪美国的现代大学重建通识教育时,才发挥显著的作用。

三、19 世纪末美国现代大学形成概况

美国大学的改革并不是从 19 世纪末才开始的。早在 1824 年,新设立的弗吉尼亚大学(University of Virginia)便带有改革的色彩,②但真正具有深远影响的事件有三:第一,南北战争时期(1862 年)林肯总统签署实施的摩利法案(Morrill Act),鼓励各州成立农工大学,以传授农业、工业等实用性的知识为主,实用的知识堂而皇之地进入大学的课程,开始背弃了传统通识教育的课程内容。当时的美国高等学院,不要说实用知识,即使是纯理论的科学新知,也获得大学教授的青睐。以谋生求职为目标的课程,那就更谈不上了。摩利法案的实施,从政府来讲,是振兴教育;从教育理念来讲,则是瓦解传统通识教育的先声。

---

① 参见 Herman Roehrs, *The Influence of Humboldt's Concept on the Universities of the USA*, 1987,收入 H. Roehrs. 前引书,pp. 113—136.

② 例如,教学方法也着重研讨会的方式。参见 Daniel Fallon, *The German University: A Heroic Ideal in Conflict with the Modern World*, Boulder, Co: Colorado Ass. Univ. Pr., 1980, p.29.

第二，哈佛大学新任校长伊利欧特（Charles Eliot，1834—1926）从1869年开始提倡选修制度，一方面是适应工业化社会的需要：社会需要各种学有专长的人才，学生要有一技之长以谋生，学校便需广开各种课程，以适应社会不同的需求；课程多了，选修几乎不可避免，因为学生不可能通修所有课程。但另一方面，科学知识专深化，也很难由少数几门通识课程来涵盖。专门性的课程随着知识不断地膨胀而愈开愈多，愈开愈深，选修制度也就成了解决知识爆炸下学校开课的特效药。第三方面，在工业化与资本主义化的社会中，人们的观念与价值也多元化了，往日通识教育课程定于一尊的价值体系，显得褊狭，不若广开课程与多元社会比较配合。

选修制度赋予学生以自由修课的权力，相对于旧日学院学生的修课几乎完全被安排，毫无自由选择权力的情况，实为一大改革。这种尊重学习者选择权力与主观动机的做法，正符合洪堡的大学理念。事实上，伊利欧特本人曾在德国留学，一向推崇德国的大学制度，因此他提倡选修制度，明显地受到洪堡的大学理念的影响。

第三，1872年美国新成立了一所完全模仿德国制的研究大学——约翰·霍普金斯大学（John Hopkins University）。这是美国第一所以研究为主的洪堡式的大学，也是美国第一所设有研究院的大学，这在当时研究还不受重视的旧学院时期，是一个全新的创举，霍普金斯大学的创校校长吉尔曼（Daniel C. Gilman，1831—1908）是18世纪末美国大学转型时期的主要倡导者。① 他虽然不曾到欧洲留学，但在大学毕业后，曾参加使节团驻欧两年。在这两年内，他细心留意欧洲的大学制度，对德国的大学很有了解，并且极为向往，这可从日后他为耶鲁大学规划科学学院（Sheffield Scientific School）中看出。在创办霍普金斯大学之前，他是加州大学校长。在他任内，他把加州大学从普遍的摩利法案大学扩充成完全的现代大学，但是，加州大学校董会的政治

---

① 1911年的唯一的英文教育百科全书 *A Cyclopedia of Education*（NY：MacMillan，1911—1913，5Vols）称吉尔曼为首创研究院，并将研究融入美国大学的教育学，普林斯顿大学教授威尔逊（Woodrow Wilson，1856—1964，后任普林斯顿大学校长，美国总统）于1901年，将他与杰斐逊（美国第三任总统，维尼吉亚大学的创办者）相提并论，认为他是美国教育史上，创立现代大学的第一人。

斗争,使他难以发挥他的许多理念。一直到霍普金斯大学的创立,他的大学理念才得以彻底实施。从《摩利法案》引进实用知识,到伊利欧特提倡选修制度,可以说是对传统学院的"破",吉尔曼则是对现代大学的"立",美国传统学院往现代大学的转型,至此大势已定。

但是,约翰·霍普金斯大学的实验并不十分成功。创校时耀眼的学者群,只维持了20年左右便逐渐流失了,不能像德国的大学,新鲜血液不断地补充,学校的研究愈来愈好。在这段时期,还有几个新成立的大学,如康乃尔大学、斯坦福大学以及克拉克大学(Clark University),也都仿效德国的大学理念。其中,前两者也同时是《摩利法案》的产品,兼顾实用知识的训练;克拉克大学则是标准的洪堡式大学,可惜这所新大学成立不久,便受困于财务困难以及人事纠纷;这时正好芝加哥大学创校,克拉克大学的著名学者大多被芝加哥大学的创校校长哈泼(William R. Harper, 1856—1906)以高薪挖去。① 克拉克大学创校校长赫尔(G. Stanley Hall, 1844—1924)的理想就付诸流水。另外,几所著名的传统学院,如哈佛大学、哥伦比亚大学、耶鲁大学、普林斯顿大学等,也都进行了改革,逐渐转化为现代大学。

在这个转型的末期,芝加哥大学成立了。它继承了欧洲大学的两大理念,吸纳了转型期的各种经验,佐以美国石油大王洛克菲勒雄厚的财力支援,居然在一个非传统人文汇集的美国暴发城市芝加哥市平地而起,芝加哥大学成立不久,很快就成为研究大学的重镇,而且历久不衰,成为美国洪堡式大学最成功的典型,但芝加哥大学不只是一个洪堡式的大学而已,它同时也非常重视通识教育。近百年来,在美国通识教育实践中,芝加哥大学又是一个突出的范例,因此,芝加哥大学可以说是美国新成立的现代大学的代表。19世纪末,在美国高等教育改革下,它是标准的产品。

---

① 赫尔在他的自传 Life and Confessions of a Psychologist (NY,1923)有很详细的回忆,描述哈泼校长所有挖墙脚的精彩过程,参见该书第295—297页,节录于 R. Hofstadter & W. Smith ed. 前引书,第759—761页。

四、芝加哥大学创校的理念与实践

从经济地理来看,芝加哥市是美国最大的工商都市,位于美国五大湖的西南端,连接美国中西部农业大平原,是美国的交通中心与货物集散地,又是美国五大湖工业区的龙头城市。在这样一个工农业发达的地方办大学,工学院与农学院应当是学校重点。然而,芝加哥大学却没有工学院,也没有农学院。芝加哥大学从创校开始,就强调纯知识、纯理论的研究。一直到今天,芝加哥大学这种不食人间烟火的理念,在美国大学中,还是首屈一指的。[①] 这种忽略所在地的地理条件的做法,显示创办人一开始便要把芝加哥大学办成不受地理限制的大学,这除了表示他要将这所大学办成全国性乃至全世界性的学府的雄心壮志外,也反映了他们的基本看法,认为大学是追求知识的地方,而知识是没有地理限制的。

从事知识的研究,正是芝加哥大学立校的首要精神,芝加哥大学的校训是:"让知识不断增长,从而丰富人类生活(Let Knowledge Grow from more to more and thus Human Life Enriched)。"这正反映了芝加哥大学对于追求新知识的根深蒂固的信念,这也正是洪堡的大学理念的核心。洪堡的大学理念的其他部分,诸如学术研究的自由与独立,教、学与研究要三结合等,都是为了保障与促进追求新知而衍生出来的理念。芝加哥大学创校的基本理念,开宗明义就是直指知识的生产,明显地受到洪堡的大学理念的影响。

基于这样的根深蒂固的信念作为指导思想,哈泼校长为芝加哥大

[①] 大约在两三年前,美国某一大学生杂志,曾做了一个全美国调查,问大学生,美国哪所大学最好玩?在两百多所列名的大学中,芝加哥大学敬陪末座。20世纪40年代,维也纳学派(Vienna Circle)哲学家卡纳普(Rudolf Carnap,1891—1970),避纳粹之难,到芝加哥大学任教,他对芝加哥大学不食人间烟火的学风很不能忍受。芝加哥大学的哲学系,又是侧重古希腊与中世纪古典哲学,成天在形而上学里头转,这对于以视形而上学为假哲学问题的逻辑实证论者的卡纳普来说,更是格格不入。芝加哥大学的建筑又是新哥德式(Neo-Gothic),颇有中世纪的味道,卡纳普后来在他的自传中说,处在这样的学风与建筑环境中,使他恍若活在1000年前的修道院中。见 Shilpp Paul A. ed., *The Philosophy of Rudolph Carnap*, La Salle, IL: Open Court,1963.

学规划了各种制度,其中有些是在美国属于首创的,主要有下列几点:

1. 大学不是一群建筑物与设备,大学是由学者与学生所共同组成的学者社区(Scholars' Community)。在大学中,每个人都要研究,老师要,学生也要。另一方面,每个人都要学习,学生需要、老师也需要。哈泼认为,一个学者如果失去了学习精神,他就应当退休,甚至校长也不例外。校长不应当是一个老板,或是一个主管,他只是这个学者社区的一员,也应当具有学习精神,他与其他学者与学生一样,共同成为这个学术社区的主体,只不过他是最受尊重的学者而已。[①]

2. 学者享受大学自治,不受教会控制,以及自由表达的特权,这些都是学术自由与独立的具体措施。大学关于学术与教育的事务,诸如教员的延聘、评价、升等、奖励,教员开课的内容、方法,学术研究的方向,研究成果的评鉴等学者社区内的问题,具有高度的自治权力。这些在今天看来已经不成其为问题的问题,在19世纪却是教育改革者致力追求的目标,哈泼为芝加哥大学规定下来的大学自治原则,可以说为西方大学改革的一个里程碑。

关于教会控制的问题,广义来说,应当包括大学受到其他社会机构,如政府或其他捐钱企业干预的问题。[②] 首先,芝加哥大学是由浸信教会创办的私立大学,[③]欧美国家的基督教会从中世纪以来,办了很多大学,这虽然对于教育与文化保存有所贡献,但也对学校内的教学内容多有监控,对于科学研究大学的发展影响至深且巨。这是西方历史上的一个家喻户晓的巨大问题,哈泼本人虽然是一个浸信教会的信

---

① William R. Harper, "The College Officer and the College Student," 1900, 收入 William R. Harper, *Trend in Higher Education*, Chicago: Univ. of Chicago Pr., 1905, pp. 327—337.

② 关于大学受到外在社会监控的问题,在19世纪以前,注意力都放在教会与政府上,这是典型的古典自由主义的看法。洪堡本人的哲学思想,正属于古典自由主义,然而到了19世纪后半叶,古典的自由主义受到挑战,限制个人或社会机构的自由的来源,并不仅是政府与社会,自由市场的力量,一样会对自由造成限制,这只是亚当·斯密所发现的看不见的黑手,其影响虽然比较间接,但威力往往更大。大学,正如其他社会机构或自然人一样,已经成为左右大学发展的主要力量,洪堡与纽曼,他们的理念有一个共同点,就是反对大学成为职业训练所,可是,由于职业市场的压力,大学的课程愈来愈多地与职业训练有关,甚至大学学术研究的方向,也相当程度地受到捐助的财团的左右,这是他们所不愿看到的结果,这个现象表明古典自由主义的局限性。

③ 后来,芝加哥大学与浸信教会的关系也停止了。

徒,但却反对教会对大学教育与学术研究的干预。①

自由表达的权力,包括自由开课与讲学的权力,以及自由发表研究成果的权力。为了方便研究成果的发表,哈泼在芝加哥大学中设立了美国第一所大学出版社,并将出版部的地位提升与学院一样的位置,显示哈泼对保障研究成果发表的重视。

学者享受了这些特权,但如果被滥用,怎么办？哈泼认识到这个可能性,但是哈泼认为,即使学术自由被滥用了,其危害也远比限制学术自由来得小。另一方面,在具体做法上,与其消极地防弊,不如积极地寻找适当的学者来任教,哈泼(以及许多当时新蹿起的现代大学的校长)花很大的力气,到处网罗著名学者。② 这是芝加哥大学一成立就能一炮而红的直接原因,一旦大学的学术气氛建立起来,学者滥用学术自由的严重程度便下降了。

3. 关于大学学制,哈泼将之分成初级学院(Junior College)与高级学院(Senior College)两部分,初级学院进行通识教育,高级学院则进入知识的研究活动。这个学制到20世纪30年代推动通识教育时有所改变。另外,哈泼主张修学年限应有弹性,不应非修满四年不可,只要学生完成学习,为了提供较多的择业机会,他应可以提早毕业。哈泼首创学季制(Quarter System),一年分成四个学季,每个学季结束时,都可以毕业,这个学季制度倒是沿用至今,而且广为其他学校所采用。除了有利于学生的毕业与补修学分之外,学季制度将会方便学者从事学术交流活动,教员只需要留在学校三个学季,他(她)可以选择任何一个学季离开,不必非限制在暑假时期不可。对于学生来说,学季短,节奏急,有利于多学习。当然,从另一方面来看,节奏紧,学生学习压力大,对于有些学生反而效率差。另外,学生被功课压得喘不过气,课

---

① 芝加哥大学有一座极雄伟美观的建筑——哈泼纪念图书馆。建筑的左右两边各有一座高塔,每座高塔上,分别又矗立四座小塔,整体建筑,左右十分对称,但如自然界的现象,高度的左右对称,往往在细微处出现对称缺破;哈泼纪念图书馆的左右对称,也有细微的对称缺破:左右的四座小塔并不完全一样,一边是尖形,像是四座小教堂;另一边则是圆形,其上沿有些小缺口,像是四个小城堡。据传,这寓意教会与世俗的权力需要分开,学术才得以成长。

② 例如,美国第一个诺贝尔奖得主、物理学家迈克尔逊(Albert Abraham Michelson, 1852—1931),实用主义哲学家及教育家——杜威(John Dewey, 1859—1952),经济学者韦布伦(Thurstein Veblen, 1857—1929)等。

外活动的时间就少了,这对学生的人格成长,未必有利。

哈泼虽然主张在初级学院中进行通识教育,但是他更重视学术研究或研究院的教育。因此,大学部的通识教育理念,并未充分开展,更糟的是,由于学校重视研究,教授不愿花时间于大学部门的教课上,通识教育得不到合适的教员任教,往往只由研究生来代课。因此,通识教育名存实亡,要到 20 世纪 30 年代,芝加哥大学的大学通识教育,才得以真正实施。

4. 大学既然以知识的生产为特点,就应当和职业行会(trade guild)内师徒传授专业技能不同,大学如果要传授实用技能,也需要着眼于知识这一基点。具体而言,大学中专业学院(Professional School),需要符合两个条件:首先,学生必须具备基本的共同知识,亦即说,在进入专业学院之前,学生应当修完通识课程;换言之,专业学院并不直接招收大一学生,也就是说,专业学院在程度上类似于研究所,或至少相当于大二、大三的学年层。其次,专业学院的老师也要和普通有经验的专业人士不同。他们也要有坚实的知识基础,也要从事新知识的研究活动。因此,例如医学院的老师不应当聘著名开业医师,而需要聘请从事医事研究的学者出任。[①]

芝加哥大学这种对知识的分类,固然有其学理的根据,同时也有历史传统的因素。西方传统对知识的分类,认为只有人文(主要包括语言、哲学、文学与历史)与数学(或再加上天文学)才是纯粹的知识,是古希腊自由民(Liberals)应当学习的自由民的知识(Liberal Arts 或称通识);实用的知识(Applied Arts)在古希腊时代,是供奴隶学习的谋生技艺,到了中世纪,大学兴起,但是课程内容仍然仿效古希腊的通识七艺,还是以人文教育为主,实用的知识仍然进不了大学的殿堂。19 世纪以后,科学研究被引进大学,导致日后人文与科学两种文化的紧张关系,时至今日科学知识已经成为通识教育的一部分。但是,实用的、职业的或是专业性的知识,在西方大学之中,依然不属于通识教育的范畴。

这种对知识的看法,正是芝加哥大学规划学校体制的依据。在芝

---

① 参见 Thomas W. Goodspeed, *A History of the University of Chicago*, 1891—1916, p. 331; George E. Vincent, Willian Rainey Harper, 收入 Robert N. Montgomery ed., *The William Rainey Harper Memorial Conference*, Chicago: Univ. Chicago Pr., pp. 3—23.

加哥大学中,大学部与研究院的核心组织之内容就是人文与科学;实用的知识,例如法律、商学、医学、神学等,被放在专业学院中。到了20世纪30年代,芝加哥大学的组织体系作了重大修改,但其后对于知识分类的看法,依然如故。时至今日,芝加哥大学的核心组织是四个研究院:人文研究院、物理科学研究院、生命科学研究院、社会科学研究院,仍然属于通识知识范畴。另外,大学学院(College)分成五部门(Collegiate Division),除了一个综合性的大学学院部之外,其他四个部门分别属于人文、物理科学、生命科学与社会科学等学院部门。[①]

5.其他体制。例如对图书馆的重视;设立大学延长教育(University Extension)部门[②]、男女同校[③]等,在19世纪末的美国高等教育中,都是罕见的措施,也或多或少地配合知识生产这一基本理念而规划出来的。

从上述芝加哥大学创校制度的建立中,我们看到了理念所起的作用,理念确实发挥指导制度建立的功能,芝加哥大学之所以能够成为一流大学,之所以能够对美国高等教育产生巨大的影响,和她坚持一个杰出的教育理念有关。其实,不仅芝加哥大学如此,前述转型期几所主要的现代大学,创办者或改革者的理念也都发挥巨大的作用。

五、20世纪美国大学的改革及其理念

矫枉过正几乎是所有改革必然发生的现象,美国19世纪末的高等教育改革,也有矫枉过正的情形。传统的学院转型为现代大学,虽然把科学研究与实用知识带进了大学,从而丰富了大学教育的内容,但同时也动摇了美国传统通识教育的根基。通识教育是美国从殖民

---

① 除了研究院与大学学院之外,芝加哥大学的"一级"单位还包括六个专业学院(School)(医学院、法律学院、神学院、商学院、社会工作学院、公共政策学院),大学延长教育部、图书馆与芝加哥大学出版部。

② 大学延长教育部,系供已经毕业的人进修,其理念和今日提倡的终身教育相类似,它也提供通讯教育,这在一个世纪前,交通还不很发达的时代,特别需要。

③ 19世纪末,美国大学多半还是男女分校,包括哈佛、耶鲁等有名的大学在内的常春藤大学联盟,都是男校。

时期以来高等教育的内容,也是西方中世纪以来大学教育的基础。虽然它跟不上时代的变迁,但在文化的保存以及维系社会的凝聚力上,还是发挥关键的作用。如今,随着高等教育的改革,大学在文化保存以及社会凝聚上的功能逐渐受到腐蚀,这种发展对于移民社会的美国,影响特别严重。①

因此,从20世纪开始,美国的高等教育又出现了另一场改革运动。这次改革的重点,已经不再是学术研究与教育结合的问题——这个问题基本上已经确立下来了,而是在现代社会中如何保留通识教育;这场改革运动的指导思想不再是洪堡的大学理念,而是纽曼的大学理念。

改革的火炬,从纽约的哥伦比亚大学点燃,出发点是为了解决美国移民社会中多民族的融合与认同的问题。不久,哈佛大学在伊利欧特校长退休后,也紧缩了过度膨胀的选修制度。到了20世纪30年代,芝加哥大学在年轻的新任校长赫琴斯推动下,进行了一场深刻的通识教育革命,其重点已经从社会凝聚转化到文化保存的问题。到了80年代,斯坦福大学点燃的一场多元文化教育改革运动,是在60年代知识分子的反省运动以及源自欧洲的后现代主义思潮背景下发生的。后现代主义批判了启蒙运动,这使得19世纪两个主要大学的理念也连带受到挑战。这是20世纪美国大学改革的几个重大事件,美国的通识教育经过这几个重大事件的洗礼,塑造出今日的面貌。

与上一场改革运动相比较,这场改革运动要曲折复杂得多,也因此持续更久,可以说直到今天尚未完全结束,这是因为通识教育与急速变动的社会较不相容,与洪堡的大学理念也有一些矛盾。要在新时代复兴旧传统,在矛盾中超越既有的体制与理念,绝非一件容易的工作。因此,围绕复兴通识教育方面的问题很多,至少包括下诸项:

1. 科学与人文两种文化的问题。新的通识教育应当包括科学知

---

① 德国自从洪堡的大学改革以来,通识教育也一样受到腐蚀。但是德国与美国不同,她拥有比较深远的文化传统,也不像美国移民社会那样,由太多民族组成,文化传承的问题不那么严重;另外,19世纪的德国正处在统一运动的过程中,内部内聚力很强。因此,洪堡的大学改革,其副作用在短期内并不显著。然而,通识教育不足,却使德意志民族更容易走向自大、狂热与法西斯的方向,洪堡的大学改革的副作用,或许是在一百年后的20世纪才显示出来的。

识,这已经是包括纽曼在内,人人都同意的意见。问题是,两者的比重如何取舍?两种文化之间是否有其内在逻辑或基本哲学上的矛盾?(这本身就是很复杂的哲学问题)如果有,应当如何化解或超越这个矛盾?是将人文知识科学化?或是将科学知识人文化?还是两者并列,承认人的科学理性与人文关怀是无法根本地整合的两个世界?①

2. 通识教育民主化的问题。这个问题可以分成外在民主化与内在民主化两方面。在外在民主化方面,20 世纪的高等教育已经逐渐民主化,亦即普及化。大学不再是贵族或社会精英的专利品,大学的目标已经不只是训练社会的统治阶级,而是培养健全的国民,使每个人的潜力得以充分地发挥,每个人的人格得以健康地成长。这和以往"博雅"式的通识教育大学不同。大学学生已经不限制于有钱、有闲阶级的子弟,许多家境清寒的学生涌进了大学,她/他们缺乏(或是无暇)品尝精致文化的胃口,而往日的通识教育内容,确实有许多部分需要悠闲地思辨才能领略其中的奥妙。如何化解这个矛盾?是不是完全剔除这些精致的成分?还是设法将凡人贵族化?这是这个问题的一个重要内容。

在内在民主化的方面,通识教育追求的是知识的整合性与文化的一元性,这在 20 世纪多元社会的时代必须加以调整,特别到了 20 世纪 60 年代以后,真理的相对主义盛行,知识整合的可能性从根本理论上就遭到质疑。

3. 教育的质与量的问题。在民主化的社会中,大学生的人数急剧增加;同时,学术研究的结果,知识的量也空前增加。这两种量的激增,也构成对通识教育的挑战。以往的通识教育学院,学生人数不过数百,师生关系密切,课堂上讨论的机会甚多。今日的大学,学生人数

---

① 人文与科学这两种文化的异同,以及是否可以整合的问题,在西方世界的讨论由来已久,可以追溯到古希腊亚里士多德。斯诺(C. P. Snow,1905—1980)著名的演讲及其随后引起的论战。其主要内容在 19 世纪下半叶阿默德(Mattherw Amold,1822—1888)与赫胥黎(Thomas Henry Huxley,1825—1895)之间的论战中,多已触及。在高等教育争论中,两种文化所涉及的问题更广,除了在知识层面上,还涉及广义的文化问题、人格、价值观等等。1930 年,西班牙著名教育家加塞特(Ortega Y. Gasset, 1883—1955)强烈批评在西方的大学体制,认为在大学中过度重视科学研究,忽略其他文化的层面,使人丧失了生命的意义,参见他的名著:《大学的使命》(*Mission of the University*, London: Routledeg & Kegan Paul,1952. 原文为西班牙文,由 Howard Lee Nostrand 翻译,本书原出版于 1930 年);F. Higuero, *The Crisis of the University in the writing of Ortega Y. Gasset*, J. of General Ed. 39: 36—53. (1987).

动辄上万,大班大教室,不用说师生关系淡薄,同学之间都未必能互相认识。至于研讨会式的教学,那就更少了。再说知识量的爆炸与质的专深化问题,使课程内容的取舍煞费心机,引起了许多争论。争论倒也激发了许多教学方法的新构想,舍弃整门知识鸟瞰式的介绍,改以少数代表性个例的深入剖析,轻研究成果而重发现过程,略事实记忆改编哲学方法与发展史脉等,百花齐放,莫衷一是。

4. 纯粹知识与实用知识的问题。实用知识的传授,一向不属于通识教育的范畴。但是,劳动市场与国际经济竞争的需要,以及学生毕业后就业的压力,使得大学中的实用倾向愈来愈重,这一直是通识教育提倡者最引以为忧的重大问题。另一方面,在民主时代里,通识教育理应为社会每个成员所共享。那么,对于专业或职业学院的学生,是否也应当施以通识教育:其内容应该如何?又如何与以更具有功利主义的倾向对待这类学校的社会压力相对抗?

从上述讨论中我们可以发现,复兴通识教育所面临问题之广,所涉及理念之深,都要超过前一场改革运动的程度。在这场漫长而广泛的改革运动之中,芝加哥大学也是一个主要的典型。以下讨论芝加哥大学参与这场改革所依据的理念以及具体实践的情况。

六、芝加哥大学通识教育的理念及其实践

高度重视学术研究的芝加哥大学,从创校起,就把大学部的教育工作放在次要的地位。到了20世纪20年代,当芝加哥大学经过了激昂的创校冲刺,以及随后的整修阶段之后,大学部的教育问题就被排上日程表的首要项目。一般人把芝加哥大学通识教育改革的贡献归诸于赫琴斯,但在赫琴斯上任的五六年前,芝加哥大学教授间已经热烈地展开改进大学教育方案的辩论。因此,当赫琴斯就任时,芝加哥大学推行通识教育的原则已定,并且还拟定草案,准备调整大学的组织体系,以适应大学部改革的需要。

然而,把改革通识教育的主要贡献归诸赫琴斯,还是有其道理的。赫琴斯注入通识教育一些新的理念;赫琴斯的使命感、威望与能力,使

改革的工程得以进行;赫琴斯把通识教育改革的注意力推到全国的范围,带动了全美国对通识教育问题的重视。总之,大学部门改革的必要性,在芝加哥大学早有共识;并不是赫琴斯首创的,但却在赫琴斯手上完成这场改革。在芝加哥大学百年历史中最值得纪念的,并不是哈泼在短期内从无到有地建立起一所一流大学,而是20世纪30年代通识教育的改革。①

通识教育改革受到如此高的评价,正是反映了20世纪美国社会面临的问题。而这些问题的解决,则有赖于高等教育的改革。然而在20世纪初期,美国的大学教育本身却是问题重重,普林斯顿高等研究院(Institute for Advanced Study at Princeton)的创院院长福列克斯诺(Abraham Flexner, 1866—1959)认为主要问题在于目标不明,过分受到现实的压力,沉湎于职业或专业训练。② 赫琴斯也有类似的看法,③ 他将问题的核心归诸于大学教育缺乏一个和谐一致(Coherent)的中心思想。因此,改革大学,重建通识教育,必须从课程的和谐一致出发。只有这样,大学才不会成为一个大杂烩,受教育者才会有共同的文化基础,美国的民主社会也才不会庸俗化。赫琴斯进一步认为,由于大学缺乏和谐一致的中心思想,被职业训练性的课程充斥,这不仅是非智(Non-Intellectual)的,而且是反智(Anti-Intellectual)的。大学居然成了反智的地方,这刺激了许多反应与反省。

要如何达到课程的和谐一致呢?这可分为课程内容与课程设计两方面来谈。内容上,需要有一共同的必修课程,才能建立中心思想,以此作为和谐一致的基础。这些必修课程的内容应该是什么呢?赫

---

① 芝加哥大学出版社为庆祝该大学百年校庆,出了五本有关芝加哥大学的书,其中两本谈赫琴斯校长,两本讨论通识教育,还有一本回忆校名的学者。前四本全都围绕着赫琴斯的通识教育改革在打转,可见芝加哥大学这场改革的重要性,这五本书如下:

Mary A. Dzuback, *Robert M. Hutchins: Portrait of an Educator*, 1991.

William H. McNail, *Hutchins University: A Memoir of the University of Chicago, 1929—1950*, 1991.

John J. MacAloon ed., *General Education in the Social Sciences: Centennial Reflections on the College of the University of Chicago*, 1992.

Faculty Members, *The Idea and Practice of General Education: An Account of the College of the University of Chicago*, 1950.

Edward Shils ed., *Remembering the University of Chicago: Teachers, Scientists and Scholars*, 1991.

② 参见 Abraham Flexner, *University: American, English, German*, New York: Oxford U. Pr., 1930.

③ Robert M. Hutchins, *The Highter Learning in American*, New York: Yale Univ. Pr., 1936.

琴斯主张以西方世界主要的经典名著为教材。这些经典名著,在赫琴斯看来,是构成西方文化传统的基石,是每个大学生都需要掌握的基本知识,这就发展出芝加哥大学极负盛名的西方经典教育。在课程设计方面,赫琴斯反对放任自流,学校要开什么课,课程的详细内容,都要精心设计,互相协调,而不是任由老师开一大堆知识的或应用的课程,然后任由学生选修。

要达到这项理想绝非易事。首先,在浩如烟海的著作中,哪些可算是经典之著而应列入经典教育的教材呢? 为了解决这个问题,赫琴斯和他的通识教育改革的战友阿德勒(Mortimer J. Adler,1902—)推动了一个巨大的编辑计划,精选出西方经典数十种,作为通识教育的教材。其次,这些经典著作的教授,也不易寻找,需要饱学之士并且用心费时去准备,才能教得好。这对于以学术研究为重点的大学教授,很难得到热烈的支持。因此芝加哥大学进行了体制改革。以往的体制,核心的是人文与科学学院,下设学系,每个学系设大学部门及研究所,例如同今天台湾地区的制度。赫琴斯的改革将研究院与大学部分开,专聘一些大学部的教员,这些教员的聘任、升迁、奖励,只以教学的好坏为考核的依据,而与其研究的成果无关。

赫琴斯这些通识教育改革,不论课程的内容、推行的方法及其背后的理念,都具有相当的革命性。这种激烈的改革发生在广受注目的一流大学上,加上赫琴斯以年甫三十出任这一重要大学校长而被誉为教育神童,使芝加哥大学通识教育的改革成为全美国注意的焦点。从此,通识教育成为媒体的时髦,刺激了无数关心教育人士的反省,并影响了许多大学的教育改革。

但是,赫琴斯的通识教育改革,并不是一帆风顺的事业。在执行上受到校内教员的反对与抵制,在理念上更引起许多的批评,发生了激烈的论战。最有名的就是知名哲学家及教育家杜威的批评。[①] 杜威批评的主要内容是:认为死守古人经典,适应不了时代变迁;高度强调共同必修,违背了学术自由以及民主的精神;过度强调中心思想,实为

---

① 参见 John Dewey, "President Hutchins' Proposals to Remake Higher Education," *The Social Frontier*,3:103(1937);Harry Gideonse, *The Higher Learning in a Democrady*, New York:Holt, Rinehart Winston,1937.

权威思想的滥觞。

虽然有许多批评,但在当时美国大学过度强调实用知识以及科学研究的风气下,赫琴斯的矫枉过正,却有助于通识教育的复兴,奠定了美国现代大学的两大基础——学术研究与通识教育,形成了美国大学的基本特色。美国现代大学的面貌,至此奠定。

七、从台湾地区大学教育脉络看芝加哥大学的理念与经验

我们在上文里论述芝加哥大学的建校理念及其实践,并对芝加哥大学通识教育多有所着墨。现在我们再从近十年来中国台湾地区的大学教育脉络,来思考芝加哥大学的经验及其潜藏的启示。

第一,芝加哥大学校长哈泼为芝加哥大学擘划各种制度,相当强调大学自治与学术自由,这是近代大学最重要的精神基础。大学自治与学术自由,在近年来中国台湾地区各大学也普遍受到重视,台湾地区新"大学法"第一条:"大学应受学术自由之保障,并在法律规定范围内,享有自治权。"将大学应享有的"学术自由"加以法制化,这是近年来台湾地区高等教育的一项值得令人欣喜的发展。

但是,后戒严时期的中国台湾地区各大学,在从过去威权时代政府控制之中解放出来之后,却也在"学术自由"、"大学自主"以及"教授治校"的口号之下,正遭遇着极为严峻的挑战。正如黄俊杰最近所指出,当前台湾地区的大学面临两大问题:以"多数决定"作为原则的"民主化"与以"最大获利原则"为基础的"资本主义化"逐渐构成大学教育的困境。这两项新发展都忽略了学术教育领域与政治经济领域,两者在本质上的根本差别在于:前者以"人之自我实现"为其目标,后者则以"群众参与"及"市场导向"为其目标,因而要求前者服从后者的运作逻辑,困境于焉形成。① 当前台湾地区各大学所面对的这两大

---

① 黄俊杰:《当前大学教育的困境及其对应策略》,《通识教育季刊》第3卷第2期(1996年6月),第141—155页。

问题,都在逐渐腐化作为大学的生命的理想主义。中国台湾地区光复以来,台湾地区的大学在台湾当局威权体制之下,饱受政治力的凌虐而为特定意识形态服务。但是解严以后,庸俗化的政治文化却从根本上腐化着大学校园中刚刚萌芽中的生机。而且,资本主义的大幽灵也虎视眈眈地企图攫取大学教育的灵魂,诚令人为之忧心不已。

如何脱困而出呢?芝加哥大学的经验可以提供我们某种启示。哈泼校长主张建立严谨的学术水准,是捍卫学术自由的重要方法。这一项主张对当前中国台湾地区的大学教育具有深刻的启示。只有回归学术本位,才能免于因学术自由的被滥用而导致的校园"民主化"与"资本主义化"的困境。

第二,芝加哥大学以及许多美国的大学在推动通识教育时,遭遇到科学与人文两种文化的问题、通识教育民主化的问题、教育的质与量的问题以及纯知识与实用知识的问题。这四种问题在最近十多年来的中国台湾地区高等教育界都一再出现,它们都是具有普遍性的问题。最近,中国台湾当局科学委员会就特别有心于通过通识教育的教科书的撰写,而针对科学与人文两种文化的鸿沟加以愈合。其余三个问题,也是目前台湾地区许多大学校园内部争辩不休的问题。它们都直接涉及各大学通识教育的走向。

但是,除了芝加哥大学等校所经历的这些问题之外,中国台湾地区的许多大学推动通识教育还遭遇台湾地区的特殊问题。自从1987年7月戒严令废除之后,几十年来潜藏在中国台湾地区社会中的诸多矛盾完全一涌而出,其中影响最为深远的矛盾是统独矛盾、省籍矛盾与党派矛盾。由于大学共同及通识教育课程对大学生世界观与政治观的塑造,有其不可忽视的作用,所以各种政治立场的教授对大学里的共同及通识教育都给予高度的重视,遂使若干大学的通识教育课程成为各种意识形态诸神的战场。这个问题是当前中国台湾地区高等教育界的特殊问题,西方国家大学的经验殊难参考,特别值得我们深思以谋求破解之道。

第三,赫琴斯校长领导芝加哥大学,推动以西方文化经典的阅读作为通识教育的模式,值得我们参考。我们过去曾合撰论文,探讨近百年来美国大学通识教育中的经典通识教育,我们发现:一是近百年来美国的经验显示,以经典作为通识核心课程,是传承文化价值的有效方法。"核心"通识课程的设立,是通识教育课程的常规,而在核心课程的规划之中,为引导学生研读最具价值的经典著作,所以经典教学遂进入了通识教育之中。二是美国经验显示,通识核心课程经典著作的选定,并非一经定案就永不改变。事实上核心课程的设计以及经典著作的必要性,并非一帆风顺地受到通识教育者的支持。面对复杂多变的现代社会,核心课程之内容必须不断修行,因为由学校或政府规划的核心课程与选择的经典教材,容易陷于特定的意识形态中,或沦为政府政策的工具。而且,学生选修自由度缩减,也有碍其学习心理,隐含对学生选择能力的不信任,不利于培养学生的独立判断能力。此外,对于经典著作,如果采用原典,往往深奥难读,而且掺杂不合时宜或不相关的题材,有时还带有教条权威气息;如果使用后人重编订的课本,则难保不失原意,透过重编者的有色眼镜来理解经典的原意。因此,核心课程虽然已经广泛地被西方通识教育者所采用,经典教材的意义在美国也普遍受到重视;但是,如何规划核心课程的内容,如何选择教材,仍然争论不息。三是"二战"后中国台湾地区经济突飞猛进,随着经济发展的快速成功及社会之富庶繁荣,社会大众的价值观颇有功利主义的倾向。针对当前台湾地区社会的特殊状况,通过经典著作而使学生之心智获得启发与陶冶,是值得努力的做法。尤其研读经史典籍,能使学生更深入地了解民族、历史与文化,增强学生一脉相传的时间感,帮助学生确认文化的渊源。而长久浸润于古圣先贤的典范之中,亦使学生在立身处世上有确定而具永久价值的学习对象。[①]

但是,以经典作为大学通识教育必然会面对诸多质疑,其中最严重的是,许多人认为经典通识教育容易陷于"文化唯我论"的困境。因为人的存在本质上是一种具体性的存在而不是抽象的、形而上的存在。人是活生生地参与生产活动的人,人胼手胝足、流血流汗地创造人类的文化与价值,人不是生活在广漠之野的高人逸士。因此,任何经典作品及其所传递的价值体系,必然是在特定的时间与空间的脉络

---

① 林孝信、黄俊杰:《美国的经典通识教育:经验、问题与启示》,《通识教育季刊》第3卷第4期(1996年12月)。

中而为古圣先贤所撰写而成的。例如,柏拉图(Plato,前427—前347)的诸多对话录,是在古代希腊城邦社会政治生活的特定脉络下写成的;而《论语》、《孟子》等中国文化经典也是在春秋战国时代周代封建体制已崩而未溃的历史变局的脉络下,孔孟及其门徒思考问题时心灵对话的记录。所以,提倡通过经典作品的研读,使学生浸润在人类文明永恒的价值传统之中,从而培育其与古圣先贤共其慧命的生命深度,实属用心良苦,立意至善。但是,这种课程设计之难以免于"文化唯我论",可以说是一种必然。上述责难并非无的放矢,实际上西方大学的通识教育课程以经典作品研读为中心的设计,常常不能免于某种形态或某种程度的"文化唯我论"。举例言之,从1991年起,美国斯坦福大学所开授的"文化、思想与价值"("Culture, Ideas and Value",简称CIV)课程,是该校卓富声誉也是颇受学生欢迎的通识教育课程,但也不能完全免于我们以上所说的以西方文化为中心的文化偏见。[①]

从以上观点看来,芝加哥大学的经典通识教育经验,固然在现阶段的台湾地区各大学,值得我们加以参考,但是,我们也要注意不要陷入"欧洲文化中心论"(Europo-centrism)的窠臼而不能自拔。如何在诸多中西文化传统中,建立自己文化的主体性,确是当前台湾地区教育工作者面临的新挑战。

八、结 论

这篇论文论述的主题是美国的现代大学的理念及其实践。我们首先追溯美国现代大学的理念的前导人物洪堡与纽曼的大学之理念,接着说明19世纪末美国现代大学的发展过程,再以芝加哥大学的创校理念、创校校长哈泼的教育思想,以及芝加哥大学的通识教育为中心,进一步申论美国的现代大学的理念。最后,我们也从中国台湾地区的经验与立场出发,思考芝加哥大学的经验对中国台湾地区的大学教育所具有的参考价值及其相关问题。

[①] 黄俊杰:《大学通识教育的理论:批判与建构》,未刊稿本。

从我们的分析与讨论过程之中,我们可以获得两点结论。第一,任何有关大学的理念及实践的经验都只能参考而不能全面移植。洪堡与纽曼的大学之理念,形成于19世纪的德国与英国,有其特殊的历史与文化背景。芝加哥大学的创校理念及其经典通识教育经验,也有其特定的时空背景与大学领导人的思想因素。凡此种种都不是其他国家或大学可以完全模仿或移植。第二,基于以上的认识,我们认为当前中国台湾地区的大学教育改革必须参考西方办学成绩优异的学府之理念与具体经验,但在中国台湾地区特殊的时空情境之中加以落实,取精用宏,执两用中,创造适应于台湾地区高等教育脉络的新的大学理念与实践模式。总而言之,"脉络化"(contextualization)是一切教育改革的根本原则!

美国的经典通识教育:经验、问题与启示

林孝信 黄俊杰

> 经,常道也:其在于天谓之命,其赋予人谓之性,其主于身谓之心。心也,性也,命也,一也;通人物,达四海,塞天地,亘古今,无有乎弗具,无有乎弗同,无有乎或变者也。是常道也!
> ——王阳明(1471—1528)《尊经阁记》

一、前　　言

自从 1984 年,台湾教育主管部门发布《大学通识教育选修科目实施要点》以来,过去为配合经济建设,将教育视为"社会工程"的经济建设人力规划原则,就开始受到挑战。如何借通识教育之实施以"造就完整的人",逐渐成为教育界的新课题。大学通识教育的价值及其必要性,也逐渐为多数大学师生及各界人士所肯定。从 1996 年开始,通识教育获得更大的实施空间。但是,在实际实施过程中,应如何有效落实通识教育,使其真正成为以人为本,以"自由"、"自律"为中心的教育,尚有待有心人士慎重思考与检讨。从"人文主义教育"立场出发,推动大学通识教育的有效方法之一就是:提倡经典著作的研读与

讨论。所谓经典通识教育并不是全盘的复古,而是对古代精神及文化遗产作批判的继承,以发扬其现代意义。在这个科技一日千里、知识不断推陈出新的现代社会中,经典著作仍能对人类心智有所启发与陶冶,帮助学生立身处世。本文写作的目的在于回顾近百年来美国各大学通识教育的兴起(第二节),探讨美国的经典通识教育的经验及其潜在的问题(第三节),并就美国的经验对中国台湾地区的大学通识教育所可能具有的启示(第四节)略加讨论。

二、美国通识教育兴起的背景

美国早期的大学教育,大致继承英国的规范,以传授传统知识为主,古希腊罗马的语言、文学、哲学、宗教等,成为大学教育的主要内容。大学教育的目的主要在于培养神职人员,兼及政府官员。在这个时期里,知识的专精化尚不严重,大学也未分院分系,所有的学生都要通修每一门课程,这是一种原始的通识教育,其精神可以追溯到中世纪的七艺教育,甚至到古希腊的自由教育。客观上,这样的教育内容可以达到知识及文化传承的作用。由于授课内容都是传统知识,常以古希腊罗马或中古欧洲的经典著作作为教材,经典教育的色彩甚为明显。

到了19世纪中叶,美国急速地资本主义化与工业化,社会日益复杂多元,人们需要更多实际的知识,以应付就业以及其他社会活动,死抱古人经典教育已经跟不上时代。因应社会变迁,大学的体制与教育内容也产生了巨大的变化,主要有下列诸端:

第一,设立选修制度。选修制度于1860年在布朗大学首先实施,很快就受到学生及社会的欢迎,随后1869年哈佛新上任的校长伊利欧特引介入该校,极力推动,这个制度很快地为许多大学所采用,一直延续至今。[①]

[①] 参见 W. B. Carnochan, *The Battleground of the Curriculum: Liberal Education and American Experience*, (Stanford: Standford University Press, 1993), pp.9—13, 51—55. 伊利欧特的实践并不十分成功。1909年,他的继任者罗尔(Lowell)校长废除选修制。这主要是由于伊利欧特校长把选修制搞得太极端,学生滥用自由,多去选读与未来就业相关的课程,或是容易得分的营养课,学生得不到系统的通识知识,引起家长与社会的关注。但是,在社会高度分工以及知识爆炸的时代,选修制度总归有其必要性,受到其他学校广泛的采用,并且延续至今。

第二,广设实用型的州立大学。①

第三,研究型大学的兴起。19世纪初,普鲁士创造了新型大学,融教学与研究于一炉,大学就不只是传递已有的旧知识的机构,而是成了生产新知识的工厂。1861年,约翰·霍普金斯大学首先引进这个制度,但是并不十分成功。1892年新创立的芝加哥大学是美国最成功的研究性质的大学。其后,美国各大学也都纷纷加入研究型大学的行列。

这些体制与教学内容的改革,对于传统的通识教育产生了巨大的冲击。选修制度与大学院系体制的产生,反映了社会分工日益复杂精细,知识也趋于零碎化,对于以传授整合知识为主旨的通识教育,显然不利。伊利欧特在推动选修制度时,虽然一再强调他对通识教育的重视,甚至他认为选修制度有利于通识教育;但是实践结果表明,学生的自由选修往往造成大杂烩,许多学生只选读与未来就业有关的实用知识,此与通识教育的宗旨相去甚远。在社会多元化的时代,选修制度诚然有其优点,甚至是不可或缺的,却对通识教育造成相当的伤害。既然选修制度无可抗拒,摆在通识教育面前的课题,便是在选修的环境下,如何安排通识课程,才能够保留核心课程的完整性与连贯性,并且达到历史文化传承的目的!

同样,实用性大学的蓬勃发展,把原先以培养普遍知识为重心的大学教育,改变成以训练就业需要的专门知识这个新的方向。这显然违背通识教育的宗旨。至于研究大学的兴起,则从根本上改变了大学的角色。以往,大学只是纯粹的教育机构,其作用仅仅在于把既有的知识一代一代地传递下去,至于知识是怎么来的?需不需要不断开拓?这并不是教育机构的任务。可是到了19世纪初,研究大学兴起,大学开始重视研究工作,知识的生产与传播并重,现代意义的大学开始成形。在这种新型的大学中,教员在追求研究的压力下,对教学的注意力难免会分心;学生也在为了尽早进入研究课程的竞争下,对泛泛的通识课程提不起兴趣。

---

① 美国南北战争后,迅速往西扩展疆土,需要大量农业、工业等实用知识。一些实用型大学纷纷成立。美国联邦政府也通过法案,奖励捐地兴学。

除了以上体制的改革影响旧有通识教育的基础外,还有一些社会因素也直接影响教育的发展方向。其中最主要而且最具美国特色者,乃是在19世纪末,由于急速工业化需要大量的劳动力,大量新移民涌入美国,与以往盎格鲁·撒克逊旧移民不同,这批新移民来自欧洲大陆不同国家与不同种族,对于美国新英格兰区那种源自英伦三岛以培养绅士为宗旨的旧通识教育兴趣缺乏。更重要的是,大量新移民不同的文化背景,造成美国社会的离散,缺乏共同的目标与价值观。这个犹待融合的民族大杂烩发生了重大的问题,例如19世纪末的经济危机或20世纪初第一次世界大战期间,由此引发社会危机。这些新状况为美国高等教育提出了新课题:如何让背景不同的新移民和谐相处,并且建立共同的价值观(例如,认同美国的民主制度)?这个任务便落在通识教育上,于是通识教育的宗旨,便从教育各个兼"通"各种领域的知"识",转化成教育社会大众形成共"通"的意"识"。

到了20世纪之初,美国的大学悄悄地进行了一场革命,这场革命的一个主要的组成部分便是通识教育的改革。当然,这场革命不会是一帆风顺的,它经历了许多曲折与反复。发生几场大论战,提出了许多关于通识教育意义、目的、方法、可行性、与社会的互动关系等问题,迄今仍未尘埃落定,并且产生了通识教育不同的流派。这场教育革命的结果,形成了具有美国特色的通识教育,它不仅具有新的课程内容,新的教育目标,还有新的教育理念与教育哲学。本文所要探讨的核心课程与经典教学,也在这场革命中找到它的新地位,发展出它的新理论基础。

三、具有美国特色的通识教育

20世纪美国发展的新型通识教育,乃是通过许多次在不同学府的教育改革以及教育家与教育学者的大辩论而形成的。其中最主要的有四个改革事件,分别是1917年哥伦比亚大学的西方文明通识课的设立,20世纪30年代芝加哥大学开展的西方经典巨著的教学,70年代哈佛大学核心课程的规划,以及1988年斯坦福大学检讨柏拉图著作是否可列为通识教材所引起的风波,这四个事件都与经典教育有关,可见经典通识教育是大学教育改革的主要议题。围绕在这些改革事件的周围,发生了几次大辩论,其中最有名的,当属 20 世纪 30 年代赫琴斯与杜威,以及从 20 世纪 80 年代迄今关于经典教育的大论战。以下分别介绍这几个美国发展新型通识教育的里程碑。

(一) 哥伦比亚大学的西方文明通识课程

20 世纪美国经典通识教育,最早出现在哥伦比亚大学。1917 年,该校厄斯金(John Erskine)教授开一门经典选读课程,从西方文化最重要的巨著中,每周选读一本,厄斯金的目的在于通过文化经典的选读中,给学生多一些人文素养,以平衡当时美国大学教育偏重职业训练的倾向。这门课成为美国新型通识教育的第一个尝试,也是经典通识教育的滥觞,并且后来发展成为哥伦比亚大学著名的通识必修课。西方文明(Western Civilization),其内容主要为西方历史与文化。十年后,再加上一门现代文明(Contemporary Civilization)课,内容相当于今日的社会科学。20 世纪 30 年代以降,再加入自然科学课程,形成了全面的通识教育的两年课程:人文、社会科学与自然科学,不仅成为哥伦比亚大学通识教育的骨干课程,而且广泛为其他大学通识教育模仿的典范。①

哥伦比亚大学这门课程的实施,还有时代政治的背景。当时正值第一次世界大战期间,美国处在战争的边缘,需要酝酿民意,以准备未来可能的参战。然而,由移民所组成的美国社会对于战争缺乏共识,关于应不应该参战,以及如果参战的话,要支持或参加哪一方,不同来源的移民常有不同的主张,要把这个民族大杂烩转化成民族大熔炉,需要建立一套共同的文化认同及价值观。厄斯金的这门课,正好提供这个功能。在这里,我们看到美国的通识教育开始背离纯粹教育的宗

---

① 参见 Daniel Bell, *The Reforming of General Education*; *The Columbia College Experience in Its National Setting*, New York: Columbia University Press, 1966.

旨,而带有政治工具的色彩。①

当时,有个年轻的法律学生阿德勒(M. Adler)修了这门课,深受启发。他把这个经验告诉一个耶鲁大学年轻教授赫琴斯,他们都对这套以西方文化巨著为内容的通识教育产生强烈的认同与使命感。不久(1929),这位年轻的教授被任命为芝加哥大学校长,他就和阿德勒共同发展这套西方经典教学,并且作为改革芝加哥大学通识教育的主要内容。②

(二) 芝加哥大学的西方经典巨著教育

20世纪30年代,赫琴斯所推动的芝加哥大学教育改革是具有深刻的革命性的意义。

在美国的通识教育改革中,赫琴斯所推动的芝加哥大学通识教育具有突出的地位。芝加哥大学通识教育的特点主要表现在三方面,第一,他们放弃让学生自由选修的流行做法,而是系统地精选西方世界的经典巨著,作为通识教育的共同必修教材。这批经典巨著包括古希腊罗马的史诗、戏剧,欧洲中世纪经院哲学的作品,文艺复兴、科学革命、启蒙运动一直到19世纪的马克思及达尔文等的经典名著,包罗万象,遍及文、史、哲、理各领域,涵盖西方世界两千年来无数哲人大师的智慧结晶。在欧美教育史上,像这样系统而全面地整理西方世界的经典巨著,并且将它安排成可以教授的课程,是罕见的大手笔。经典巨著的直接教学是否可行,一直难有定论,其中有原则理念的争议,也有具体可行性的考虑。原则问题暂且不论,在可行性方面,要在短短的几年大学中把这一大套的经典文库全教完,实非易事,但芝加哥大学

---

① 严格说来,教育从来都脱离不了与政治的关系。教育通过培养政府官员、诠释及合理化现存体制等方式来服务政治。另一方面,政治改革理论,往往也先在大学中被提倡,才被政治人物所引用。广义地说,也可以视为一种工具。

② 参见林孝信:《芝加哥大学的通识教育》,《科技报导》,台北:科学月刊社,1993年4月出版,第5页。

的实践,至少说明是可行的。① 另外,芝加哥大学的教学方式,要求学生直接阅读原典,而非经过加工后的教科书,这种直接研读原典的方式,延续至今,别具特色。

经过芝加哥大学对经典巨著的强力推行,经典教学成为通识教育的一个重要形式,广泛为各校所采用。芝加哥大学甚至将这套精选的巨著交由大英百科全书出版社出版,②在社会上发行,开展一个社会上的通识教育运动,从而把通识教育,而且是经典通识教育,从大学教育延伸到社会教育。

第二,赫琴斯所强调的,不仅在于直接研读经典原著的方式,更重要的是,在于这些经典的内容。这背后存在一个深刻的教育理念,即大学生应当成为这套经典巨著所代表的文化的承载者。按照赫琴斯背后的逻辑,大学教育的目的,主要是"传道",亦即延续西方世界的文化道统。大学生的职业训练以及知识研究,都要奠基在这种"得道"的通识基础上,用韩愈的话来说,"传道"为本,"授业"与"解惑"为末。同时,赫琴斯的这个教育理念也反映出他对西方世界古典文明的高度重视,认为每位大学生都应当学习它。

赫琴斯的这两个教育理念,都受到很多批判。"传道"、"授业"与"解惑"孰重孰轻,原是大学教育界争论不休的长期议题。到了20世纪,可以说,"授业"与"解惑"的比重超过了"传道"。这其中的原因不仅在于学生未来需要就业,社会需要学有专长的人来从事各行各业的工作,科学与学术需要不断地提升等等耳熟能详的理由;这还涉及大学教育为谁而设的问题。如果严格地按照赫琴斯的理念来实施,大学只能给少数精英就读,因为多数为生活所迫的老百姓,是无暇品味那种精致文化结晶品的。退一步说,即使大学生应当成为人类文化的延续者,那么,西方这套经典巨著是否唯一地代表了人类文明?赫琴斯这个理念,隐含了复古主义以及西方文化霸权主义的思想。关于这

---

① 芝加哥大学并未完全教读这套经典文库,主要是因为校内有很强烈的反对意见。真正按照经典巨著阅读来进行教学的,反而发生在马里兰州一所不太引人注意的圣约翰大学。然而,芝加哥大学的通识教育教学,多数还是采用经典著作教材。

② R. Hutchins ed., *The Great Books of Western World*, (Chicago: Encyclopedia Britannica Inc. 1952),该文库共计54册。1970年出版第二版,由阿德勒继任总编辑,增为62册。

点,正好是晚近发生在每一场教育大辩论的焦点,我们还会在下文中再加讨论。

第三,研究大学可以实施通识教育。① 前面提过,芝加哥大学从创立开始,就强调研究的重要性。理论上,教学相长,教育与研究应该可以并存,甚至互补;但是在实际上,重视研究的大学,大学部的教育往往比较不受到重视。从19世纪开始,德国首创并广泛实施这种研究大学,虽然把德国带到世界学术的领先地位,但是在通识教育方面却不出色。芝加哥大学以其一贯重视研究的特色,却能成功地发展出通识教育的一个典范,这对其他研究型大学,是有相当的启发作用。芝加哥大学经验说明,研究与通识教育的确是可以兼顾的。融通识教育与研究于一炉,这也是美国新型通识教育的另一个主要特色。②

由于芝加哥大学崇高的学术地位,加上赫琴斯就任校长时因为年方29岁而引起全美国的注意,赫琴斯的通识教育改革就格外受到广泛的重视,引起剧烈反应。各种意见毁誉参半,最引人注目的批评,是来自鼎鼎大名的哲学家兼教育家杜威(John Dewey)。杜威强调教育要从学生的需要出发,而不应该由学校强行灌输特定的理念或知识。杜威极端地反对赫琴斯的教育理念,认为他的教育改革是不民主的,脱离现实,对于学生未来工作毫无助益,这样的通识教育只会培养社会精英,合理化并且巩固既有不平等的社会体制。③

---

① 20世纪以来,美国的大学逐渐形成四种体系并存:
第一种,传统的通识教育学院(Liberal Arts Education):这类学院通常学校小,师生关系比较密切。学校以教学为主,比较重视人文教育。颇有殖民时期新英格兰区学院的风味。
第二种,研究大学:重视研究工作,美国比较有名的私立大学多属于此类。
第三种,州立大学:学校庞大,应用性、专业性(Professional Education)教学为主。
第四种,社区大学:职业教育(Vocational Education)占很大比重。一些社区大学是两年制。其中,研究大学虽然强调学术研究,但是多半很重视通识教育。事实上,美国主要的通识教育改革,多源自研究大学。
② 虽然如此,但是研究与教学矛盾仍然存在,一直到今天,仍然是研究大学的两难。赫琴斯把大学部和研究学院分开。大学部教授的晋升等所依据的准则与研究部门的教员不同,这在短期局部解决了这个两难问题。但是,根本的矛盾并未消除,一直延续至今。
③ 参见 Henry H. Crimmel, *The Liberal Arts College and The Ideal of Liberal Education*: *The Case for Radical Reform* (Lanham, MD: University Press of America, 1993), pp.334—335.

（三）哈佛大学《通识教育红皮书》与核心课程

与芝加哥大学专重纯粹学术相比，哈佛大学除了学术上的崇高地位外，它还和现实政治或社会维持比较密切的关系。这可以从该校在20世纪第一次通识教育改革的内容中看出来。1945年，哈佛大学改革通识教育的红皮书——《自由社会中的通识教育》，[①]仅单从书名就可以看出它的政治味道。书中明白指出，通识教育的目的，在于宣传民主的价值，教育大学生如何成为自由社会的公民。当时正是第二次世界大战末期，维护美国式的自由民主，以对抗正在兴起中的社会主义，已成为美国自由主义者关切的大事。作为美国大学教育的龙头老大与自由主义的重镇，哈佛大学适时地推出这样的通识教育改革计划，是研究教育与政治关系很好的案例。但是，从纯粹通识教育角度来看，除了强调科学史与科学哲学在通识教育的重要性外，这次的改革并不算成功。议者认为红皮书缺乏原创性，没有历史观，而且名实不符；它所谈的自由社会只是哈佛大学附近的社区。[②] 就经典教育来看，红皮书基本上沿袭了哥伦比亚大学与芝加哥大学的体制，没有重大突破。

到了20世纪70年代，哈佛大学所进行的另外一次通识教育的改革，则和经典核心课程教育比较相关。20世纪60年代后期，美国发生了大规模的学生反战运动，伴随着这个反战运动，同时产生了美国大学生以知识分子身份所进行的反省运动。面对大学校园学生运动的蜂起，教育界开始检讨大学教育的问题。哈佛大学的第二次通识教育改革是在这个背景下产生的。他们认为源自20世纪30年代的通识教育内容已经不合时宜。学生的成分已经不同，愈来愈多的学生要求学习非西方的文化与历史；知识爆炸，往日的科系界限已被打破；社会分工更复杂，需要开更多选修课程等。针对这些问题，美国许多大学

[①] *General Education in a Free Society* (Cambridge: Harvard University Press, 1945)，这是一个委员会的报告书，哈佛大学校长康能（James Conant）作序。本书通称《哈佛红皮书》（Harvard Red Book）。

[②] 见前引 *The Battleground of the Curriculum*, pp.91—92.

开始加入非欧洲的文化与历史的系列课程,成为日后美国大学教育中多元文化主义的先驱。在选修课程方面,各校的处方不同。有些朝广开选修课方向,把大学变得庞大无比,这是许多州大学的做法(最有名的就是加州大学柏克莱校区);有些鉴于学生学习的杂乱,反而主张加强核心课程,哈佛大学的改革就是属于这类。总而言之,哈佛大学这个改革方案也没有多少新意;但在20世纪70年代的反省期间,它首先提出改革方案,并且重新肯定核心课程的价值,而受到注意。

(四)斯坦福大学的柏拉图风波

1988年,美国加州斯坦福大学爆发了一场论战,战火很快地蔓延到全美各校园,甚至延伸到报纸杂志及其他新闻媒体。论战的导火线源自该校通识核心课程——"西方文明"的一份书单,其中必读的有一本是古希腊哲人柏拉图《理想国》(*Republic*)的选读本。因为柏拉图在书中将人分成三个阶级:金质人、银质人、铜质人,前者统治后者,这具有阶级分化及阶级歧视的成见。此外,《理想国》中柏拉图表达了男尊女卑的思想,这受到了女权运动中的强烈批评。因此,柏拉图的《理想国》遂遭受剔除的命运。

柏拉图的《理想国》历来被认为是西方经典中最重要的少数著作之一,却被赶出大学教育的殿堂,这立刻引起许多保守人士的关切。20世纪80年代正是美国的保守年代,里根(8年)与布什(4年)相继主政,把20世纪60年代美国校园的反省运动所建立的激进气氛一扫而空。1987年左右,美国出版了几本有关大学教育问题的书,[①]内容

---

① 主要有如下书目:
Alan Bloom, *The Closing of American Mind* (New York: Simon & Schuster, 1987). William Bennett, *To Claim of a Legcy: A Report on the Humanities in Higher Education* (Washington: National Endowment for the Humanities, 1984).
E. D. Hirsch Jr., *Cultural Literacy: What Every American Needs to Know* (New York: Vinntage, 1987).
Roger Kimball, *Tenured Radicals: How Politics Has Corrupted Our Higher Education* (New York: Harper, 1990).

都在反击 60 年代反省运动所引起的教育改革。其中最有名的一本书是芝加哥大学布鲁姆(Alan Bloom)教授所著《美国心灵的闭锁》(*The Closing of American Mind*),曾列入《纽约时报》非小说类畅销书名单第一名达一年多,总共卖了 100 万册以上。这本书罕见的畅销,多少反映出当时美国社会气氛之一斑。在这种背景下,斯坦福大学删除此书自然遭受到许多批评。除此之外,当时美国教育部长威廉·贝内特(William Bennett)亦亲自介入这场论战,使得这场大论战格外引起各方的注目。①

论战的主要内容在于检讨美国大学教育内容长期为欧洲文化所垄断。因为美国是一个多民族国家,如果要一个美国黑人去接受西欧经典著作,甚至认同其所代表的文化,这是一种文化霸权主义的作风。在以往,黑人及其他少数民族常遭受歧视,但由于其为弱势族群,而且少数民族受大学教育的机会也少,问题便长期潜伏。但到了 20 世纪 60 年代,与美国学生反战运动同步发展的还有黑人民权运动(以及妇女解放运动),觉醒了大批少数民族。另外,战后美国大学教育更加普及。而在国际关系上,六七十年代也是广大第三世界国家兴起的年代,这也刺激人们去思考:是不是源自古希腊罗马的欧美文明,就是世界上唯一应该学习的文明?或者是最优秀的文明?答案很清楚,觉醒了的美国少数民族及世界上许多第三世界弱小国家,都不再接受这套说词。每个民族都会认为自己祖先遗留下来的文化是最珍贵的。各民族文化各有其价值与特色,不能再认为欧美为主的文明是美国所有少数民族唯一该学的教材;而他们自身既有的文明反而被忽略或遭受歧视。美国多元文化主义(Multiculturalism)这股新潮流开始成形了。

这股新潮流出现以来,便沛然莫之能御。它不仅冲击了美国的大

---

① 教育部长亲自披挂上阵,说明保守派人士对这场论战的重视。可以视为对 20 世纪 70 年代美国校园激烈进化的反扑。参见:Jon Avery, "Plato's Republic in the Core Curriculum: Multiculturalism and the Canon Debate," *Journal of General Education*. 44.4(1995): 234—255. Leon Bolstein, "The De-Europeanization of American Culture," in *Opening the American Mind: Race, Ethinicity, and Gender in Higher Education*, ed by G. Still et. al. (Newark: University Delaware Press, 1993), pp. 21—36. Mary L. Pratt, "Humanties for the Future: Reflections on the Western Culture Debate at Stanford," in D. Gless & B Smitheds. , *The Politics of Liberal Education* (Durham: Duke University Press, 1992), pp. 13—31.

学教育,也影响了美国的文化,以及学术研究取向和哲学思想等各方面,可以说是罕见的一个大潮流。这股潮流之所以有这么大的声势,是因为它涉及面向十分广阔,从不同的源流汲取源头活水。归纳起来,除了上述黑人及其他少数民族的觉醒,以及前面提过妇女解放意识的兴起之外,至少有下列诸端:

第一,在20世纪60年代,美国的科学史观(及相关的科学哲学)发生了一个革命性的发展。一位哈佛大学年轻科学史学者库恩(Thomas Kuhn)于1962年出了一本科学史的著作——《科学革命的结构》。① 库恩论述说,科学理论往往呈跳跃式变迁,新理论并不是把既有旧理论加以深化、完善化下的产物,而是截然不同的新一套,跟旧理论不仅不相容而是互不相比的(Incommeasurable)。从这里可以看出,科学理论不是唯一的,不同理论之间常常分不出高下。应用这样的概念于多民族论上,正好可以为各民族文化不能分出谁优谁劣的论点作一注脚。库恩的理论也影响了近三四十年来科学哲学上的真理观。布鲁姆在他的畅销书中痛心疾首地谴责真理相对主义,恰恰是库恩理论的衍生物。

第二,社会学方面,从20世纪30年代起而盛行于50年代的现代化理论,其潜在的假设,便是认定各地区各国家的经济发展,可以分出先后优劣的顺序来。落后国家只要沿着富裕国家踏下来的路径前进,总有一天也会达到今日欧美国家富裕繁荣的生活水平。经济如此,社会制度与文化价值等等亦如此。第三世界国家应当心平气和地承认自己因为起步慢而落后,而且这个落后性不只是经济方面,还包括社会制度、文化及思想方式方面。落后国家若要克服自己的贫穷落伍,就得抛弃自己落伍的社会体制及文化、价值等各方面。很明显地,早期的现代化理论,其背后的假设亦建立在西欧文化优越主义的潜意识上。

但是,20世纪60年代一批拉丁美洲的发展社会学者研究发现,拉丁美洲国家的贫穷落后,主要不是因为它们起步慢,而是因为受到欧

---

① Thomas Kuhn, *The Structure of Scientific Revolution* (Chicago: University of Chicago Press, 1962).

美等发达国家的剥削而形成的。他们进一步论述,并非世界上所有国家及文化都应抛弃自己固有的一套而全面西化,才能发达起来。每个国家、每个文化都可以走自己特有的发展途径。简言之,发展是多元的,正如同文化多元一样,而非一元单线式之途径。

第三,在社会思想方面,源自法国,近一二十年大行于美国的解构主义与后现代主义,也深刻地影响了教育思潮中多元文化主义的成长。种族主义与性别歧视等问题,几千年来肆无忌惮地主宰了现有的社会观点,甚至使受害者还茫然无知地顺服下去,这是因为古来多数著作——包括经典著作在内,本身便隐含了许多错误的观念在内。如果不加以仔细地"解构",这些错误观念便透过教育体制、新闻媒体的机制等方式,"潜移默化"地塑造人们错误的成见。这正是斯坦福大学柏拉图风波的由来。

另外,后现代主义系针对批判现代性(Modernity)而兴起的。所谓现代性,可以用启蒙运动时期三个主要观念:理性、进步与科学来代表。后现代主义对这三个观念都有深刻分析与解构。限于篇幅,本文在此不拟多谈。这里只要指出,现代性也是由欧洲发展出来的,后面又是隐含了欧洲中心主义的思想在内,这与多元文化主义是互相冲突的。

除此之外,还有一些思潮也是或多或少地影响教育论战的发展。例如,生物生态观念的深植人心,帮助人们认识到在生态平衡中,需要各个生命组成环环相扣的生态键。破坏任何一个环节,都可能造成生态中下流生命的死亡或灭种。生态与生命科学家们,从生态平衡的重要性,从保留复杂多样性的重要认识,理解到尊重不同文化,正如尊重不同生物品种一样,不仅是一种细胞物与心胸的扩大,更是人类在这地球上得以生生不息永续存活下去的基础。

总之,提倡多元文化主义,亦即提倡尊重不同文化——不同的民族、不同的阶级、不同的性别、不同的种族——的重要性,这是斯坦福大学柏拉图风波所反应的根本问题。因为它涉及面是如此广泛,如此复杂多样,这场论战迄今战火未熄。

虽然斯坦福风波是冲着柏拉图经典教学而来的,但这并不意味着对经典教学本身的排斥。重点在于如何选择合适的经典。他们反对的,只是经典教育内容不要只被死人的著作、白人的著作、欧洲人的著作、男人的著作所完全垄断。①

四、结　　论

上文对近百年来美国的大学通识教育(特别经典教育)经验加以回顾,我们可以得到以下几项启示:

第一,近百年来美国的经验显示,以经典作为通识核心课程,是传承文化价值的有效方法。近百年来美国的许多大学在实施通识教育时努力于建立共同必修通识课程,意味着在浩瀚的知识大海中,有些"核心"的部分应该成为知性与理性迈向成熟的大学生所共享。"核心"通识课程的设立,乃成为比较成熟阶段通识教育课程的常规,进一步探讨核心通识教育者对于那些书应当被列为必读与选读又有详细的规划。在核心课程的规划之中,有部分人士认为,在珍贵的大学生涯中,应该给学生研读最具有价值的经典著作。就这样,经典教学进入了通识教育的天地。再从知识的历史纵切面来讨论通识教育,知识的传授或多或少都带有文化传承的作用在内。大学作为正规教育的最高峰,理所当然地被认为应当负有传承本地历史文化遗产的使命。这个使命落实到大学通识教育的框架上,便是探讨如何将历史上最重要的文化遗产,透过核心课程的设计,传授给下一代。经典著作通常被认为代表历史文化的精华,自然就成了通识教育核心课程的主要教材了。

第二,通识核心课程经典著作的选定,并非一经定案就永不改变,事实上核心课程的设计以及经典著作的必要性,并非一帆风顺地受到通识教育者的支持。面对复杂多变的现代社会,核心课程往往显得落伍、僵化,不切社会之所需。由学校或政府规划的核心课程与选择的经典教材,容易陷于特定的意识形态,或沦为政府政策的工具。而且,

---

① 论战中,产生了这样的一些新名词:DWEM,就是指古老(死人)的、白种人的、欧洲文化中心主义、男尊女卑的代称(Dead, White, European & Male)。

学生选修自由度缩减,也有碍学生的学习心理,隐含对学生选择能力的不信任,不利于培养学生的独立判断能力。此外,对于经典著作,如果采用原典,往往深奥难读,而且掺杂不合时宜或不相关的题材,有时还带有教条权威气息;如果使用后人重编订的课本,则难保不失原意,透过重编者的有色眼镜来理解经典的原意。因此,核心课程虽然已经广泛地被西方通识教育者所采用,经典教材的意义在美国也普遍受到重视;但是,如何规划核心课程的内容,如何选择教材,仍然争论不息。美国近百年来有关通识教育的几次大辩论,可以说都是围绕这个问题展开的。特别是近一二十年来,西方学术与文化界发生了一场深刻的反思运动,范围广阔,影响深远,其中一个重要组成部分,就是在检讨经典通识教育的问题。

第三,在20世纪末,回头看美国在20世纪经典通识教育改革的过程,我们看到通识教育也不断地在适应,而且在改造旧社会上也发挥相当的作用。近50年来,台湾地区经济突飞猛进,随着经济发展的快速成功及社会之富庶繁荣,社会大众的价值观颇有功利主义的倾向。功利主义极易造成短视现象,使人只知现在,既无过去,也没有未来,生活在"一度空间"而被历史所放逐。这种社会病态给刚长成的青少年带来的伤害尤其严重,他们没有"永恒"的价值目标作为取向,成为"失落的一代"、"无根的一代"。针对当前台湾社会这种时间感日渐式微的特殊状况,欲保有永久价值,不被日新月异的社会变迁所淘汰,仍有赖于经典著作对于人类心智的启发与陶冶。尤其研读经史典籍,能使学生更深入地了解民族、历史与文化,增强学生一脉相传的感受,帮助学生确认文化的渊源。而长久浸润于古圣先贤的典范之中,亦使学生在立身处世上有确定而具有永久价值的学习对象,不至于迷失在现代社会中。大部分的古典经籍隽永艰深不易研读,因此必须有系统、由浅入深地编写教材,以培养学生对经典的终生感情与兴趣,并且最好能扣紧社会未来的发展,使经典的知识与现代生活合而为一,使学生在毕业以后,也能主动研读,涵养心性,提升生活境界。

"理念治校"与"全人教育"之大学新典范：
省思、建构与分享

张光正[①]

一、时代省思与大学定位

曾国藩曾指出："风俗之厚薄奚自乎，自乎一二人之心之所向而已。"中国台湾地区经济成长之奇迹赢得举世称羡，然中国传统优良之伦常与德范却在掌声与肯定中逐渐模糊与式微。身为百年树人为职业志向者常思索：如何能成功地扮演一位社会意见领袖，传达正确之价值观、伦理观，以融入社会教育之内涵中。自桃园县长官邸命案、"民进党"妇女部主任彭婉如命案，而至日前之白晓燕绑架撕票案等，一幕幕血淋淋的惨案令人怵目惊心，社会写实新闻敲痛有道德良知的社会大众之心扉。当此全体人民惊问我们的社会究竟那一环节失灵之际，有人认为是治安恶化，有人倡言是物欲横流之结果，亦有人论及系教育制度未能发挥道德价值之功能使然也，本人认为应是整个环境及社会缺乏明确之政治理念及社会理念所致。

所谓"理念"，乃愿景及方向之指引原则。一个无理念之组织，犹

---

① 张光正，台湾中原大学校长。

如无航之舟、无弦之箭,何以治？所谓"理念"乃组织之最高领导原则,行诸于外在环境,及内部优势所建构宏远、正确及前瞻之目标。有理念之组织方能长治久安,有理念之组织方能塑造优质之组织文化,有理念之组织方能凝聚组织之共识,有理念之组织方能分享共同价值观。衡诸当今社会竟无让全民全力以赴、共享尊严之理念；有者只是政治人物画大饼垂涎之幽灵需求,有者只是民意代表之传媒作秀、利益纠结；有者只是社会人士沉浸于短线股利、追求浮华豪奢,竟不闻社会人士谈论理念与愿景。因此,定当促成政府纷扰、民意扭曲、价值短视、视野浅薄之社会结构。吾多次接待西方访友,论及台湾地区现况,持疑虑者众,持忧心者不乏其人,心中之痛实难以言喻。

教育机制之目的乃在于启迪人性善良之本质,塑造整全平衡之人格特质。然教育之目的不仅是单向知识之传输,更是双向心灵之共鸣。盱衡台湾教育发展过分强调专业,主张人格平衡者几稀矣！重视精英论者比比皆是,然重视身、心、灵均衡者少也。以致台湾教育机构塑造出两极化人格之产物,卓越者标榜为考场战将、学术桂冠；而被教育机构忽略者,则成为人格扭曲、价值偏颇、人性泯灭之一群。此为谁之过？于此之际,基于身为从事教育工作、立万世师表者,应否自省往昔是否付出爱心？所谓社会问题之发生,不再对事务了解透彻,而在心态之假设盲思。所谓"敌人"就是自己传统的"心模"(mindset),如何让从事教育工作者,禀"爱"是教育之主导力量,以身教、言教的方式,互爱、互敬的态度,师生共同追求成长,而非扬优弃劣,更非优奖劣罚。如此之前题假定,造成社会竞争条件较弱者,产生对社会之仇视心态及报复情结。试想当社会中缺乏关怀者,此社会暴戾之气必然激增,社会纷扰现象必然层出不穷。吾等明了：人人各承不同之禀赋,其性格能力与环境各异,故充分发挥个人潜力就是"成功"。有此教育理念才是教育家之风范,让此社会不再以制造多少论文篇数,或高中明星学府比例,以学生智育成绩为单一价值衡量之唯一指标,而应尊重各人禀赋之差异。所谓"成就"应来自自我的信心及肯定,而非外在迷幻式的奖赏,让有良知之教育工作者,付出爱心,更给予关注与关怀。深信在吾等之付出下,必能达成"天生我材必有所用"。

当今社会价值观混淆,功利主义弥漫,学术殿堂亦重专技而疏通义之时,台湾"中原大学"于四十周年校庆时特别提出和强调"四平衡"之全人教育理念,亦即:(1) 专业与通识的平衡;(2) 人格与学养的平衡;(3) 个体与群体的平衡;(4) 身、心、灵的平衡,希冀培育出具有宏宽胸襟且整全之教育通才。

二、价值重建与典范移转

值此台湾地区社会政治、经济结构转型之际,人性尊严与道德价值低落,功利主义弥漫,进而一般人对社会责任观念淡泊,人际关系疏离。早期大学培育之人才所具有的辛勤笃实特质,已被短视浮华所取代;教育工作者豁达的胸襟,亦逐渐狭隘于纷扰的社会纠结中,这些转型的阵痛正危及大学教育根基。所谓"行有不得,反求诸己",面对目前之纷乱,其对策不是消极逃避,而是要积极改进,凡事"回归原点、析本探源"。台湾地区经济的成长,带动物质生活富裕,但相对地在视线模糊、理念混淆之下,导致方向的迷失及人际关系的疏远,回归心灵内涵、强化群己关系,实为良方。大学教育是带动社会和谐与经济蓬勃的主要动力,在掌握环境变迁的脉动过程中,大学教育该如何借由教育内涵的提升,让我们的社会从冷漠中重返富而好礼的善境;让我们的社会从注重财势浮奢中重拾强调生活品质的内涵;更让每一位国民摒弃急功近利的心态,重建开明豁达的远见,为当前从事教育工作者首应重视的课题。

(一)"技术品质"之沦没与"心灵品质"之跃升

所谓"品质是价值与尊严的起点",论及大学教育品质之提升,首先应界定教育品质之真谛。个人认为教育品质中教育的"心灵品质"(mental quality)是恒久的,是应固守坚持的,但教育的"技术品质"(technical quality)却是短暂的,是应与时代有所调整的,在大学规划课程之际,实应特别重视通识教育与心灵学习,借由"身、心、灵"三位一体涵养人文关怀。

盱衡社会纷扰之根源,一则由于个人见识的偏颇,一则起因于教育制度的僵化,随着时代的推移、社会的多元化,愈需要每个人以广阔的见识、丰富的涵养来包容异见、涵纳雅言,而以往的教育体制,重专业技能之传授,而轻思想价值之启发,以致精专技,却疏通义。其实音乐、历史、艺术和文学足以启发人们懂得思考、懂得尊重、懂得谦让。以日本最大的电脑制造商富士通公司为例,该公司对培育经理人,在十年前即以人文心灵课程为重心,因为这可使企业领导者更具自信、更有涵养。也唯有重视心灵修为及人文内涵,方不至于罹患只为科技而科技、忽略人文情怀与科技伦理素养的"科技近视症"。

(二)"隧道视线"之迷思与"策略视野"之建构

传统的大学教育以专业人才之培育为主要目标,因此,无论大学组织结构之设计、教育科目之规划、教材内容之撰拟与学术研究之重心,均以专业培育为其基础假设。过去大学教育内涵主要依赖知识的累积与传承,然而,随着环境变迁之迅速与思维典范之移转,大学教育更需要培育更具有前瞻眼光、心灵关怀的人才,而如何能将宏观思维的课程包涵于大学教育之内涵中,实值深究。

由于专才培育可能陷入"隧道视线"(tunnel vision)的迷思,易产生以管窥天,以厘测海之褊狭,加以人际互动的绵密,社会价值的多元化,因此,大学教育除应传授专业之垂直学识,更应包含开阔的视野与胸襟的水平知识。如此,才能培养具有"策略视野"(strategic vision)的社会中坚。"全人教育"理念乃是强调了解人人各承不同之禀赋,其性格、能力与环境各异,故充分发挥个人潜力就是成功。我们认为教育不仅是探索知识与技能的途径,也是塑造人格、追寻自我生命意义的过程之教育理念。

(三)"既定思维"之移转与"脉动思维"之典范

探讨大学教育之使命、定位实与经济成长之脉动及社会人文变迁有着密切之关系,但近年来强调短期绩效、数量方法、资讯科技与竞争绩效等技艺性教育之"既定思维"(prevailing paradigm),却随着全球经济整合、国家竞争力衰退与道德沦丧使得教育工作者对传统大学教育所培育出专才之能力,甚至大学培育方式及机制产生质疑。如何在变迁的环境中寻找时代性之"重定位",实有赖于教育工作者以环境前瞻视野为依归,依社会需求导向为主轴,建构大学教育之"脉动思维"(adaptive paradigm)。

三、他山之石与标杆学习

所谓"典范思维"(paradigm)源自于希腊文 paradeigma,其乃是指有理论(theory)、思维基模或类型(model or pattern)、假说(assumption)或者参考架构(frame of reference)之意思。斯密(Adam Smith, 1833—1913)在《意识的力量》(*Powers of the Mind*)一书中,对"典范思维"的诠释是:"我们对世界认知的一种方式,就好像水对鱼一般,思维模式所诠释的世界,帮助我们去预测他人的行为。"而《未来优势》(*Future Edge*)作者巴克(Joel A. Barker)则认为:"所谓典范思维模式就是一组规则和限制,它建立或定义了我们思考的界限,以及它告诉我们如何在这界限的范围内追求成功。"台湾地区"中国生产力中心"石滋宜总经理也对典范思维模式下了一个简单的定义:"它是一种习惯的游戏规则。"

(一)学习标杆典范:澳大利亚的教育起航

1995年11月号的《天下杂志》以"澳大利亚新教育的起航"为标题,阐释澳大利亚大学教育如何塑建共识。迎向未来,面对着新世纪的来临,澳大利亚人不再悠悠漫漫,却也不急躁收割。为了下一代的希望,为了和北半球较量,澳大利亚人认真低下头去,一耕一锄种下教育的根苗。不管是政府、民间或企业,不管是新移民、旧移民或原住民,他们用科技、用媒体、用双手为塑造高品质公民而努力。为了迎向未来,澳大利亚人一同拉启了新教育的风帆。

从1993年开始,澳大利亚教育体系及企业界,对人才培育共同看重的特质是能够创新、团队合作、能够与人沟通、熟悉人际应对、能够自己寻找知识及运用知识、具备解决问题的能力,以及使用科技的能力;能说至少一种外国语,了解澳大利亚与世界的关系。这就是澳大利亚希望培育的21世纪高品质公民。澳大利亚抛弃传统以老师为中心的教学,而完全以学生为中心,像企业把产品或服务推广给顾客一般,想尽办法吸引学生的兴趣。"不是老师教,而是老师提供学习环境与材料给学生。"

为了培养符合未来需求的人才,澳大利亚教育逐渐从过去知识导向的教育走向更均衡融合的能力导向教育。在澳大利亚的学园里,最常看到的景象是师生席地而坐,大家一起讨论。老师引领、鼓励每个学生轮流说出个人的想法,大家分享。老师最后做补充,或纠正过于偏激或悲观的想法,但尽量不下断语,批评谁说得对,谁说得错,以鼓励大家说出想法,并且独立思考判断,从而也建立了社会容许多元价值、新奇想法,以及尊重每个个人意见的文化,为民主法治奠基。而什么是澳大利亚的教育目标呢?

1. 提供所有年轻人良好教育,发展其才能与潜力,以符合国家在社会、文化、经济方面的需求。

2. 务使所有学生获得高品质教育,发展其自信、自尊、乐观、尊重别人,以及追求个人杰出成就。

3. 促使教育机会均等,尤其对于有特别学习需求的族群,提供教育机会。

4. 教导技能,以符合当前的经济与社会需求,并使学生具备弹性与适应力,以备未来就业与人生。

5. 提升年轻人的基本能力,使其能继续接受教育训练。基本能力包括有知识、有技能、尊重学习、并且愿意终身学习。

6. 发展学生的能力,包括英语听、说、读、写能力;数学能力与数字概念;分析问题及解决问题的能力;处理资讯及使用电脑的能力;了解科技在社会上的重要性,并具备科技能力;了解本国历史、地理;能够欣赏艺文,或从事艺文创作;了解且关心全球环境均衡发展,兼顾保育与开发;对于有关道德与社会公义的事务,能够判断是非轻重。

7. 发展年轻人的知识、技能、态度与价值观,一方面使他们了解自己是世界一分子,另一方面也使他们能够在澳大利亚社会里的公民,积极参与且见多识广。

8. 了解且尊重人文古迹,包括澳大利亚的文化背景特色,由原住民以及许多少数民族所组成。

9. 发展体能、个人健康,使其能够从事有创意的休闲活动。

10. 提供年轻人职业教育,使他们了解工作的重要性。

当中国台湾地区的教育改革还在各种议题的争辩中,找不到一致的方向时,澳大利亚已经抓准社会未来动向,试图在教育中注入新的内容。澳大利亚教育改革人士提出能力导向主张,作为迎接未来挑战的核心能力,对一向偏重智育,一切以"知识导向"为中心的中国台湾地区教育,"能力导向"的澳大利亚教育改革可以提供什么启发?

(二)迎接典范移转:美国的教育借鉴

衡诸美国大学教育的发展历程,实与美国经济成长之脉动有着密切之关系,而且美国大学教育的变革亦引导着全球高等教育的趋势方向,但近年来强调短期绩效、数量方法、竞争续效的教育既定典范思维模式(prevailing paradigm),却随着美国国家和企业竞争力在国际经贸舞台上之衰退,使得教育工作者与企业实务专家对传统大学着重培育技术专才能力之使命,甚至人才培育方式或机制(mechanism)产生质疑。而究竟大学教育在环境变动趋势过程中,如何寻找时代性的"重定位"(repositioning),如何借由教育典范移转(paradigm shift),提升整体国家人力资源竞争力,进而创造国家持久之竞争优势?这实有赖于从事教育大业之政策制定者与百年树人之教育工作者,以环境前瞻视野为依归,建构实质的大学教育新典范思维模式(new paradigm)。

依《美国新闻与世界报道》(U. S. News & World Report)于1990年3月19日撰文指责90年代初期的大学教育拘泥于传统的既定典范,于课程设计、教材内容及教育心态上都无法"预应"(proactive)未来环境的变迁,指出其症结乃在于:

1. 课程过分重视数量分析技巧,对于人的管理、环境因素、创业等较不重视,因此培养出的人才较缺乏洞察力。

2. 由于课程的安排以功能科目为主体,缺乏整合的课程,于是未来在解决问题时,较难面面俱到。

3. 国际化、全球化的趋势并未反映在课程中,学生虽懂各种理论和复杂的模式,却对国际经济的现况缺乏认识,也感受不出科技变化对长期竞争力的影响。

4. 由于忽视了企业伦理(ethics)的教诲,导致了渎职案件的不断发生,大学教育所培育的似乎不是能够带领国家社会成长茁壮的中坚分子。

由美国大学教育新思维典范之移转(如表一所示),可知全人教育内涵已成全球未来大学教育之核心理念。

表一 美国大学教育新典范

新思维典范	美国大学教育之具体作为
全球视野 (globalization)	• 匹兹堡大学、南美以美大学:要求选修外国语言课程;规定学生研修国际企业课程 • 斯坦福大学:培育具有全球市场有效经营能力之人才 • 哥伦比亚大学:使学生成为不断扩张之国际市场一分子 • 维吉尼亚大学:学生至欧洲见习及学生交换制度
道德伦范 (ethics)	• 哈佛大学、西北大学、维吉尼亚大学、密歇根大学:开设企业伦理课程、落实企业伦理教育 • 南美以美大学:学生必须参与非营利组织之顾问工作 • 密歇根大学:至底特律贫民区从事一天打扫整理工作,并参与服务社区计划
领导统御 (leadership)	• 芝加哥大学:推出一系列由大企业支持的领导活动和创造团体精神研讨会,使其全国排名由1988年的第11名跃升至1992年的第2名 • 印第安纳大学、西北大学、维吉尼亚大学:开设增加学生"人际关系、待人处事"技巧之课程 • 宾州华顿学院:培养21世纪企业领导人

（三）滋养思考心灵：日本的教育改革

此外，依《天下杂志》1996年5月号《教育在滋养思考的心灵》一文中对日本教育的考察，揭示向来做事谨慎心细的日本人，焦急地望着21世纪：一个靠创意竞争、靠应变求胜的年代。模仿、死背、复制的能力再强，也无法面对需要思考与创造力的新世纪。日本已展开一连串教育改革，从义务教育着手，让下一代更活泼、自主，更有独立思考与创造的能力。未来的教育将以重视思考心灵为基轴，培育均衡成长，主动积极因应社会变化的下一代。学校教育的设计安排将环绕四大方针：(1) 涵养心灵素养；(2) 灌输基础知识，发挥个性专长；(3) 训练主动学习的能力；(4) 尊重文化传统，培育国际观。

四、理念治校与愿景建构

（一）教授治校之谬误与迷思

东华大学校长牟宗灿于1996年4月17日在《联合报》以"澄清教授治校、落实大学成员共治"为文曾提及，"教授治校"于短短几年内在国内受到广泛的讨论与重视，除了此观念是由学术地位崇高的李院长提出之外，当时的政治环境也是主要原因。在威权体制解体、民主政治蓬勃发展的同时，大学校园聚集了许多高级知识分子，对于民主的要求更甚于一般社会大众。然而，在没有共识、缺乏明确规范的情况下即推行"教授治校"的做法是值得商榷的。欧美社会由于长年实行民主政治，在这方面，大学校园往往扮演先驱的角色，教授参与学校重要政策的制定是大学运作的常态，尤其在教学和学术方面的政策，几乎全面由教授来主导。可是西方大学并不用"教授治校"此名词，一般采用"大学成员共治"。在制度层面比较接近"总统制"，大学成立大学议会,定期开会,大学议会之下,依大学的特色及需求设立许多常设委员会及功能性的临时委员会,来广纳全校教授及其他成员的意见,凝聚共识;委员会的决议送陈大学议会审议,通过后,送交校长核定实行。

而台湾政治大学企管研究所王秉钧教授亦于此日之《中国时报》发表理念相同之文章,提出"理念治校可以摆脱政治干预"一文,其建议以后大学不应再推广"教授治校"的说法,而将其改为"理念治校",因为"理念治校"才是"教授治校"的本质!教授只不过是理念的背负者,若无理念,教授也与一般校园成员一样,是不应享受特权的。相反的,若是一个高明的理念,就算是出自职员或学生也应被认真考虑与执行的,这才是大学的理想,在大学中应是知识与理想挂帅,而不是职称与权位挂帅!是拥有理念的掌权者。

四年前,美国柏克莱大学田长霖校长即曾论及目前台湾大学自主和教授治校已经有所偏颇,但是社会舆论对其言论却始终着墨不多。许多人误解"教授治校",台湾地区许多大学这几年已经受到"教授治校"之极大伤害,因此,必须设法厘清此一观念。往昔大学校长都由台湾教育主管部门任命,此种方式有违民主,必须变革乃是潮流趋势;但是若完全普选,显示此乃是"教授治校"之本质,则弊端将丛生。台湾教育主管部门负责人郭为藩即坚持大学校长不能以一人一票之普选方式产生。而本人也认为不仅是校长选举不应如此,院长、系(所)主任之产生亦不应由普选决定之,否则校园政治化,校园派系林立之现象即会形成。学术之自由需要得到社会的尊重,而不是一味的"讲自主、假民主"。大学必须扮演社会榜样之责任。

(二)理念治校与众不同之台湾中原大学

自1995年起,社会大众可能已于《天下》、《远见》及《读者文摘》等杂志媒体中,被"中原大学,与众不同"之诉求的一系列广告所吸引,台湾中原大学如何与众不同?如何塑造差异化竞争优势?那就是:"育自由思考、重责任伦理、秉全人教育"。

就"育自由思考"而言,学生乃是大学校园之主体,面对跨世纪典范的变革,任何传授道业者不能以"过去的知识教育现在的学生去面对未来的问题",而是该如何培养独立研究、自由思考的学风。尤其际此校园民主多元、环境氛围浑浊,价值道德模糊之时,具有远见宏观的洞悉力、具有明辨事理的超然性、具有执中守经的正义感的大学人才,乃是中原大学戮力培育之目标,否则,一味挟自由之学风,倡独立之言论,而忽略前瞻眼光的塑造,那将使大学教育沦为培养自私褊狭、隧道视线的专才而已矣,绝非整体社会之福祉。

就"责任伦理"而言,台湾中原大学治校特别重视伦范之传输,由于本人常有机会与企业领袖接触,每每询问企业界所企盼大学教育成果的特质,发现"具品德、重责任、讲伦范、兼才干者"是其最钟爱之人才。因此,台湾中原大学之教育特别强调道德伦范之修为,毕竟道德与伦理乃是行为之纲,执事之经,以伦理道德为核心的教育思维,必能涵养包容与宽怀之心胸,必能培育守份与廉洁之情操。台湾中原大学于四年前即将"企业伦理"、"工程伦理"、"法律伦理"等课程列为必修之通识课程,其旨意乃是借由伦理的灌输,养成学生重责任、守纪律之为人处事之基本原则。由于伦理课程的贯彻,让台湾中原大学毕业之校友能深得企业人士之嘉评与赞誉,此亦为本人之未来持续戮力之教育重点。伦理之核心乃是在培育一颗对组织具有关怀、对群体具有奉献、对社会具有责任的心,具有伦理的思维,行事方能刚正不阿。盱衡大学教育的典范已从重视数量方法之传输,移转至以伦理道德为核心的教育思想。

就"秉全人教育"而言,台湾中原大学教育理念,特别提出和强调"尊重自然与人性的尊严,寻求天人物我间的和谐",因此,塑造全人教育既是中原大学现阶段之目标,其亦是高等教育发展之趋势。

(三)台湾中原大学教育宗旨与教育理念之形成

本校教育宗旨及教育理念之订定及其内容,缘于1985年本校30周年纪念时。缅怀校史,深感本校过去种种,有许多弥足珍贵之传统,深恐时日久远,渐生疏忽,于是一些有识之士便开始思考如何将这些宝贵经验汇聚成精练文字,以便传承后世,永矢勿谖。1987年7月,本校一级主管研讨会中,正式提出草拟本校教育宗旨及教育理念的构想,获得热烈回响。同年,尹士豪前校长乃在第二十届校务会议中正式宣布成立"中原大学教育理念起草小组",并于1988年元月聘请杜诗统、曾天俊、林治平、赖君义、黄孝光、洪炳南、王晃三、张德泉、喻肇青、周逸衡等10位教授为委员,开始从事制定本校教育宗旨及理念之重要工作。理念小组成立后,经多次开会研讨,将理念制定过程分为"资料收集"、"意见形成"、"起草研拟"和"公开讨论"四阶段进行。首先收集台湾地区学术期刊之相关论文15篇、专著10本,供各委员研读参考,再发函各著名大学收集其教育宗旨与理念,以供参考。

复由本校校史发展经验中,提炼精华,吸取传统,彼此参酌互用,加以整合,并邀请校友、老师、职员及学生举行多次座谈以集思广益。1988年5月,本校教育宗旨与理念之架构雏形已具,7月再提一级主管研讨会讨论,并征询前院长谢明山博士、阮大年博士及校内外专家学者之意见,完成初稿后,提交校务会议讨论,决定"原则通过",再呈报董事会审核。经两次开会讨论,多次文字修饰,并委请作家张晓风教授作最后润饰,方获通过。尹士豪校长乃于1989年10月11日正式签署,颁布实行。1991年7月,张光正校长继任后,全力推动维护本校教育宗旨及理念之落实实践,并以该教育宗旨及理念为本,在本校推行全人教育。1996年10月,正式召开教育宗旨及理念推动策划委员会,由副校长任召集人,聘各院及相关单位代表为委员,全力推动实施。因为本校教育宗旨及理念订定过程十分慎重且开放,融汇纳入各方意见,早已形成坚定不移之共识,是以本校之通识教育得以在诸多困难中顺利推展,而全人教育之理念亦得以逐渐落实于本校各行政及教学研究单位矣!

(四)台湾中原大学的教育宗旨与教育使命之内涵

台湾中原大学的教育宗旨慎重宣告本校从事高等教育的使命与

宗旨如下：

1. 以"基督爱世之忱"为台湾中原大学的建校精神；
2. 以"信心、希望、爱心"为台湾中原大学的治校态度；
3. 以"致力于中国高等教育"为台湾中原大学的兴学使命；
4. 以"追求真知力行"为台湾中原大学的教育目标；
5. 以"传启文化、服务人类"为台湾中原大学的终身任务。

台湾中原大学之建校本基督爱世之忱，以信、以望、以爱，致力于中国之高等教育，旨在追求真知力行，以传启文化、服务人类。

此外，台湾中原大学教育理念之形成，乃本着下述七项重要内涵要素，谨说明如后：

1. 态度与目的：包含对自然、人性与知识的态度，以及天人物我和谐与造福人群的目的。
2. 价值观：基于人各有其不同禀赋的认识，我们以"充分发挥个人的潜力"为成功下了定义。
3. 教育的定位：我们强调教育的目标超越知识和技术，也涵盖人格的塑造与生命意义的追寻。
4. 动力及互动关系：以爱为教育的动力是众多师生的共识，此一动力的充分发挥，在强调教师的教导角色之外，更以"互爱、互敬"、"共同追求成长"与师生互相期许。
5. 学术自由的立场与诠释：一个大学的存在，贵在学术的自由与自主，自主性重在基于对自身条件与外在环境的认识，所作的理智选择；而自由则超越了常人所见的外表的形式的自由，我们以圣经的教训"你们必晓得真理，真理必叫你们得以自由"，对自由加以诠释。
6. 方法论：在寻求真知的前提下，我们承传了"笃信力行"的校训，强调"践履笃实"的重要性。
7. 传统承继："挚爱国家"、"敬业乐群"、"简单朴实"是"中原大学"历来流传下来的优良传统。

我们尊重自然与人性的尊严，寻求天人物我间的和谐，以智慧慎用科技与人文的专业知识，造福人群。

我们了解人人各承不同之禀赋,其性格、能力与环境各异,故充分发挥个人潜力就是成功。

我们认为教育不仅是探索知识与技能的途径,也是塑造人格、追寻自我生命意义的过程。

我们确信"爱"是教育的主导力量,愿以身教言教的方式,互爱互敬的态度,师生共同追求成长。

我们尊重学术自由与自主,并相信知识使人明理,明理使人自由。

我们相信践履笃实的教育方式是寻求真知的途径。

我们深以虔敬上主、挚爱国家、敬业乐群、崇尚简朴的传统校风为荣。

五、全人教育与四平衡观

盱衡社会纷扰之根源,一则由于个人见识的偏颇,一则起因教育制度的僵化,随着时代的推移、社会的多元化,愈需要每个人以广阔的见识、丰富的涵养来包容异见、涵纳雅言,而以往的教育体制,重专业技能之传授,而轻思想价值之启发,以致精专技,却疏通义。其实音乐、历史、艺术和文学足以启发人们懂得思考、懂得尊重、懂得谦让。以日本最大的电脑制造商富士通公司为例,该公司对培育经理人,在10年前即以人文心灵课程为重心,因为这可使企业领导者更具自信、更有涵养。也唯有重视心灵修为及人文内涵,方不至于罹患只为科技而科技、忽略人文情怀与科技伦理素养的"科技近视症"。因此,于台湾中原大学教育理念中,特别提出和强调"我们尊重自然与人性的尊严,寻求天人物我间的和谐,以智慧慎用科技与人文的专业知识,造福人群",以发扬心灵人文之善境。

所谓全人教育,依本人之理念,乃特别强调"四平衡",兹说明如下:

1. 专业与通识之平衡

专业是涵蕴执行之能力,而通识乃是塑造包容之器识,面对未来多元诡谲之环境,专业与通识之平衡,才能发挥综效。建构宏观架构,中原大学教育一直强调大学生不能只有专业知识的垂直钻研而已,尚需有多元宽博的水平见闻。如此,与人互动方能迅速产生共鸣效果,亦不至于为时代所淘汰。诸如:工学院的学生于数理之培育外,若能研修管理或人文知识,则能让科技与人文发挥互动综效,而社会科学之学生于文史涵养外,若亦能涉猎科学新知,将更丰富日常之生活知识,则生命将更加多元璀璨。

2. 人格与学养之平衡

大学教育虽重学术之教育,但不能偏废人格之塑造。因此,台湾中原大学的教育特别注重学生人格之养成。诸如:学校安排"宗教哲学"、"人生哲学"等以培育健全人格发展为主的通识课程,希冀借由哲学意境之省思,培育具有均衡人格的大学青年。人格的偏差是一切社会互动混乱之源,因为,偏颇的人格特质,容易以一己之管见偏盖事实与真理,而且亦容易以自我参考架构,去诠释社会之公理,所以,中原大学素来重视人格与学养之平衡,如此才能以健全人格为经,以丰富学养为纬,经纬交织,形成具有竞争优势之脉络。

3. 个体与群体之平衡

团队学习是全球经营新典范,除专业知识、智育发展外,台湾中原大学特别重视团队精神之群育平衡。例如,台湾中原大学鼓励学生多参加社团活动,因此,台湾中原大学之服务性社团深得学生之热衷。台湾中原大学之教育宗旨乃是:"本基督爱世之忱,以信、以望、以爱,致力于中国之高等教育,旨在追求真知力行,以传启文化、服务人类。"因此,强调服务回馈的襟怀,是台湾中原大学重视群育的体现,且台湾中原大学本社区共同成长意识,于四十周年校庆活动中,融合自然与人类共生之环保主张,举办"社区环保大扫除"、"环保大餐"等阐述环保生态观念的活动。

4. 身、心、灵之平衡

身心体魄之强健乃是一切处世之本。因此,身、心、灵之平衡是全人格教育之基础。健全的体魄,需要靠有计划的运动,台湾中原大学有台湾地区设备最优良的游泳池,有超乎一般医疗院所的保健室,并有其他学校所无的每学期举办一次全校运动会之传统;而心性的涵养，需要靠有远见的视野，台湾中原大学有最佳的心理咨商团队，能够于学生徬徨之际，由心性的明澈带领，迈向更宽广的人生。此外，灵性的修为，则需依赖信仰的追求，台湾中原大学提供学生对于人生哲学与宗教哲学思考之空间，因此，身、心、灵之平衡才能塑造"全人"，以预应未来多元之环境。

面对大环境之丕变，台湾中原大学本着既定之教育理念，培养自由思考、责任伦理与全人发展之人才，以为21世纪之发展奠基。

下 编

☞ 做大学校长不等于做官,其地位高于任何官位。

☞ 如何在一方面坚持教育和学术的独立,另一方面又能有道德的承担,可以为解决重大社会问题贡献知识和技术人才,这实在是领导高等教育者必须接受的挑战。

☞ 有心想做大学校长的人,应该反躬自问,自己是否已具备令人"仰之弥高"的特质。如若没有,最好不要朝候选人的行列里挤,以维护这个行列的素质和清新。

从学术领导看大学校长遴选

林孝信

一、前　　言

　　大学校长遴选的目的,归根结底,是要找到适当的人来办好大学。遴选的方式设计得再完善,如果找到的校长不善于领导该大学,那么,完善的程序也只不过如韦伯(Max Weber, 1864—1920)所说的工具理性,在过程中也许充分理性,尽善尽美,不曾掺杂程序不完备所可能产生的失误、偏见等,但找到的新校长往往却只是碌碌之辈。理想的手段,并不必然达到理想的目的。工具理性和目的理性毕竟是不同的。

　　以当今高等教育最发达的美国为例,美国每年平均有七八百个大学遴选新校长,[①]遴选的经验不可谓不丰富。有关如何遴选大学校长的手册、介绍以及学术著作,层出不穷,对校长遴选的每一个细节,都有研究;然而,在这种精心设计程序下所挑选出来的校长,在他们

[①] 美国现有授予学士学位的大学4000多所。美国大学校长平均任期7～8年。故平均每年要遴选七八百名新校长。有这么多新校长需要遴选,各种遴选的手册、指南以及相关的学术研究便大量出笼。但这只是近二三十年的事。在此以前,美国高等教育刚刚才要大量扩充,大学校长的遴选还没有如今天这样频繁壮观。另外,美国的高等教育多数为私立,遴选校长就如同遴选一个私营公司的总裁,是私立机构的私事,较少受到公共的注意。而且,校长的遴选,基于尊重候选人的隐私权,其过程与相关资料多不公开。基于种种原因,以往的资料并不丰富。

领导下的美国大学,其品质在近二三十年来,越趋平庸,而引起美国教育界的重视。[1]可见,遴选制度的完善,还不足以保障找到优秀的校长。

　　当然,一个大学办得好坏,往往并不是大学校长所可以单独决定的。校长权限的大小,任期的长短,学校原有体质的强弱,学校权力结构民主化与多元化的程度,外在政治与社会对大学的期望以及各种有形或无形的干预,学校财力的厚薄,社会变迁的强度与速度,等等方面,都会影响校长领导一个大学的有效性以及最终的成败。特别近半世纪以来,许多大学变得极为庞大,办理一所大学,犹如经理一个大公司,大学校长的领导角色大异往日。百年前出色的校长摆在今日未必胜任。前加利福尼亚大学校长克尔(Clark Kerr)曾说,20世纪30年代芝加哥大学校长赫琴斯是大学校长最后一个巨人。大学领导人的英雄时代俱往矣。

　　诚然,时代的变迁,改变了大学校长的角色。这使得校长遴选过程的好坏与未来校长治理大学的成败之间的关系,变得更加复杂而间接。有些人甚至认为,大学校长的重要性已经下降,校长就如电灯泡,可以随时更换。[2]然而,深入的研究发现,校长的好坏与遴选过程的优劣,不仅有关系,而且更加重要,就如在一个庞大的企业里,总经理不仅是重要的,而且是关键的灵魂人物一样。这个变化也说明,在探讨大学校长的遴选问题上,必须同时考虑学术领导的相关因素,才不会沦为见程序而不见目的。

　　中国台湾地区在几年前改变了大学校长的产生方式,从官派转变为大体上由各大学自行遴选,初步积累了一些经验。过去威权体制刚刚解放下来所进行的校长遴选方式,比较偏重程序民主的考虑;目的性与学术领导的问题,未受到应有的重视。处在中国台湾地区民主化

---

[1] 受到外在社会气候的影响,20世纪六七十年代是美国高等教育的平等时代,20世纪80年代之后,则是追求卓越的时代。

[2] Cohen, M. & March, J. 在他们广被引用的著作, *Leadership and Ambiguity*: *The American College President*, 1986, 2nd Ed., Boston: Harvard Business School Pr., 认为现代大学校长不可能改变一个大学。谁当校长都不会带来基本的变化。因此,大学校长就如电灯泡,可以随时更换。但这种主张,近年来受到许多反驳。参见 Fisher, James & Koch, J. *Presidential Leadership*: *Making a Difference*, 1996; McLaughiln, Judith & Riesman, D., *Choosing a College President*, Princeton: Carneigie Foundation, 1990。

浪潮的高峰,这个着重程序民主的现象毋宁是相当自然的。欧美国家在 20 世纪 60 年代学生运动高潮时,大学治理的民主化同样受到大学改革高度的重视。而且民主的程序也比民主的内涵得到更多的注意。这对于大学管理体制的改革,确有其重大的贡献。但不可否认的是,也有其偏失之处。主要的偏失,就在于不加区别地套用政治民主于学术机构,忽视了学术机构具有不同于一般政治领域的运作逻辑,从而增加了学术领导的困难,终于导致大学品质的滑落。如今,民主程序已经达到一定的水平,学术领导等实质问题逐渐受到人们的重视。

本文拟从学术领导的角度,来考察大学校长遴选的问题。由于过去中国台湾地区在威权政治体系下,大学校长的权限高度受制于教育主管部门的制约,大学领导的功能得不到发挥,本文将介绍欧美大学教育发达国家的学术领导的经验,以及相关的学术研究成果,作为中国台湾地区大学校长遴选的参考范例。

二、领导问题

在讨论学术领导与大学校长遴选的关系以前,我们需要简单地探讨领导与学术领导的问题。

领导的作用,在于使一个人不想或是没有想到要做某件事终于去做了。[1] 任何团体组织,都需要领导,才能使团体集体行动起来,达到成立团体的宗旨。

领导有各种形态,大致为威权式与民主式两大类。威权式的领导,以命令强制的方法使团体的成员行动起来,由此贯彻领导者的意图。民主式的领导,则以讨论、游说等方式,来推动团体的行动。

领导与治理或管理不同。治理或管理是根据已有的目的与规范,分配资源与权力,使团体的既定任务得以完成。领导则加入目的、方

---

[1] 关于一般领导,参考 Bass, B. M., *Stogdill's Handbook of Leadership: A Survey of Theory and Research*, NY: Free Pr. 1981,关于高等教育领导理论,参看 Bensimon, E. M., Neumann, A. & Birnbaum, R., *Higher Educaton and Leadership Theory*, in Peterson, M. W., *Organization and Governance in Higher Education*, Needham Hights: Ginn Pr., 1991, pp. 389—398.

向、视野等成分。这些新成分,可以是领导者本人固有的,也可以是领导者博采众议形成的。

不同性质的团体,有不同的领导问题,从而有不同的领导者遴选的准则。这主要与团体的目标有关。例如,营利企业的主要目标是盈利,领导的主要工作目标,在于获取企业最大的利润,企业领导人(总裁或总经理)的遴选准则,便是要能为该企业创造最大利润。又如政府机构,主要的目标在于依据民意,治理国家。政府领导人的遴选准则,便是要反映民意,也就是由全体公民来普选。学术团体的目标在于发展学术,其领导人的遴选准则,便是学术成就,以及对学术发展的见解等。

领导问题,不仅因团体性质不同而异,同类的团体也会因时代不同而变化。以美国大学为例,1860—1910年是现代大学形成的时代,当时大学校长面临的挑战,在于提出大学理念,吸纳科学新知与学术研究进入古老的教育体系中。为此,校长不仅要有理念,要有顽强的意志来克服保守的反对势力,还要有实践的魄力与能力,把新型的大学体制建立起来。1910—1930年则是理性化(Rationalization)的时代,前一个时期发展出来的新型大学,需要制度化才能永远生存下去,从而新的大学理念才不会昙花一现。大学领导的工作重心,在于巩固刚刚转型的高等教育体制。

到了20世纪30年代又是一个重大的社会变迁的时期,经济大萧条以及随之而来的劳工运动高潮,强力推动了社会大学,终身教育,以及世纪初出现的社区大学运动。同时,在现代大学兴起时受到忽略的通识教育又再度在一些研究大学以全新的面貌出现。对大学的领导来说,这又是一个充满了挑战的年代;但是这次挑战的焦点已经不再是把学术研究与科学结合到高等教育,而是面对剧烈的社会变迁的因应之道。高等教育不能只是精英分子的养成所;她的大门应当要为社会大众而开。

20世纪60年代又是另一个变化的高潮,这时期大学校长的挑战,除了要因应民主化的浪潮随学生运动而席卷各校园外,还得应付日益庞大的学校规模所衍生的管理问题。大学领导的企业化,是这个时期的中心课题,也成了遴选委员会决定大学校长人选的重要标准之一。

重视企业化经营虽然使得大学的领导比较有效率,但在学术方向与教育远见上则无法兼顾。这是这时期大学平庸化的基本原因。

20 世纪 80 年代以来,美国高等教育的重点,在于追求卓越。然而,这个追求卓越的动机,更多是出于应付国际经济竞争的需要,教育的远见以及学术的方向,并未受到应有的重视。这或许是我们看不到美国 19 世纪末与 20 世纪 30 年代教育巨人的基本原因。

以上美国高等教育发展简史告诉我们,同样是高等教育团体,在不同的时期会有不同的领导问题。

除了因团体性质与时代性而变化之外,领导问题在本质上还有一些特殊性。领导者的远见、方向感、凝聚向心力以及动员团体成员为特定目标投身工作等方面的能力,往往是领导者个人的天赋才能,不是后天可以培养出来的,更不是可以被理性的科学研究出其中的规律。换言之,领导既是一门科学,同时也是一种艺术。这使得领导理论的建立更加困难。一直到 1992 年,这方面的学者还在感慨我们对领导问题仍然所知有限。虽然有关领导的研究文献汗牛充栋,但绝大多数都属于描述性或意见性的,具有理论深度的科学研究还很欠缺。[①]

虽然人们对领导的了解还非常有限,然而领导的重要性却受到多数学者的肯定。探讨大学校长的遴选,从学术领导来考察,是一个不可或缺的角度。

除了领导的问题之外,大学作为一种团体,还有她的特殊性。在讨论大学校长的遴选问题之前,我们先来考察大学这种团体的特殊性。

三、大学的社会学性质

作为一个团体来考察,大学是一个教育机构,同时也是学术机构。而且,与中小学不同,大学的教育机制,也深受学术机制的制约。因

---

① Birnbaum, R., *How Academic Leadership Works: Understanding Success and Failure in the College Presidency*, San Francisco: Jossa-Bass, 1992, p.7.

此,大学是一个具有教育功能的学术机构。从领导的角度来看,大学通常被当作一个学术机构。大学校长的领导问题,是学术领导的问题。

除了学术与教育之外,大学还有服务社会的功能。通过大学成员的知识,以及他们与政治权力和社会利益的相对独立性,大学还应该是服务社会的供应站、社会进步的推动中心,以及社会良心的最后据点。大学的目标是如此多样且模糊不清,这使校长的领导工作更加困难。①

以上是就大学的功能来看的。如果就大学的组成来考察,大学这种团体实在是三种体系的混合物:②

1. 官僚体系:不仅行政支援部门如此,学术部门亦然。校长、院长、系(所)主任,层级分明,是典型的阶层官僚体系。这种韦伯式的理性官僚体系,决策是权威而理性的,容易制式化、僵硬化,类如政府机构。学术领导那种前瞻性,那种不以短期成败论英雄的决策眼光,还有教育家那种有教无类的精神,都不容易在这种体系中得到尽情的发挥。

2. 同僚体系:大学本来是一种学者的共和国(Republic of Scholars),一种同僚的社区。学者之间通常通过民主的方式达成共识来进行决策。学者是一种专业人士,依据专业精神(Professionalism)来处理彼此之间的关系。大学校长也是这个共和国的一员,依照专业精神,他(她)应当是由具有高度专业成就的人出任。古老的大学,这种体系的成分比较高。现代的大学,校长要兼做经理的角色,常常不是由学术成就比较高、比较受到尊敬的学者出任。在同僚的领导上,比较困难。

3. 政治体系:大学就如一个团体,会有各种价值观念与利益的对立与冲突。这里不仅包括学者之间关于评鉴、升级、资源分配,以及如何对外开发资源等方面必然引起的矛盾,还会包括学者与学校行政人员之间的矛盾。特别是从 20 世纪 60 年代以来,美国大学大量扩充,

---

① Cohen & Marsh,《大学目标或功能的模糊》,1974。又参见 Baldridge, J. V. et al, *Alternative Models of Governance in Higher Education*, 收入前引书 Peterson, 1991, pp.30—45。

② 本节讨论,主要参考 Baldridge et al 的论文。

从而引进商业管理于领导之中。于是,在企业界中常见的经理与雇佣之间的新型劳资对立,也逐渐出现在高等学府。所有这些政治体系内常见的矛盾,都会挑战大学的领导者。近几十年以来,美国大学的遴选标准,越来越重视候选人处理内部冲突与对外募集资源的能力。相对地,学术领导的重要性日渐下落。

从上述社会学的考察,我们看到,在性质上,大学基本上是一个学术机构,但也不只是一个纯粹的学术团体。它同时还具备了教育以及其他服务社会的功能。从组织学来看,大学也不只是学者社区,它同时也是一个官僚体系,一个充满政治角力的世俗团体。大学的世俗化是好是坏,是一个充满了争辩的问题。如果世俗化是无可避免的,那么,在世俗化的不归路中,它能不能继续保有大学的理念,保有大学应当具备的理想性格,更是今日大学面临的莫大挑战。所有这些,也都在挑战大学的领导,进而影响大学校长的遴选。

在简单地探讨了学术领导的问题以及大学的特色之后,我们接着来回顾欧美高等教育先进国家大学的领导问题、领导人的产生方式及其成果评估。

四、欧美国家的大学领导

欧美国家的大学领导,包括校长的权限,以及产生方式,并不一致。可大致分为三种制度:

1. 欧陆制;
2. 英国制;
3. 美国制。

欧美的大学,可以说系出同源。享有学者共和国美誉的欧洲高等教育界,各国大学之间的交流是相当频繁的。在互动密切的欧美大学,居然发展出三种相当不同的制度,也是一件耐人寻味的事。这主要是三个不同的地区,各自拥有不同的历史传统与文化特色。当然,欧陆各国又有国家之间的差别,甚至在英伦三岛,制度也不完全一样,苏格兰的大学体制就和英格兰的不同;甚至同样在英格兰,古老的牛津、剑桥的体制就和其他新兴的英国大学不同。我们只能介绍代表性的典型。

这篇论文的宗旨,不是要系统地全面介绍西方高等教育的体制,而是在探讨各种体制下大学校长的遴选和领导的关系。以下三小节,我们分别介绍这三种制度的典型。

(一)欧陆制

欧洲大陆的大学校长,遴选与任命是分开的。大学自行遴选人选或是直接由教授们选举。但最后的任命,通常是由政府为之。因为要经过政府这一关,校长的人选常常要考虑到政府的态度。政府教育主管便能影响大学的领导工作。因此,校长的权力并不大。19世纪,德国大学讲座教授的设立以及教授的聘任,都是教育部的权责。这种制度看来好像非常落后,然而实践起来,成效并不差。正是在这种制度下,德国完成了高等教育的革命,把学术研究结合到大学体制,绽开了德国在19世纪傲人的学术成就之花。

欧洲大陆这套高等教育制度,是欧洲大陆历史的产物。自资本主义兴起,欧洲发展出民族国家。当资本主义对外扩充造成各民族国家相互之间空前剧烈的竞争时,民族国家的国家机器跟着壮大;同时,一般国民的国家意识也空前高涨。教育,被认为是完成国家使命的工具。不论政府或人民,都认为教育理所当然地要由政府办理。当政府从教会手中接下教育的大权,各级学校差不多都是官办的,连大学也不例外。这样,大学校长的任命以及权责,都应该在政府的管辖范围内。在国家意识高涨的时代,连学者都支持这种制度。

支持这种体制的,甚至也不限于费希特(Johann G. Fichte, 1762—1814)或黑格尔(Georg W. F. Hegel, 1770—1831)等理念主义(Idealism,按:此字一般译为唯心主义,主要是从认识论的角度来翻译的。但是,在这里,唯心主义的译法,表达不出 Idealism 的另一层意思,即追求理念的充分开展。19世纪追求德国统一的学者们,暗喻德意志民族这个理念如果得到充分的开展,便是达到德国统一与富强的目标)者。人文主义者洪堡在创办柏林大学时,也主张大学教授的聘任权,应该归于教育部。当然,洪堡赞成官派,是基于不同的理由。同时具有自由主义思想的洪堡,认为人性本恶,学者自行遴选,容易造成校园政治风波、派系、劣币驱逐良币等现象,这对大学的发展不好。

欧陆制也有由教授选举校长的。但是不管官派或是选举产生,欧陆制的大学校长的权力一般都很小,反而,教授拥有较美国大学的教授大的权力。① 校长的领导权力既然不大,他/她的遴选问题也就与学术领导关系不大。大学的领导大权,在日常工作上,除了校长的作用外,讲座教授也发挥了功能;在重大问题上,教育部具有较大的作用。

教育部如何来领导各大学呢? 面对几十个大学,德国教育部的领导只能是方向性的,或是政策性的。这方面的灵感,来自国家发展的需要为多,回应社会的需要,或是研究者的要求为少。因此,德国的大学,能够在19世纪把德国的学术地位提高,协助德国国力的增长,却不能在20世纪阻止希特勒将德国带到毁灭的道路。日常工作上的领导,除了校长的作用外,讲座教授也发挥了功能。

(二) 英国制

英国的大学体制多样化,牛津、剑桥是一类,伦敦大学为另一类,19世纪与20世纪40年代新成立的大学又分别各是一类。此外,苏格兰的大学又是自成一套等。甚至大学校长的名称也不一致。②

牛津、剑桥两大学都是由许多学院组成的。大学校长,以往都是由学院院长之中遴选或轮流出任的。而且任期很短,一年或两年。任

---

① 德国有名的数学家克莱恩(Klein, Felix 1849—1925)在20世纪之初,通过他和德国教育部官员的合作,建立了数学学院,把哥丁根大学(Goettingen University)发展成世界数学研究的中心。在这个过程中,哥丁根大学校长几乎不发生作用,主要是克莱恩教授直接和教育部官员协商出来的。

② 多数英国大学校长称作 Vice-Chancellor。这是一个奇怪的名称——在 Chancellor 之前加了一个 Vice。英国的大学也设有 Chancellor,但那是荣誉职,有职无权。历史上,Chancellor 是主教的代理人,进驻大学。他是一个外人,不是学校的领导人。Vice-Chancellor 才是属于学校的最高领导人——校长。因此,Vice-Chancellor 并不是 Chancellor 的副手。那么,副校长叫什么呢? 叫做 Vice-Chancellor Pro。此外,英国还有些大学校长的名称叫做 Principal。其实,欧陆大学校长的名称更多种,如:Rector, Proctor, President, Principal, Chancellor 等。

期这么短,在百年树人的教育领域内,实在很难有什么重大的建树。因此,这两个大学的校长,协调性或象征性大于实质性,其权力或重要程度比美国大学校长低。

相对地,这两个大学的学院院长任期无限,权责大。而且,这些学院并不是依照学科来划分的,如文学院、理学院等,而是每个学院各自形成一个完整的大学部。每个学院反而更像美国的一个完整的通识教育大学。学院院长的任期、遴选方法以及权责,也和美国的大学校长相似。事实上,美国早期大学的组织,包括校长的权责、任期以及产生方法等,其模仿的对象,并不是牛津、剑桥这两所大学本身,而是这两所大学下面的那些学院。①

然而,就终极权力来源而论,这两个大学才具有独立的法人地位。另外,自1989年来,这两所大学校长已经开始有学院院长以外的人出任,任期也延长为四年。显然,大学校长的领导角色正在加强之中。

但是,即使如此,英国大学校长的领导权责还是不如美国明显。这是因为,英国(以及欧陆国家)有一个教授议会。英国和欧陆国家一样,实施比美国更高度的"教授治校"。欧洲国家的大学教授议会是在政府或法人统治下的最高的权力机构。校长的领导,往往通过校长作为教授议会主席的身份,在这种合议的方式下来进行的。

欧洲大学这种重视教授议会的结构,可以从大学形成的来源来了解。中世纪大学形成的面貌,原来只不过是一群教师(Master)的聚合体,是一个教师的行会(Guild of Masters),就如各种行业的行会一样。校长就是行会组织的主席。通常是由行会最资深、最受同行尊重的成员出任。相对地,美国大学组织则比较受到企业组织的影响。校长如同企业的总裁,赋予大权,以负起企业经营成败的总责任。因此,美国大学校长经理的能力,往往要比本行的出色表现(学术成就)来得更加重要。②

---

① 参见 Prator, R., *The College President*, 1963, p.2。
② 由于近几十年来,欧洲的大学规模也迅速扩充,作为大学最高领导人的大学校长、经理的要求与责任也越来越重要。因此,英国(以及一部分欧洲国家)的大学校长的角色也逐渐接近美国的。但是,总的来说,美国大学校长的权力还是要比英国或欧洲大陆国家的校长大。参见 Taylor, W., *Leadership*: *University Vice-President*, in Ciark, B. & Neave, G. (ed.), *Encyclopedia of Higher Education*, 1992, NY: Pergamon, p.1411。

英国这两大名校校长的遴选,虽然比较重视学术成就,选出来的校长也是受到同行尊敬的学者;但是他们对于时代变迁的反应,就往往比不上欧洲大陆或美国高等教育的领导人。因此,德国的大学能够掌握时代的发展,及早地把科学发展与学术研究引进到大学之中;美国的大学校长也能在南北战争后,及时地把古老的学院转化成现代大学。然而,英国这个力学与微积分诞生的故乡,却在 18 世纪就让法国与德国抢去了物理与数学的领先地位。19 世纪当社会变迁与科学革命已经如滚滚洪流,牛津大学与剑桥大学却仍然徘徊在古希腊与拉丁的故乡中。①

(三) 美国制

相对于欧洲国家来说,美国高等教育在组织上的一个最突出的特色,就是在最高的权力结构上,是由学术上与教育上都是外行的人士来领导的。

美国大学的统治权都是法人化,大学的最高权力掌握在董事会手里。不仅私立大学如此,州立大学也都设有学校董事会。不同的是,州立大学的董事由选举产生,而私立大学的董事则由既有的董事会聘请。这些董事会董事,主要都是由企业经理、律师、会计师等专业人士组成的。这些人,不论在学术或教育方面都是外行。美国的高等教育,基本上是外行领导内行。

外行领导内行,却能产生世界上最发达的高等教育,这个奇迹要从美国特有的社会文化背景才能了解。美国文化有一个独特的现象,就是事业有成的公民,常常会去出任公益团体,如博物馆、交响乐团、美术院以及大学的董事。② 而且,他们出任董事,并不只是挂名而已,

---

① 牛津、剑桥这两所名校对社会变迁反应的迟钝,导致英国一些不满意者起来创办英国第三所主要大学,即伦敦大学。参见 Stewart, W. A. C. *Higher Education in Postwar Britain*, 1989, London: MacMillan, p.9。

② 关于美国高等教育外行领导内行的来源以及演变,参见 Zwingle, J. L., *Evolution of Lay Governing Boards*, in Ingram, R., *Handbook of College and University Trusteeship*, 1980, S. F.: Jossey Bass, pp.14—26。

而是全力以赴。又由于美国的企业传统是,董事会主要的工作,在于遴选主要的执行人员,如总裁或大学校长等。一旦执行长选定,平常的领导与执行工作,就全权托付给执行长。这样的权能划分,不至于过分干预校长的日常领导工作,甚至长远的领导规划。这可能正是外行领导内行而能行得通的主要原因。

美国大学的这种组织结构,是和美国的企业文化及政治体制相吻合的。美国企业的垂直阶层体系,强调金字塔形的领导体制,强而有力的最高领导,是企业的灵魂。政治上,美国联邦政府的总统制,也是强调一个最高领导人的体系,和以议会制为主的欧洲制度大不相同。这种领导体系,比较容易在短时期内看到成效。但是也比较容易受到社会或市场所左右,比较注意短期而忽略长期。此外,任期上没有限制,也是和企业制度一致的。这对于百年树人的教育工作,确实比较有利。

在高等教育重大变革时期,美国这种大学组织体系的确发挥了重大作用。美国高等教育的几次大改革,都是在这种体系文化下产生的。相对来说,德国的19世纪大学改革,就不是这种模式,而是由政府来推动的。但是这个模式,也不是十全十美。学术教育团体与企业团体,是有一定的矛盾的。过分偏向企业管理的效率,学术的水平与教育的品质就容易打折扣。市场的压力,又容易把大学投向精英主义的方向。这将使大学成了不民主的阶层社会的帮凶,有悖机会平等的原则。从而有碍社会阶级的流动,变成社会保守的支柱。

就具体的遴选工作来说,校长的遴选,当然是董事会最重要的工作。董事会通常都会形成一个遴选委员会,这个委员会的成员并不完全都是董事,通常都会加入教授代表、校友代表,以及一些社会人士。但是,董事一般都占遴选委员会人数的一半以上。许多大学另外会组织一个教授征询委员会以及学生征询委员会,以供遴选委员会征询参考。但是,征询委员会并不参与决策与最后的推荐。

最后,遴选委员会还会聘请专业顾问。在某些研究中指出,这是非常重要的措施。因为,遴选委员会都是临时组成的,这些委员可能一辈子都不曾遴选过大学校长。聘请一个专业顾问,告诉委员遴选的实际过程、可能遭遇的问题等,是非常必要而实惠的。

美国大学校长的遴选,相当重视保密。这主要是要保障候选人的隐私权。因为,非如此,许多优秀的候选人会望而却步。如何挖掘优秀的候选人,并且鼓励他们出来申请,是遴选的一个关键工作。因为,优秀的人才未必愿意自动申请,遴选委员会又很容易为大批平庸的申请人而忙得团团转。遴选正式的过程,通常需要费时一年或更久。因此,校长在卸任之前,至少要一年半以前就需要通知董事会。

五、结论——校长遴选与学术领导

从以上的讨论中,我们看到,不同的高等教育体系,大学校长的权责就不一样。校长对一个大学的成败关系大小,就要看是怎样的高等教育体系。在西方国家,美国的高等教育体系,赋予校长最大的权力,他对大学的成败,影响也就最直接。对于这样的制度,校长的遴选重要性也就最大。

校长的权力越大,他的领导问题也就越关键。大学作为一个学术机构,其领导问题绝对不能只限于管理与效率的考虑。不幸地,正是美国这样的高等教育体系,最容易偏重于管理与效率的考虑。要补救这个先天上的缺陷,校长的遴选就需要特别慎重。在遴选过程中,候选人学术成就、抱负与眼光,至少一定要和普通的行政领导能力等量齐观。

中国台湾地区的高等教育体系,越来越接近美国。教育改革的方向,基本上模仿美国的体系。美国的高等教育体系,当然有其伟大的成就;但是,就如本文所述,也有其问题以及文化背景。我们要注意其缺陷,以及其特有的文化背景。

然而,回顾这几年中国台湾地区的大学校长遴选的经验,我们发现,中国台湾地区对这些缺陷以及特殊文化背景似乎重视不够。大学校长候选人,似乎比较强调其人缘的良好、人脉的广阔、协调能力的高明、企业管理的才能。学术领导的能力,即使被谈到,也是老生常谈,聊备一格而已。甚至在政府方面,据说基于财政困难的考虑,也要求各公立大学要开始自筹部分财源。(欧洲大陆国家的大学主要还是由政府出钱,甚至英国的牛津、剑桥这种六七百年的私立学校,现在也都大量依靠政府的拨款。私立大学其实并不是世界的趋势。)这些在客观上都会对校长管理能力提出更高的要求。

21 世纪的大学需要什么样的校长

张隆溪[①]

主席先生,各位女士、各位先生:

第一次有机会到中国台湾地区来参加这样一个有关高等教育的盛会,我深感荣幸而且兴奋。首先我想感谢台湾地区"私立大学校院协进会"和台湾地区"通识教育学会"以及两会理事长张光正校长和黄俊杰教授的盛情邀请,使我得以在此与各位共同探讨大学校长遴选与大学教育管理的诸多问题,为中国教育和中国文化在 21 世纪的发展尽一份力量。

中国近代的大学教育首先在观念上,其次在组织结构、课程设置、经营管理等方面,都受到西方大学的影响。对近代中国大学教育作过极大贡献的蔡元培先生就曾明确指出,虽然中国历史上有所谓太学或国子监,但"吾国今日之大学,乃直取欧洲大学之制而模仿之,并不自古之太学演化而成也"[②]。西方的大学,德、法、英、美各有自己的特色和传统,中国大学初期大致模仿欧洲大学,后来则受北美大学的影响较著。我们今天讨论大学校长的遴选和治校风格,对于西方尤其是英

---

① 张隆溪,加利福尼亚大学河滨校区比较文学与外国语文系教授。
② 蔡元培:《大学教育》,载高平叔编:《蔡元培教育论著选》,人民教育出版社 1991 年版,第 571 页。

美大学的情形,不能不作一番细致的考察了解,以为借鉴。我想以美国大学的情形为主,介绍自20世纪60年代以来西方大学在观念、规模和在推选大学校长的具体做法上产生的变化,为我们的讨论提供参考。

如果我们稍微比较一下西方关于大学教育较早期的经典著作和近几十年大学的实际状况,其间的变化就十分明显。将近一个半世纪以前,英国纽曼的《大学的理念》是一部影响深远的名著,我们不妨就从这部书谈起。纽曼本来是英国国教教徒,在牛津大学受教育,后来担任牛津大学圣玛丽学院教堂的牧师,但在1845年改信天主教。1851年他接受任命,担任都柏林天主教大学校长,虽然当时他需要向爱尔兰人说明建立一所天主教大学的必要,强调宗教神学的重要性,但纽曼作为一个受过良好古典教育的学者,在《大学的理念》一书最为后人称道的第五讲(Discourse V)里,却极力论证知识本身就是求知的目的。他引用古罗马演说家西塞罗(Cicero)的话,说明"追求知识对我们所有的人都有很大的吸引力。在求知当中超群出众,我们会认为是极好的事,而出错、无知或上当受骗,则既是坏事又是一种耻辱"[①]。纽曼认为西塞罗在极力强调求知的重要时,绝没有考虑以知识去造福社会的实用动机,而大学正应该成为这种纯粹追求知识、研究学问的场所,因为"知识可以是它自身的目的。人类心智的构成既是如此,那么任何一种知识,只要真的是知识,便是它自身的报偿"[②]。在此基础之上,纽曼把通识教育(liberal education)区别于商科或其他专科的职业教育,甚至把教育(education)区别于任何技艺的传授(instruction)。他理想的大学教育于是不同于职业教育和技能的培训,而是以纯知识和理性为目的,获得他所谓科学或哲学的修养。纽曼以热情而雄辩的语言宣称,知识的确就是力量,然而"在成为力量之前,知识首先是一种善;它不仅是工具,而且是目的"。他又说:"当我们说知识的传播就是教育,这其实就意味着知识是心灵的一种状态;既然心灵的培养肯定是值得去追求的目标,我们便可以由此再度得出结论,这也是'通

---

① *Cicero*, *On Duties*, ed. M. T. Griffin and E. M. Atkins (Cambridge: Cambridge University Press,1991), p. 6; quoted in John Henry Newman, *The Idea of a University*, ed. Frank M. Turner (New Haven: Yale University Press, 1996), p. 79.

② Newman, *The Idea of a University*, p. 78.

识'和'哲学'这样的字眼已经暗含的结论,即知识是值得人向往的,哪怕它没有任何实际的结果,它本身便是宝藏,足以补偿学子经年不断的苦苦追求。"①蔡元培先生 1912 年在中国公学开学典礼上的演说辞里,宣称"学问并非学商者即为商,学政治者即为官吏,须知将来不作一事,学问亦为吾脑筋所应具之物"②。在担任北京大学校长期间,蔡先生曾反复强调:"今人肄业专门学校,学成任事,此固势所必然。而在大学则不然,大学者,研究高深学问者也。""大学为纯粹研究学问之机关,不可视为养成资格之所,亦不可视为贩卖知识之所。"③在这里我们可以明显见出,纽曼的大学观念及其知识独立的思想在中国近代教育中产生过深刻的影响。

纽曼的时代离我们已经很远,当时的大学在很多方面都与现代的大学决然不同。在纽曼的时代,科学研究和重大的发明大部分都不是在大学实验室里产生的,精神和文化的活动也并不局限于学院的范围。事实上,纽曼并没有把大学设想成完善道德修养的场所,而只是传播知识的场所,至于精神道德和人格的完善,在他看来应当是天主教教会的职责和功用。他把有关人和自然的世俗知识区别于宗教和神学的真理,但与此同时,他又坚持认为知识应当是它本身的目的,大学教育因此不应以功利致用为务。在这两个方面,今日的大学与纽曼所谓大学都很不相同。绝大部分的现代大学,甚至那些在教会庇护之下建立起来的大学,都已经在极大程度上世俗化了;同时西方的大学已经成为人们获取有实用价值的专业知识的主要渠道。一方面,神学在大学里已失去特殊的地位;而另一方面,知识与功利似乎越来越联结在一起。然而这些变化并非都是有百利而无一弊,因为也正是这些变化使现代大学陷入现代特有的困境,面临现实的各种问题。正如弗兰克·泰纳指出的那样,纽曼的大学观念超越功利和实用,似乎使"无用"成为大学特有的价值。于是"大学的用处,或毋宁说大学更高的天职,正在甚至缺少直接社会和经济的功用。这一超然的无用性远比形

---

① Newman, *The Idea of a University*, pp. 84, 85.
② 蔡元培:《在中国公学开学式演说》,载《蔡元培教育论著选》,第 23 页。
③ 蔡元培:《就任北京大学校长之演说》,《北大 1918 年开学式演说词》,载《蔡元培教育论著选》,第 72、163 页。

形色色的法律、条约和习俗的保护,更有效地维护了大学生活的自由"①。不仅如此,科学的基础研究和各种人文与社会的基础理论得以依循本身的逻辑不断发展,也必须与社会的直接需要保持一定距离,必须具有独立性而不受任何政治力量或商品经济压力的干扰。换言之,知识的超然性和非功利性是知识本身得以不断进步发展的必要条件,而从长远的观点看来,又正是这种超然和非功利的知识对人类社会生活作出了最根本的贡献。哈佛大学前任校长伯克(Derek Bok)在谈论美国的大学与美国的未来时,虽然十分强调第二次世界大战以来美国的大学已经完全不同于纽曼设想的大学,但他也承认纽曼学术非功利的观念非常重要,承认把大学视为手段而非目的只会"贬低学术机构及其工作的价值"。伯克说:"哪怕是彻底的功利主义者,只要他们记住从长远来打算,纯智力和纯学术的贡献是如何之大,他们也就应当可以接受这一观念。以千百年的眼光看来,能给我们的文明留下最永久性印记的,毕竟不是将军和总统,也不是为他们出谋划策的专家们,而是社会批评家、哲学家和最纯粹的科学家。"②

不过伯克谈论得更多的,还是现代大学与纽曼观念的差异,并由此对纽曼认为大学应与周围社会保持距离的看法提出疑问。他首先指出,今日的大学往往包括各种职业学院,其使命就是培养将来从事各项专门职业的人才,所以这些职业学院不可能不关心与它们各自专业有关的实际问题。伯克又说,今日大学已经不是纽曼时代那种教育少数精英的小型机构,美国各大学在校学生人数在 1200 万人以上,教员人数则有 70 多万,不可能设想所有这些人都从事毫无实用性的纯学术研究。高等教育规模的扩大、研究项目的复杂化和学生人数的剧烈增加,使现代大学不能不要求政府和社会提供极大数量的经费,在这种情形之下,大学也就不可能不对社会的实际需求作出一定的响应。伯克认为,除了这些实际的考虑之外,还有更深一层人道和伦理的理由,使我们要求高等教育帮助解决社会面临的问题。他说:"大学

---

① Frank M. Turner, "Newman's University and Ours," in Newman, *The Idea of a University*, p.291.
② Derek Bok, *Universities and the Future of America* (Durham: Duke University Press, 1990), pp.8,9.

不一定有特殊能力提供济世良方。但大学比别的任何机构更有条件产生有效解决问题所需的知识,并培养受过高等教育的人去实行解决的办法。高等教育既然具备这样的特别能力,在人们急需大学最能提供的高等培训和研究时,高等教育也就不可能掉头不顾人类的需求。"伯克还进一步肯定说:"服务社会只是高等教育的功用之一,但也是其最重要的功用之一。"①这就是说,在伯克看来,现代大学在人数、规模、经费和性质等方面,都已经和纽曼设想的大学极不相同。现代大学不仅包括商学院、法学院、医学院、工程学院等专科,提供有实用价值的职业教育,而且集中了大量在各方面富有知识和技能的人才,也就为解决社会实际问题负有道义上的责任。伯克认为,由于现代大学规模庞大,各个系科和部门的主持人很难了解和把握全局,所以大学校长就负有十分重大的领导责任。他认为,大学要在面临现代社会的各种挑战之中取得成功和进步,最关键的一环就在于大学校长能发挥有效的领导作用。他说:

> 大学校长和各学院院长比别的任何人更能觉察最能通过教育和研究取得解决办法的社会问题,也比任何人更能鼓励教授们对那些问题作出回应。也没有任何人能像他们那样,或者通过重新调整内部资源,或者通过说服校外的基金会提供资助来有效地获取经费。②

由于现代大学的机构极为庞大复杂,有不少人认为任何个人,包括大学校长,都很难对整个机构产生什么重大影响,但是对高等教育作过深入研究的学者往往提出相反的看法,坚持大学校长领导作用的重要性。例如两位美国学者麦克拉弗林(Judith B. McLaughlin)和瑞斯曼(David Riesman),在他们专门研究大学校长遴选问题的一本近著里,就认为"有相当多的大学校长确实改变了他们所领导的学校的方

---

① Derek Bok, *Universities and the Future of America* (Durham: Duke University Press, 1990), p. 11.
② Derek Bok, *Universities and the Future of America* (Durham: Duke University Press, 1990), p. 107.

向"①。他们举出实例,说明美国许多著名大学能够取得它们现在享有的声誉,在很大程度上都有赖于它们曾经在关键时期得到具有眼光和魄力的校长的领导。其实自20世纪60年代以来,大学校长的遴选已经从少数人比较随意的决定,变得越来越有一定的程序和步骤,成为整个大学各部门都相当关心的重大事情。这也说明大学的各科系,尤其是大学教授们,对大学校长的作用愈加重视。

20世纪60年代以前,美国大学校长的选举完全由校董事会负责,但自70年代以来,绝大多数大学校长的遴选都有一个推选委员会,其成员包括学校董事和不同系科教授的代表,往往还有学生代表。整个推选过程包括许多阶段和因素,其中最重要的也许是保守机密,不泄漏候选人的姓名和资历,以及推选委员会所有成员能同心协力,达成一致。但是只有当遴选过程所有阶段都能顺利推展,所有因素都能充分发挥作用时,才有可能达到比较理想的最后结果。麦克拉弗林和瑞斯曼具体描述了好几个大学推选校长的实例。据他们的介绍,在美国大学校长的遴选当中,得克萨斯州休斯敦市的莱斯大学(Rice University)在1984年和1985年中推选校长的过程,似乎可以提供一个成功的例子。莱斯大学创建于1891年,在美国算是相当有声誉的一所私立大学,尤其在理工科技方面很强,仅次于麻省理工学院(MIT)和加州理工学院(Cal Tech)。尽管莱斯大学在文科方面也很出色,尤其是其音乐学院和人类学系,但自创建以来,其在学界的声誉主要还是有赖于数理和工程各科。1984年,莱斯大学当时的校长哈克曼(Norman Hackerman)宣布辞职,于是有必要推选一位新校长。由于过去校董事会和教员之间在选举校长时曾经产生过一些矛盾,这次推选过程一开始,双方就都很注意避免重复以前的错误。校董事会任命休斯敦实业界人士同时也是莱斯大学校董之一的奥康纳(Ralph O'Conner)为校长推选委员会主席。莱斯大学的教授们通过秘密投票选举,推出3位代表,一位代表文科和社会科学,一位代表理工科,还有一位作为全校教授的代表;学生会则选出一位大学生和一位研究生作为代表,莱斯

---

① Judith Block McLaughlin and David Riesman, *Choosing a College President: Opportunities and Constraints* (Princeton: The Carnegie Foundation for the Advancement of Teaching, 1990), p.4.

校友会也推选了2位代表,再加上3位校董事,推选委员会包括主席奥康纳一共有12人,校董事会会长作为不投票的成员也参见推选委员会的工作。①

在正式开始工作之前,推选委员会先在一起聚会两天,设法取得一些基本的共识。教授代表担心校董们会选择一个非学术界的人,甚至商界或实业界人士来做下一任校长,校董们则担心教授们只顾自己专业学科的利益而缺少全局观念。在一起聚会讨论有助于消除双方的互相猜忌,促成整个推选委员会达成一致,抱定同一个目的,即寻求一位能进一步增加莱斯大学在全美国知名度的校长。暑假中,莱斯大学征求校长的广告在《高等教育记事报》(Chronicle of Higher Education)和《纽约时报》(New York Times)上登了出来,然后委员会成员一面筛选已有的候选人,一面拜访"咨询人物",即高等教育界一些领导人物,包括许多大学校长,请他们回答问题,推荐可能的候选人,并提供具体意见。一个重要问题是在考虑选择下任校长时,最应该注意的是学术成就还是行政管理经验。咨询的结果,大家一致认为必须选择一位学者担任校长。与此相关的是,这位新校长的学术领域问题。莱斯大学前四任校长都是科学家,一位专长物理,两位专攻化学,还有一位是数学家。新校长是否也应该是一位科学家呢?咨询的结果,大家决定不要预先自我限定,也就是说,下一任校长的候选人不必非科学家不可,推选委员会应当对候选人在种族、性别、学术领域和专长等方面,都保持灵活开放的态度。

在1984年暑假和秋季,莱斯大学推选委员会几乎每星期聚会,讨论各方面"咨询人物"对莱斯大学应当选什么样的校长提出的各种看法。通过讨论,他们自己对新校长的看法也逐渐变得更加明确。1984年8月15日是推荐与申请的截止日期,推选委员会一共得到370个提名,其中有60人是本人申请的,其余都是由别人推荐提名。推选委员会通过讨论,从中选出120人,对其中材料不很充足者,他们就打电话给有可能提供信息的人,进一步了解情况。在10月中,委员会成员开

---

① 麦克拉弗林和瑞斯曼在他们著作的第十章详细介绍了莱斯大学1984—1985学年推选校长的过程。本文所述即以他们的介绍为依据,同时也参照其他各章,讨论在大学校长遴选过程中应当特别注意的问题。

始会见一小部分候选人,不过这些人同时又可以作为"咨询人物"采访,所以会见中并没有明确认定候选人的身份,这样既可以使双方都觉得方便,同时也是一种保守秘密的办法。在会见了这部分人之后,委员会最后邀请了六人在不同日期到休斯敦,在校园以外的一处地方与委员会全体成员见面。从打电话了解情况开始,他们就特别注意保密的问题。在邀请几位候选人来见面时,奥康纳决定给每个候选人起一个化名,他们不仅用这些化名来讨论候选人,而且用化名为来见面的候选人订飞机票和旅馆。这样的谨慎是完全必要的,因为候选人的身份一旦泄漏出去,就有可能使他们在自己的学校处境尴尬,最后没有当选的人则更会难堪,甚至会影响他们未来事业的发展。

莱斯推选委员会最先听到有人提名乔治·拉普(George Rupp)时,印象并不深刻,他们到波士顿去找一位可能的候选人时,几乎是顺便去拜访了拉普,而拉普本人则明确表示,他对莱斯大学校长的位置并无兴趣。乔治·拉普在哈佛大学获得宗教研究的博士学位,当时任职哈佛大学神学院院长。虽然莱斯推选委员会决定在候选人学术领域方面取开放态度,但具体面临一位研究宗教神学的学者时,不少人仍然有些疑问。拉普自己不愿意成为莱斯大学校长候选人,大概也出于同样的考虑。可是,推选委员会成员在哈佛与拉普见面交谈之后,得到极为深刻的印象,虽然拉普本人表示不愿意成为候选人,推选委员会却把他列入最后考虑的候选人名单。1985年1月,奥康纳和委员会成员比尔·马丁(Bill Martin)到哈佛大学所在地康桥(Cambridge),说服拉普到休斯敦与推选委员会全体成员见面。那次会面引起普遍热烈的反应,但仍有人对拉普神学研究的背景略有怀疑。有一位校董特地到图书馆借阅了拉普关于世界各地宗教信仰的著作,意识到拉普虽然具有宗教情感,但他处理问题不是依靠教条,而是依据理性的原则。马丁也特地到图书馆查阅了两份资料,列出了1970年和1983年全美国在理工科技方面领先的前20个大学,并查出当时这些大学由谁担任校长。查阅的结果证明,这些大学有3/4左右,包括麻省理工学院、哈佛、柏克利、斯坦福、约翰·霍普金斯、密歇根、芝加哥等大学,其校长都不是理工科技方面出身,这些材料有助于消除一些人的疑虑。于是两位校董再到哈佛去会见拉普,同时校董事会会长在征得拉普的同意后,打电话给哈佛校长伯克,让他知道莱斯大学正在和拉普谈论担任校长的事情。莱斯推选委员会成员用电话采访了曾经和拉普在威斯康星大学一个校区一起工作过的人,进一步了解情况,结果使他们更加确信拉普的领导能力。为了使拉普和莱斯大学互相之间更为了解,他们决定安排拉普再到莱斯大学来一次,而为了避免泄漏消息,他们决定让拉普只与部分教员和行政人员见面。这次会面果然使双方都增强了信心。在1985年2月底,推选委员会向莱斯大学校董事会举荐拉普作为新校长的候选人。虽然他们最初规定的任务是向校董事会举荐少数候选人,但他们觉得拉普实在是公认的最佳候选人,而且7位校董中有5位参加了推选委员会的工作,全部校董也都与拉普见过面,所以他们决定举荐拉普为唯一的候选人。校董事会最后也全体一致投票通过,推选拉普为莱斯大学的新任校长。

从莱斯大学的例子可以看出,大学校长的遴选是一个双向的过程。推选委员会首先作内向的自我考察,明确认识他们想要什么样的校长,并为这样的新校长创造适当的环境条件;与此同时,他们又积极向外去物色合适的人选,而不是守株待兔式地被动等待有兴趣的人来申请。这正是推选大学校长和选取助理教授的根本差别。推选理想的大学校长是去寻求具有远大眼光和领导魄力的人物,这样的人不是新近获得学位,在事业上才刚刚起步,而往往是已经取得一定成就,已经有满意的工作,而并不急于谋求大学校长的职位。推选委员会需要主动去说服这样的人,把他们拉进遴选过程中来。从候选人的方面看,则应该对感觉兴趣的学校作深入了解,知道那个学校的力量所在,更要明确急需解决的问题和困难又在哪里。这是一个两方面互相选择的过程,其中涉及许多因素,要达到双方满意的结果,往往需要依靠一个能有各方面代表,尤其是大学教授代表,而且办事果决、看法一致的推选委员会。美国有些大学在推选校长时,甚至去聘请专业的人事顾问,由他们处理文书档案和其他许多细节问题。然而这类顾问虽然能带来专业训练和丰富经验,但不一定对高等教育和每所大学的实际情形都能深入了解,最佳的推选还是需要本校人员的努力,尤其需要校董和教授们积极参加,作出最好的选择。

莱斯大学历来以理工科技闻名,却选举人文研究方面的学者乔治·拉普为校长,这一点也可以给我们重要的启示。我们当然不可以一概而论,认为人文研究的学者一定比科学家对社会人生有更深入的了解,也没有理由认为研究宗教、社会、历史、文学、哲学或其他人文学科的人,一定比物理学家、化学家、数学家或别的科学家更适合做大学校长。但毋庸讳言,现代科学的发展使知识愈来愈专门化,学术分工愈来愈细,这就使专门家的眼光也愈来愈狭窄。现代社会管理往往趋于技术崇拜(technolatry)和技术政治(technocracy),但却往往缺乏全局的眼光和长远的策划,缺少对文化、社会、传统和精神生活深切的人文关怀。大学机构越来越庞大复杂之后,大学校长的精力几乎全部耗费在财政管理方面,他们的成功似乎全视其能否获得政府机构大量的拨款,或能否筹集巨额的资金。学术方面的问题曾经是大学校长关注的核心,现在却越来越交给教务长和各学院院长去过问,于是大学校长几乎失去教育上的领导作用。这是许多研究高等教育的学者已经深切认识到的问题。正如欧内斯特·鲍伊尔(Ernest L. Boyer)在给麦克拉弗林和瑞斯曼的书所写的前言里所说:

> 收支预算和讨好捐款人固然重要,但是我深信大学校长必须具有更广阔和更有灵性的眼光,而且未来的几十年将需要教育和道德上强有力的领导,以强化校园里的群体精神,为教育事业提供一个明确的方向感,并且把个人的诚恳和创造性贡献出来,以完成这样的任务。……最充分和最丰富意义上的大学校长的职责,必须重新得到肯定。①

募捐筹款毫无疑问是现代大学行政领导的一项重要任务,但大学校长不能仅仅是精于此道的理财家,而应当是对社会、文化、教育抱有全面看法和观念的领导人物,是有深刻的历史感并对未来抱有理想、愿意,并为之去奋斗的有志之士。由于不断增加的经费的压力,许多大学和工业生产加强关系,而许多大公司和企业也乐于尽快获得大学实验室里所产生的新知识,由此得到专利,增强它们在国际市场上的竞争能力。但正如伯克指出的那样,高等教育与工业生产这样密切的

---

① Ernest L. Boyer, Foreword to Judith B. McLaughlin and David Riesman, *Choosing a College President*, p. xviii.

关系并不是没有弊病。这种急功近利的做法显然不利于基础研究,因为大公司很可能坚持要保密以维护知识产权,而科学研究却是在公开自由交流的环境条件下,才可能得到最充分的发展;商业上的成功可能会把教授的时间和精力引入非学术的方向,从而损害更纯粹的基础研究;有些教授甚至可能让研究生去做有商业价值的研究,而放弃有更大学术价值的项目。伯克认为:"如果走到极端,这样做就可能腐蚀基础研究,而且最终把它大大削弱。"[①]这就是说,在面临经济的压力和市场的诱惑时,一个有眼光和魄力的大学校长必须能维护大学及其学术研究的独立性格,坚持把并无直接应用价值的基础研究放在首要地位。

在这一点上,我们也许意外地又回到纽曼关于学术非功利的观念,并重新认识到它实在具有十分根本的意义。我们于是可以认识到,除了商业价值之外,人生还有别的价值,还有超功利的精神价值,而大学作为社会最重要的学术机构,除了提供实用的职业教育和科学技术发明之外,还担负着传播文化知识即通识教育的责任。也许正由于这个原因,绝大部分教授和教育界的领袖人物仍然认为,"人文与理工各科(arts and sciences)以及这些科目所在的学院和研究生院,乃是大学最重要的部分"[②]。换言之,一所大学如果在传统的人文与理工学科方面不能做出显著成绩,也就难于获得很高的名望和声誉。直到目前为止,西方的大学和周围社会之间,仍然保持有相当的距离,也就有相当程度的独立性,而学术自由仍然是大学教授们认为近乎神圣的最高原则。大学的这种独立性和学术自由,我在前面已经提到过,是与知识的超功利性和非实用性观念密切相关的。西方大学这种独立性和自由精神,在我国建立大学之初就是教育家们追求的目标,而对这种独立自由最大的威胁,乃是各派政治力量的控制。蔡元培先生1922年在《教育独立议》中明确宣称:

> 教育是帮助被教育的人,给他能发展自己的能力,完成他的

[①] Derek Bok, *Universities and the Future of America* (Durham: Duke University Press, 1990), p.21.

[②] Derek Bok, *Universities and the Future of America* (Durham: Duke University Press, 1990), p.50.

人格,于人类文化上能尽一分子的责任;不是把被教育的人,造成一种特别器具,给抱有他种目的的人去应用的。所以,教育事业当完全交与教育家,保有独立的资格,毫不受各派政党或各派教会的影响。①

在很大程度上,蔡先生这段话仍然适用于今日之中国台湾地区,只不过在政党的压力之外,现在的大学更须承担商品经济的压力,承受大众俗文化的冲击。在这种情形之下,如何在一方面坚持教育和学术的独立,另一方面又能有道德的承担,可以为解决重大社会问题贡献知识和技术人才,这实在是领导高等教育者必须接受的挑战。一个有雄心成为学术重镇的大学,也必须寻求一个不仅能接受这种挑战,而且能恰当平衡两方面要求的领导人,一个不仅处理当前问题时能应付裕如,而且更能洞见未来,为高等教育在 21 世纪的发展作出充分准备的大学校长。让我们衷心希望中国教育界更多一些这样的人才,更多一些有眼光、有魄力的大学校长,希望他们能领导高等教育,为中国文化在未来 21 世纪的发展作出新的贡献。

---

① 蔡元培:《教育独立议》,载《蔡元培教育论著选》,第 377 页。

美国大学校长的遴选经验
——兼谈大学组织及功能

涂经诒[①]

大学作为目前社会的最高教育机构,在总结人类智慧和推动社会进步方面起着至为关键的作用。而美国公认为大学教育最发达、最完善的国家,它在大学运作管理方面的许多经验值得我们借鉴,其中之一便是大学校长的遴选。

校长作为学校董事会权利的代理人,无疑是学校社区中最有影响的人物。在学校外面,校长不仅代表了学校的机构及其所具有的价值,而且决定了这些价值及其对社会的贡献。在学校内部,他指导管理大学内部种种复杂的机构,确定学校的大政方针和各项措施。从某种角度来讲,校长是一个大学的灵魂。

美国有3000多所大专学校,包括四年制综合性大学、专科性大学及两年制社区学院。据一项统计,校长任期一般不超过七年,每两年大约有30%的大学在寻聘校长,这个数字相当惊人。这种大学校长任期短、变动大的事实,一方面说明了大学校长工作的繁重,任务的艰巨,另一方面意味着大学校长遴选工作的重要。

---

① 涂经诒,美国拉特格大学(Rutgers University)亚洲语文学系教授兼主任。

今天的大学是一个极为复杂的机构,具有多种功能,然而其原有组织事实上不能与之配合,以致产生许多组织上的困难,使得校长工作变得极为辛苦。为求对这一问题有进一步了解,有必要首先对大学功能的历史演进作一探讨。

一、大学功能的历史演进

在美国,对大学的功能有三种认识:一是教学功能,二是研究功能,三是对于公共社会的服务功能。最近又有人提出第四种功能,就是营造理想民主社区的功能。这四种功能彼此有联系,在组织的要求上彼此又有冲突。我们在讨论美国大学遴选校长的经验之前,首先应对这四种功能及其在组织上的要求加以分析。

(一)教学功能

大学在西方是从中世纪演变而来的。当时对知识的追求由教会移转到世俗的机构,因而大学逐渐形成。在十二三世纪出现在法国的巴黎,英国的牛津、剑桥,意大利的波隆那的一些学术中心,主要是提供一个地方便于学者与学生进行交流。这些交流中心实际上就是后来大学的雏形。它们力求在与社会的独立性和依赖性之间达到适当的平衡,即一方面追求真理的行为不受干扰,另一方面又不要完全脱离于社会之外。为求相对独立,便产生了一些组织,如波隆那的学生联合会,巴黎的教授联合会,以及后来的学校董事会。

一般为求自主,学校都需要制度上的安排,但无论采取何种安排,或者说,不管学校治理采取何种方式,都需要行政管理人员。早期学校事务简单,所谓管理事务的学监可从教授中任选一位,或由大家轮流担任。后来学生人数增多,校址或校区变成永久的设施,学校基金需要经营,设备需要管理等,都使学校行政事务相对增加,早期的行政制度无法配合行政上的要求。学校结构的增长,引起行政组织的增长,而教授的增加、课程的增加,又引起教授组织的形成。学校的财务属于行政范围,课程的安排及学位的授予则属于教授的责任,在大学内部实际存在有两种组织。当基金管理成为学校最重要的问题时,教授组织与行政部门往往会紧密地联系在一起。如果学校的中心任务只是教学,行政需求自然减少,那么教授组织与行政部门的矛盾冲突也较少发生。而现在却远非如此。

学科和学术自身的发展在中世纪以后也变得更复杂,知识的增长扩大需要学科的重新划分,由此引起课程的变化,也需要适当的组织来规范,学院、系、所、科室等行政单位就相继产生了。教学需要有固定的地点,教室也就随之产生。再发展下来,师生关系的建立被认为是不仅仅局限于教室,衣食住行各方面都有助于这种关系的建立,于是另外重要的一环——住校学院便产生了。这种住校学院(Residential College)成为英国剑桥、牛津大学教育之支柱,最为人所称道,今天仍被沿用下来。

到 16 世纪初期,大学作为教学机构的一般结构已大致建立,包含有现今大学的最主要组成部分。换言之,这些结构主要是回应大学最基本的教学功能。

(二) 研究功能

大学组织所面临的困难之一,来自于担任研究任务所产生的冲突矛盾。一般来讲,为了使教材更有新意,教学的思路更为新颖,研究应当是教学不可缺少的助手。但在 19 世纪前,这种研究被认为是教育者个人的追求,而不是教学机构的目标。这种情形后来发生改变,学术重点从已有知识的传授转移到追求新知识的发现。这就发展出学术研究事业,并具有了特殊的增长规模。

19 世纪末,研究工作已成为独立的目的,与教学工作平分秋色,各自占有同等重要的地位。在演变过程中,复杂的组织问题也随之而来。我们平常都认为教学与研究两者可以相互适应和促进,但是当研究工作成为一种强烈的自身目的时,它与教学的联系实际上受到破坏。在今天的大学,教学和研究可以说是两种不同甚至互相矛盾组织结构要求下的任务。例如在研究工作上,观念比人来得重要,实验室和图书馆比系务会议或者教授会议更重要,外来的经费远比学校预算分配更重要,个人研究专业领域内同行的评价比学生的评价更为重要。

这种研究地位的提升,对大学部及研究所的教学看法产生影响。对研究部门来讲,越成熟的学生(如三、四年级)越重要,大学一年级的学生不太会引起一位正在研究高深尖端科学教授的兴趣,所以大四学生比大一学生、研究生比大学生、博士后比博士更有价值。这种态度不仅影响教授与学生之间的关系,也影响到教授与教授之间的关系。研究被作为一种个人事业时,研究者通常只限于与他工作关系最近的人进行交流。他的研究成果也不是靠系里同事或系务会议的评断,而是依靠同一研究领域的同行(大多是外来的)的评断。这样,研究工作者视野上的变迁严重影响到以往执行学校任务的一些组织结构——系务会议、教授会议。它们从前是教授共同目的的集中点,现在则必须在许多不同目的下运作。

如果学校的功能只停留在教学阶段,那么随着这种研究规模的扩大,现有的组织结构就完全不能适应,因此就需要不同范畴的经营管理,以减轻它对教学结构造成的负面影响。因研究事业而产生的组织要求可分几点说明:

第一,支援研究工作的图书馆及实验室需要与教学完全不同的专业管理人才。

第二,教授为集中研究,不希望自己的精力被分散,在大学的教学工作希望减少。

第三,研究者注重横向联系,打破学校院系的界限,自己掌握资金,成立诸如研究中心、研究所、研究委员会等组织。大多离开院系的直接领导,而与学校高层行政部门或外界直接交涉,因为研究的经费有许多是来自于校外机构的资助。

第四,研究中心或研究所与系里发生矛盾时,传统科系结构往往无法处理,最后总是要到最高行政部门寻求解决。

第五,现有传统的学系结构,在应付现代研究活动所发生的种种问题时,已经力不从心。同样地,对于区域性或全国性跨校的研究计划及经费分配,一般大学目前也缺乏组织调整以应付所产生的问题。

总而言之,研究活动已经不自觉地或在无形之中影响到学校的传统组织结构,如学系科室,并且产生了与现有机构相竞争的机构。中世纪以来形成的以教授为主要对象、以行政部门相配合的结构已不再能适应。目前尚缺乏一种学说,能提供包括教学与研究两项功能的组织的理论基础。

(三) 大众与公共服务功能

第三种功能又加深了大学现有结构的不适应性。就普通意义来说,过去的大学一向都提供社会服务,如公民教育、师资培育等。美国土地赠予所成立的大学(Land Grant college)的农业系所及农业推广中心,就是为了在教学、研究目的之外给予社区农业以必要的服务。但在今天,大学对社会的服务要求变得更复杂、更多元化。

要求大学增加社会服务的功能有两大难点:一是大众服务需要全校性的参与承诺,但在学校的分权体制下,很难取得这种全校性的承诺。另外,无论是教学者还是研究者,在回应学校对校外社会的某种承诺时,都不是心甘情愿的,也难见成效。如美国在20世纪60年代,学校接受政府补助,开始一些与战争有关的研究计划,但学校内部普遍反战,研究计划遭到许多人反对,学校在计划目的与优先次序之间缺乏共识,处于进退两难的境地。因此,尽管学校对于社会服务的各种计划是通过行政部门或校长与外界协商而达成的,但它是否能完全实现则有赖于教授们的支持。

另一大难点是,学校的大众与公共服务功能与学校保持自主与维护学术自由的方针是有冲突的。大众服务暗含大众对大学服务的表现有所判断,但是外界设定的标准强加于学校则与学校作为一自主机构的观念相违背。社会对大学提供经费,并允许运用经费的自由。虽然他们对教学研究成果难作判断,但是在考察学校担负公众服务的成果时,却是心明眼亮的,评价马上就可见到。这种由非大学的机构来衡量大学的表现,对于大学的自主性来说已经是一种侵扰。特别是州立大学作为州政府的教育机构,州政府力图通过控制经费来控制学校。当然这种控制其实也很难,一般只是影响个别科系或计划而已。毫无疑问,今天大学与社会的伙伴(Partner)关系,与研究功能组织的要求截然不同。目前尚无一种组织结构能涵盖这三种职能,而不与学校的宗旨发生矛盾。

(四) 营造理想的民主社区的功能

近年来有人主张大学应有第四种功能:在学校内营造理想的民主社区。对这种功能的认识是基于一种看法:学校的政策要与组成分子的社会期望相符合,学校的措施要符合民主社会的要求。学校的合法权威不是来自于校董会,而是来自于组成学校这一独特社区的所有分子包括教授、职员、学生等所表现的愿望。他们认为,学校行政人员的决定如果没有社区的参与,从法律角度来讲是不正确的,是违背民主原则的。

这种功能导致一种看法:大家都是主人。如果学校要担负这种任务,学校机构的运作需要激烈的改变。学生可能要求对学校事务决策的参与权,教学过程,从教学内容一直到教学方法,也应是学生与老师的共同参与。

这种理想民主社区的观念与学校组织的传统观念可谓完全相背。它也可能直接影响到校长的遴选,现有的由董事会任命校长的做法,就可能改为由学生、教授以及整个学校社区选举校长。这里有一种观念要澄清,就是有人说:总统可以选举,为什么校长就不可以选举?需要说明的是:第一,总统是向所有的人民负责,而校长是向校董会负责。第二,政府是一种政治机构,而学校不是。

有这种要求当然不足为奇,有些学校已出现了一些全校性的民主组织,有学生、教授、职员甚至个别校董参加。它一方面对强化民主观念有促进作用,另一方面则使学校管理呈现更复杂的局面。目前,它们只是咨询性质,还不是权力机构,但推演下去,它会影响到校长的地位、任务甚至校长遴选的方法。

综上所述，对学校组织所产生的新看法已成毋庸争议的事实。大学在担当新任务、发挥新功能的前提下，与传统的作为教学功能的固有组织已日益矛盾。然而实际上，大学仍继续试图以其基本上为教学所设计的组织来应付新功能的组织需求。

我们可以说，大学校长工作繁重及难以久任，主要是由于学校现有的功能与学校现有的组织之间的复杂关系所造成的。认清这一事实，我们才能透彻地了解制定大学校长遴选方法的必要性和重要性。

二、遴选校长的方法

遴选校长是校董会最重要的责任。如果选择适当，对学校的健康发展大有裨益，所以要不惜以"踏破铁鞋"和"众里寻他千百度"的精神广征贤才，严格筛选，求得最佳人才。遴选校长是否成功，取决于是否有细致的计划。在美国，这种计划大致要考虑几个方面：

1. 校长角色的变迁。第二次世界大战后，大学成长迅速，原先那种以"仁慈学者"加上"单纯行政管理"式的校长形象已不适合。代之而起的条件是能够处理复杂事物、平衡多方关系，能与教职员工会磋商，又能与联邦及州政府协调，并且还能应付学生的抗议运动，承担学校的财务压力。

2. 共同治校的要求。虽然大学不是民主政体，但治理人是基于被治理人同意的原则仍应遵循，因此学校社区组成分子参与校长的遴选被认为是必需的。美国有些州甚至还规定，校长的遴选必须有教授、学生、校友的参与。另外，来自州长或州议会重要议员的意见也需要参考，因为公立学校的经费大部分来自州政府。

3. 机会均等法案。从20世纪60年代后，联邦提出"机会均等"政策，校长遴选也要鼓励少数族裔及妇女应征。

4. 校内候选人与校外候选人的选择。学校遴选校长与公司选择接班人不相同。绝大多数学校偏好选择校外候选人，只有30%的学校校长是从本校选拔出来的。选择校外候选人通常可以减少学校内部的纷争，不会造成特别的偏向。一般来说，校内人选的优点和缺点同样明显,往往大家会认为其缺点大于优点。因此,他们宁愿取优劣未知的外来人,也不愿取优劣已知的内部人。更重要的是,遴选新校长正是提供求新的机会,输入新的血液,给学校带来新生机、新发展。基于此,校外人士比较适合这一需要。

5. 遴选新校长的时机和原因。是因为学校发生危机呢,还是属于正常的权力转移?因校长离职的性质不同,遴选做法也有所差异。如果是退休、辞职,那么校长的变动在一年前就知道了,遴选新校长的计划就可以详细厘定。但如果是突发事件(如死亡、重大事件辞职等),学校就面临一种危机。所以董事会要事先拟定一套遴选新校长的规章,以免措手不及。

6. 遴选方法的变通。没有固定不变的"放之四海而皆准"的遴选方法,此方法在此校适用,在彼校就不一定适用。在有《阳光法》(sunshine laws)实行的州和在没有《阳光法》的州又不一样。在一个5年中连续选了三位校长的学校和一个校长任满25年退休的学校又有所不同。关键是在于学校需要的是什么。如果学校百废待兴,就要请一位励精图治的校长;如果学校安于现状,就请一位善于守成的校长;如果学校考虑裁并紧缩,校长人选的条件可能又不一样。

在理清这几个方面的问题后,下面再就校长遴选的步骤加以说明。如果校长出缺是因正常退休辞职,学校当有足够时间进行遴选工作。如果是突然发生,校董会可能面临三种抉择:或仓促选定一位校长,或任命一位代理校长,或任命一位过渡期校长(interim president)或临时校长。正式校长是经过严格筛选后所聘任的长期校长。代理校长或者临时校长,大多是"守家式"过渡性的,不会有太大作为。代理或临时校长,一般聘期为一到两年。他们可以来自校内,也可以来自校外,但大多不会成为校长候选人。当然也有例外。最近的例子就是纽约州立大学系统总校长雷恩(John W. Ryan)。他自印第安纳大学校长职务退休以后,担任过好几所大学的临时校长。一年前应聘到纽约州立大学系统担任临时总校长,由于治校成功,又被续聘,现在董事会仍然没有找到更适合的人选,诚恳要求雷恩考虑正式校长职务,雷恩也最后同意接受。

遴选校长的第一步便是成立遴选委员会。它通常有四种形式:

1. 由学校校董会本身组成遴选委员会。

2. 由学校各组成单位选出的代表组成遴选委员会，又称单一遴选委员会。

3. 同时成立两个委员会，一个是寻找委员会，负责找人；一个是鉴定委员会，负责选人。

4. 由校董会中的委员会再加上教授、学生及其他代表组成咨询委员会，协助遴选工作。

在以上四种形式中，以第二种形式的遴选委员会最为普遍。这种单一遴选委员会包括了校董、教授、职员、学生、校友、社区的代表。虽然工作效率可能因人员的庞杂受到影响，而且由于各群体的利益不同，要求不同，可能存在着利益交换的情形，因而选出的可能不是最好的候选人。但是，有些人强调单一委员会有凝聚全校各组成分子的效果。如果大家能统一认识，加强共同感，抛弃小范围的意见，而且与校董会建立相互信任的关系，则仍然可以选出最适当的候选人，对学校则是莫大的福利。

担任遴选委员会的人选，通常有四个条件：(1) 遴选委员会的委员要对学校各种计划和问题有深切的了解。(2) 他对学校各种事务有广泛的经验。(3) 他持有一种谨慎的态度和平衡的判断能力。(4) 他有尊重、认知和容纳他人不同意见的能力。有一点需要说明的是：校董会有权决定遴选委员会成员的人选。教授、学生或其他人的参与是经邀请而不是基于权力，除非学校规章或州政府有特殊规定遴选委员会必须有教授、学生参与。这种参与体现了学校的多元性与多样性。

组成一个好的遴选委员会不是一件容易的事。遴选委员会委员的产生方法有：可由学校董事会或董事长直接任命；或者任由每一组成部门选出自己的代表；或者由校董会预先制定一套选择的标准，如资深与资浅教授的比例，大学部学生与研究院学生的比例；或者由每个部门提名若干人，然后由校董会或董事长最后选定。最后一种方法被普遍采用，因为它既符合校董会的主导地位，又可满足各组成部门参与校政的要求。

遴选委员会的任务是由校董会以书面任务书规定。任务书中通常包括：(1)学校未来的发展及由此而来的需要,以作为校长遴选的标准和根据。(2)遴选委员会成员及主席的推选方式,通常是由校董会指派主席。(3)遴选委员会的工作进度表,包括呈送推荐名单的大致日期。(4)候选人寻找的范围,是"广撒密网"寻求广度,还是"无石不翻"寻求深度。(5)法律规章的遵循,如平等机会法、保护少数族裔法等。(6)遴选工作的经费。(7)校外顾问咨询公司的雇用。(8)保密程度的要求(在有《阳光法》实施的州则不需要)。(9)推荐人数,是否需要依次列举?(通常要求推荐三位候选人,不需要依次排列,以避免校董会与遴选委员会意见相左时出现尴尬的局面)。(10)重申校董会最后决定任命的权力。

在任务书下达之后,遴选委员会自身的组织也就形成了。首先要确定委员会主席,以协调委员们之间的关系,指派委员们的工作,应付紧急出现的状况,并成为学校与候选人之间、校董会与遴选委员会之间的联络人。他不仅要广受尊重,具有公正、审慎、敏锐的特点,而且愿意奉献更多的时间、精力,更能化解外界压力,使校长遴选超越党派利益。他就像一个乐团的指挥,确定整个演奏乐曲的基调。遴选委员会要有自己的办公室、资源、工作人员。要尽快制定时间进度表,通常在4~6个月内完成初步遴选工作。要确定遴选校长所需经费,比如刊登广告、寄发通知、候选人应邀来访之旅费等。

委员会档案与纪录的保存至为重要。对于众多的申请者所作的选择,无疑会引起争执、猜疑、甚至谣言,这对所有有关的人员都不利。另外,政府强调平等就业机会和保护少数族裔的规定,都要求遴选委员会提出记录以作申辩。所以最好保留开会记录、每个候选人在申请过程中的位置变化记录、重要谈话或电话的备忘录,面谈结果的摘要、委员会小组的报告、委员会成员与候选人见面后的印象报告。由此可以看出遴选委员会选择范围是否符合平等就业机会和保护少数族裔工作机会的要求,也可避免由于遴选过程漫长、事务繁杂所导致的记忆淡忘或混淆。

保密措施也是不可忽略的。绝大多数候选人对申请工作之事要求保密(至少在初期阶段),而校园社区、社团、媒体却极想知道遴选情形。背弃与候选人的诺言,或者完全拒绝提供媒体有关资讯都是不愉快的,特别是在有《阳光法》实施的州,一切必须公开。面对这种情形,委员会最好是指定一位代言人(通常是委员会主席),设法与各方协调关系,在适当的时候提供适当的说明和讯息。

遴选委员会成立之后,第一要务就是要确定校长遴选的标准。因为遴选校长是在撮合一个人与一个机构在某一特定历史阶段的需求,20年前是救星,今天可能已是"败家子",所以选择标准至为重要。一般而言,这种标准是依据对学校未来10年的发展目标和需要来制定的。通常学校会定期作自我分析检讨:包括学校未来的目标和走向是否改变;财力、资源、人才是否增加减少;教育的规模是扩大还是精简。另外还要考虑到学生的人数性向、教育的品质、硬体的设施(如图书馆、体育馆等)、学校与工会的关系、学校的多元性以及与校外的关系、社区经济问题等。对这些问题分析检讨的结果,成为遴选校长的标准,也大致形成了新校长的初步轮廓。

校长所应具备的一些基本条件当然也要考虑,比如候选人对教育本质的理解、行政能力的高低、承受压力的程度、个人道德修养和领导能力。当然更重要的还是与学校目前与未来的需求是否相关。是找一个教育家呢,还是找一个募款人呢,或是找一个看守者?不同的需求可能有不同的选择,能满足所有需要的候选人可以说是凤毛麟角。

以上对于学校本身的分析和遴选标准的确定,都应该得到遴选会中所有人员的认同,这对于以后的工作至关重要。

遴选标准确定之后,接着是建立一个候选人圈。有两种做法可供参考:一种为有限度寻找,只要找到一个适合的候选人就偃旗息鼓,以避免消耗太多的人力财力。另一种为无限度寻找,要找到一个最好的人选。此类看法认为,校长遴选不能预设目标,不能低于最好的选择。即使申请人众多,删除不适合的应征人还是很容易的。这样做也可以让妇女和少数族裔者有机会申请,使每一个群体都有参与感。但实际上选择的范围究竟有多宽多广,则与学校的性质、地位、声望和目前的状况有关。

如果采取无限度(广泛)寻求,遴选会除了通过广告、通知、信函收到主动应征者外,更须积极求才,因而有所谓的"勉强候选人"或意愿不高的候选人。他不是主动来申请,而是被"请"来申请。换言之,不是他找工作,而是工作找他。这种"勉强候选人",往往可能是最有资格的候选人。

　　建立候选人圈之后,下一步工作就是最辛苦的。从所有应征信中选出可能的候选人,至少需要两三个月时间。遴选委员会要确定可能候选人名单的大小,担任筛选工作的分配,候选人背景调查的程度,然后列出初选名单。筛选工作是一个持续的过程,根据一般经验,第一阶段筛选会减少到15～20人,第二阶段筛选会减少到8～10人,第三阶段筛选会减少到3～5个人,或按次序排定,或不按次序排定,呈送到校董会。

　　在这个筛选过程中,遴选委员会采取的筛选方式也是多种多样的。或是不分彼此,每位委员均过目应征者的资料;或者分成小组,每小组筛选一定的人数,采取给每位应征人计分的方法,再提交委员会决定;或者成立特别审查委员会(如咨询委员会)来从事筛选工作;或者指定一个人(常常是主席或行政助理)来处理,完全凭借全体人员对他判断力的信任;或者由校外的咨询公司来做筛选。

　　对应征人的背景调查,是遴选工作的一个重要步骤。校董会通常就证据的取用和资料的寻找,做出明确指示。不管在任何情形下,遴选会应该仔细审阅应征人寄来文件证明,因为这些文件证明成为应征人的基本档案。附在申请信后面的推荐信,用处不大。遴选委员常用的方式,是通过电话向推荐人查证。根据资料查证,遴选会决定初步名单。在做出此决定时,遴选会通常会用记分方法衡量每位候选人的优劣,再经过讨论或投票确定人选。

　　筛选建立初步名单后,接下来的是初步面谈。对于筛选后的这种初步面谈,有人采取反对意见。但对遴选委员会无论如何是有帮助的,至少可以看到书面以外的"庐山真面目"。经过面谈也可以使那些原本意愿不高的候选人发生兴趣。

　　初步面谈是遴选工作最基本、最重要的一环。与应征人面谈是一种技巧,也是一种艺术。对于那些侃侃而谈或不善言辞的候选人,负责面谈的遴选委员都要设法求得所需要的答案。也有人认为遴选不能完全依靠面谈,一定要进行严谨独立的调查,特别是向应征人的同事做调查。这种意见固然不错,但通常遴选委员会是在初步面谈之后,决定最后的名单,再作进一步的调查。考虑周详的应征人来面谈时也会提出很多问题,诸如学校的现状和前景的问题,教授、校董们对这些问题了解的深度,校董会对学校的承诺,与学校有关的政治气候,州政府、州议会对学校的影响。遴选委员会应提供详细资料,并予以具体说明。(经常有新校长就任以后报怨校方没有把实情告诉他,而遭遇到许多棘手的问题。)面谈是一种双向活动,不仅是学校方面评断候选人,也是候选人在评断学校。所以对那些尚在迟疑的应征人来说,面谈是遴选会"推销学校"的机会。

初步面谈可由遴选会派人在应征人住地进行,也可以到第三地点进行,但大多是在本校进行,由学校提供应邀候选人旅费。如果面谈在学校举行,就要安排全体遴选委员会成员参加。这样比较容易以相互尊重的态度达成协议,也可让候选人对不同群体的代表所提出的问题直接答复。遴选会委员事先应对应征人学历、资历等有一番了解,面谈时则注意考察他具有的理解力、应变力、论辩力,还要观察他的幽默感、热切感等性格特征。

这里有一个重要的问题需要讨论的就是,是否需要对不同的候选人提同样的问题。有人认为,面谈应针对特定的情形来进行,应预先就每位候选人设想出一套不同的程序来考查候选人的优劣,使其纤毫尽现。以我自身的经验则认为,对不同的候选人应该提出一些共同的问题,可以作为一种评定的共同依据。从对共同问题的不同回答中,可以看出候选人行事能力的高低,并对候选人的比较提供有力的证据。例如,我记得曾经向我们图书馆总馆馆长候选人提出"怎样在缩减的经费下保证图书馆的服务品质"的同样问题,许多候选人的回答都是应用新技术、裁减人员,而有的候选人则注意到裁减人员时的沟通问题。这种考查我认为是极为需要的。与候选人面谈时,既要有特定的问题,又要有共同的问题,才能在共性中考查出个性,在普遍中发现特殊。即使对同样的问题有共同的办法,但在具体执行上仍然有区别。

初步面试完成后,遴选会应该记录对各位候选人的印象,再经过慎重讨论,将原有名单再缩小到5～8位,这时遴选委员要考虑对候选人做进一步调查,并邀请候选人来校做正式访问。同时遴选会主席要与他们保持联络,确认他们对这一工作是否仍然保持兴趣。

对候选人的进一步调查则着重于候选人的背景及现在的表现,并应深入到候选人的服务单位,征询其同事的意见,对于他的道德、品行、能力等有全面的了解。调查候选人时,如何提出问题仍然是一大学问,要特别注意不要使被询问的人感到为难,更不要给对方造成压力。不妨问一些"你是否愿意为他做事"之类的问题,旁敲侧击,察言观色,以求得想要的答案。

经过严格的背景调查之后,最后候选人一般减少到3~5人,这些都是未来校长的可能人选,会被邀请到学校来做公开访问。这对候选人无疑非常重要,一方面他们为自己地位的提高和所受到的尊重而引以为荣,另一方面可以与学校高层人物进行交流,甚至与即将离任的校长举行晤谈,进而加深对学校的了解。学校的很多社团也希望能与"校长候选人"见面,倾听其治校之理念。候选人来访时也会对学校的状况做进一步的研究,包括校董会、教授、学生、财政、公关、校长的薪资及待遇问题。例如在财政方面他可能想知道有无负债?负债多少?负债的性质?校舍是否需要改建?在教学方面他可能想知道教授阵容是否需要加强?院系的强弱?那些教学领域是强项?工会与学校行政当局的关系如何?

校园访问后,遴选会应收集与候选人见过面的人或团体的意见,对其领导能力、行政经验及能力、作为学校代言人的能力、与校董会教授学生相处的能力、他个人的品德及学术地位、筹款能力再做进一步的比较,达成决定。同时,遴选会与候选人再度联络,确认他们是否还有兴趣。至于是推荐一个人还是几个人?若是推荐几个人,是以优先次序排列呢还是不用排列?这些问题大多在校董会最初给遴选会的任务书中已有指示了。但对这两个问题却一直存在着不同的看法。

赞成只推荐"一位候选人"的意见认为:第一,一个很负责的遴选委员会对候选人的资历及其资历与本校结构是否适合总是要比校董会清楚,因为遴选委员会是通过一步步筛选而认识候选人的。第二,这对可能成为校长的候选人是一种莫大的荣誉,更激励他今后的工作。反对"一位候选人"的意见则认为:第一,如果只推荐一人,等于是把所有的决定权都交给了遴选委员会。依学校制度而言,校董会才有决定校长的权力。一个成功的遴选委员会应该能够找到一个以上的候选人,而且每一位都是合适的校长,决定权应留给校董会。第二,推荐一个以上的候选人,提供多种选择。如果第一候选人拒绝,还可以有第二、第三选择。

至于要不要将多位候选人按优先次序排列,也有不同的意见。反对次序排列的人认为,如果第一候选人拒绝出任校长,由第二或第三候选人出任校长,不仅他们自己会有心理障碍,而且学校内部的反应也会大受影响。所以,最好是不要做名次上的排列,只将评语和有关遴选资料附上。当然,实际的做法还要依据各校的具体情形而定。如果遴选委员会彼此信任,戮力同心,推荐一位候选人也是可行的。根据最近统计,四年制公立大学单一候选人仅占24%,而在私立大学单一候选人则占50%。对遴选会信任度高,产生单一候选人的可能性就大。

如果遴选会只推荐一位人选,校董会也就只有两个选择:接受或拒绝。后一种可能性很小,因为那将意味着再成立新的遴选委员会,重新开始工作。如果遴选委员会推荐一个以上的候选人,校董会根据资料、评分,可能再一次邀请候选人来校面谈,最后确定校长人选,正式公布。

最后需要强调的是,当遴选校长的工作结束后,所有档案记录都要归纳整理,送到专门部门保管。同时,遴选会要协助校董会完成新旧校长和平过渡。

综上所述,校长遴选过程对学校的成长壮大至为重要,对每个学校成员都有深远的意义。校长遴选的标准,其实就是学校现在和未来的需要。一个完善的遴选过程,可以使校董、教授、学生、员工、社区,以及州政府之间产生一种结合:彼此相互了解和信任。大家基于一种共同目标产生的和谐,对学校的整体事业极为有利,使学校更加稳步、健康的成长。

众所周知,在中国和美国教育史上,都有一些富有代表性的大学校长,诸如南开大学的张伯苓、北京大学的蔡元培、台湾大学的傅斯年、美国哈佛大学的罗尔、芝加哥大学的赫琴斯及最近加利福尼亚大学的克尔。他们所处历史阶段不同,但均能开一代风气之先,树一世名校之典。如果我们在总结自身经验的基础上，再根据中国台湾地区大学教育的实际需要，汲取西方遴选校长的经验，那么必然会开创出台湾地区的大学教育的崭新局面。

美国大学校长的遴选制度

郑　洪[①]

这个研讨会,显然是中国台湾地区教育界有心人士,基于对台湾地区教育制度的关怀而举办的,用意深长,令我非常感动。承张光正校长、黄俊杰理事长之邀,要我向大家报告一些美国大学校长的遴选制度,虽自知见闻浅陋,但既然身在美国任教,找些有关美国的资料,或者访问一些有遴选经验的人士,比较方便,因此不敢推辞。我们知道,美国大学校长的遴选制度,自然有值得参考的地方,然亦有其缺失之处。因此这个报告的目的,是希望在了解了他人的制度以后,能订立一套比较完善、比较适合台湾省情的制度来。

在20世纪60年代之前,美国大学的校长遴选权,大多操于校董会或相类组织之手。大学的教授、员工、校友及学生们,对校长人选的决定,非唯无投票的权利,且无参与的意念。拿美国某私立大学为例,该校在1953年校长出缺,经由数名重量级的校董商议,私下决定继任人选,并在纽约哈佛俱乐部与该人选晤面,当场邀聘此人为校长。此种校长遴选过程,该校师生无意亦无能抗议。盖在20世纪60年代之前,美国大学师生们对学校行政之心态,与中国台湾地区解严前大学师生的心态约略相似。

---

① 郑洪,美国麻省理工学院讲座教授,台湾"中央研究院"院士

美国社会在20世纪60年代的后期,受到越南战争引起的种种冲击,尤其在各大学园区,学生运动风起云涌,挑起大学教职员工及学生对学校行政干预的意念。因应这种社会风气的压力,各大学的校董会或同类机构多少交出一些校长遴选的权力。上述某美国大学校长,在1969年卸任时,校董会即正式组织遴选会以负责遴选之事。遴选会的成员虽仍限于校董,却已开始征询教授们的意见。但此时教授们尚无直接参与遴选的想法。待至1984年,该校校长再度出缺,此次教授团体施加强烈压力,董事会不得不允许五名教授和两名学生,加入为数十四人的遴选会。此种权力斗争过程,亦与中国台湾地区当前校园权力的演化历程,有大同小异之处。

由上述例子,我们知道美国大学的校长遴选制度,在近30年来,亦承受了社会潮流的冲击而移入一个新的平衡点。今日的美国大学校长遴选制度究竟如何?为获第一手资料,我拜访了好几位在波士顿学界的人士,获知了一点近况。

在我介绍哈佛、麻省理工、波士顿大学的遴选制度之前,我想先谈一个比较著名的校长遴选例子。

* * *

坎城(Gainesville)的佛罗里达州立大学(以下简称"佛大"),在1982年时校长出缺。和中国台湾地区一样,美国各州亦有所谓《阳光法》,由于媒体及其他种种压力,佛州的《阳光法》渐渐扩张到高级教育的人事任命。这次佛大的校长遴选,由双层的委员会负责。上层为遴选委员会,具有投票权的委员4人;下层为咨询委员会,成员共25人,其中包括8位佛大教授、3位佛大主管、1位职员、1位学生,和12位社会人士,后者大部分为校友。咨询委员专门负责收集校长候选人选,经淘汰后,提出最后名单若干人,供遴选委员会投票决定。所有会议根据《阳光法》的原则全部公开,媒体及校外人士均可自由参加,外人并可在会议结束前限期时间内发言。

咨询委员会首先开会,斟定校长遴选公告,除提及《阳光法》的原则外,尚提到佛大的体育计划(一位足球校队校友的建议),及最近募捐到的2500万美元基金(基金委员会主席的意见)。充分代表了委员会成员的个别价值观。

公告见报后,申请信就源源寄来了。申请人中很多是律师及商人,这些人并无学界的履历,亦不存任何希望,从事申请的目的纯属打知名度。其他的现代毛遂,尚有小学校长一名、研究生一名以及清洁女工一名。除此以外,亦有人寄信或打电话提名别人者。

校董们感觉候选人的水准过低,他们亦开始大批提名。提名的人选中,包括美国前总统卡特、福特,前国务卿基辛格(Kissinger)以及波士顿大学的约翰·萧拔(John Silber)。

有些委员怀疑这些候选人的真实性,这些大人物可能来吗?但亦有人认为佛大是名校,应由国家级的领袖人物来做校长。

咨询委员会主席挑出一百多名被提名人,逐一给他们打电话,询问他们的意愿。大部分的人选似乎兴趣不大。主席推测其中有些人并非毫无兴趣,而是不愿在"阳光"下竞选。其后主席向咨询委员们报告,表示一位现任州大校长有同意被遴选的可能,但顾虑曝光的后果。委员们的反应激烈,有人以为校长本来就应该是公众人物;有人以为如果他连申请信都不肯写,我们何须浪费时间?也有人以为候选人的顾虑情有可原,如果他口头上拒绝,但愿意寄来履历表,我们应可继续考虑,不过假如他连电话都不肯回,我们应把他从名单上除名。

申请的人数众多,经一番讨论后,咨询委员们大量淘汰,最后剩下13位候选人。淘汰完毕,许多委员事后发表意见,认为在"阳光"下讨论候选人诸多不便。比如说,提到一位有争议性的候选人,某位委员这样说:"你也许该去查一查他的背景。我听说,在他担任现职时,许多人离开了。"有人以为这种方式的讨论亦可达到目的,因为大家都能了解别人的言外之意。但也有人以为遴选校长是重要的工作,候选人的优点和缺点都应该充分讨论。在"阳光"下,很少人有勇气指出别人的缺点,免得妨害关系,甚至惹上官司。

名单送到遴选委员会后,遴选委员们先把明尼苏达大学校长的名字从榜上剔除,理由是该校长一再表示,他对此职毫无兴趣。这个消息次日在报上成为头号新闻,令该候选人尴尬不已。他表示,一个拒绝参选之人何能名列榜上?名不上榜,又是何罪之有?其后,遴选委员们决定和其余12名候选人联络面谈。结果12名候选人中,3人拒绝参选,3人拒绝面试,只有6名候选人愿意和遴选委员及咨询委员们面谈。

面谈地点在坦城(Tampa)机场附近的一个旅馆。在记者群的注视下,委员们觉得许多敏感问题不便提出。候选人亦觉得有些校务意见不宜畅言。面试过后,有人提议两会委员共同投票。投票结果,康州大学校长迪比亚支奥(John Di Biagio)得17票,佛州律师克利苏(Marshall Griser)得15票,佛大商学院院长兰氏得8票,佛大副校长拜恩得7票,余不赘述。这个结果,次日即在报上登出。过了几天,某记者要求验票,此要求被获准。第二天,全部投票详细的纪录都上了报。最尴尬的是,大家都看到,在遴选委员中的佛大师生员工,没人投佛大商学院院长的票。佛大的委员们对此公开程度殊感意外,并表达他们和院长的关系不受此次事件影响的希望。他们多人倒是投了副校长的票。

前两名候选人中,康大校长迪氏是现任校长,深谙校务,较得咨询委员会中的教授们支持。律师克氏是佛大校友,虽无校务经验,但曾担任佛州校董总会主席、佛州律师联会主席、银行总裁等要职,与州政府、州议会联络颇密。其履历诚与迪氏大异其趣,但许多委员认为他较有能力向州政府争取经费。

遴选委员会决定邀四位候选人到佛大校园面谈。消息发表后,许多校园团体纷纷要求与候选人直接谈话。委员会认为每位候选人的面谈或谈话极其紧凑,无法和每一团体逐一密谈。为此,委员会安排了公开的候选人演讲,让各团体自由参加听讲及发问。结果情形相当尴尬,听演讲的人很少,其中一场演讲,只有六个听众。

在迪比亚支奥访问后几天,校报爆出了内幕新闻:在遴选会中,好几位遴选委员均为律师克氏的好友,故克氏继任校长已成定局。此消息旋即被数名咨询委员斥为不实。

支持各候选人的来信,如雪片般寄达咨询会。另一方面,亦有人利用媒体在报上披露一些候选人的劣迹。佛大校报的社论支持迪比亚支奥,认为迪氏是具有多方面才能,有资格领导佛大的唯一候选人。大学城的日报则主张校董会重觅贤才,认为现有的候选人全不合格。

数日后,遴选会投票,克利苏当选。校董会随即开会,无异议通过遴选会的推荐,克利苏成为继任校长。

这场"阳光"下的校长遴选落幕后,一般评价毁多于誉。主要批评有以下数点:

1. 许多重要的问题,例如佛大在此时此际需要怎样的校长?迪氏和克氏的长处和短处为何?治校经验与学术地位是否比良好的政府关系重要?由于每场讨论均有记者及其他外人在场,都没有充分的讨论。由于敏感问题无人肯提,场内也鲜见激烈的争辩。有人说,在大庭广众之下高谈阔论者无赢家。抗辩强烈的人公众形象亦不佳。如果自己批评的人当选,对自己更不利。即使无人事因素的顾虑,愿意开罪人的也少。

2. 许多教育界的领袖人物都曾被提名为佛大校长候选人。但咨询委员们进一步和他们联络的时候,发现绝大部分被提名人都不愿参选。顾虑多是《阳光法》。例如,上述明大校长本是最理想人选之一,因此之故,该校长虽拒绝参选,佛大的咨询委员们仍锲而不舍地把他列入候选人名单。此校长后来接受密歇根州立大学之校长遴选,乃因密大校长遴选是保密的。

3. 公开的遴选容易政治化。一般特殊利益群体,常为自己的候选人造势竞选,鼓动风潮,甚至抹黑对手,这种哗众的消息最为媒体乐于报道。有深度和有思想的讨论,反而不易上报或上电视。而浮面或片面的报道,常常影响遴选的方向,有时甚至对候选人造成伤害。

理论上,阳光下无隐事,事情本就该在众目注视之下进行,这样秘密交易较不可能发生,遴选的结果也容易取得公信。事实上由于会议公开,会上发言,措辞难免隐晦。许多敏感的问题不能充分讨论,有时反而引起大众的疑窦。这次克氏当选,众说纷纭,传言克氏获胜靠的是和遴选委员的私人关系。其实克氏有其优越之处。在克氏任内,佛大成为美国大学联会成员之一,跻身于优良研究大学之选。克氏六年后卸任,即联同三位前任佛大校长,联名写信给州议会及州大校董会,力主改变法律,容许校长遴选能在机密的形式下进行。

*　　　　*　　　　*

谈完了佛大,现在让我们来谈麻省理工学院的校长遴选制度,附带略述麻省理工学院的校史,供诸位教育专家参考。

麻省理工学院建校于1861年,较哈佛大学晚两百多年。当时工业革命正兴起,引出工业教育之需求。但此时美国大学的典型教育重点在于宗教学及古典学。至于一般工业技术学校,课程只限于机械工技之传授。麻省理工为罗吉士(William Barton Rogers)的构想。罗吉士认为一个现代大学,一方面须传授实用的学科,另一方面,此种学科须以基本科学为骨干。这种观念,在一百多年前是新颖的,即使在近代,历史有时仍不免重演。

麻省理工创办不满10年,据罗吉士自述,已成为全美第一的理工学院。此言或涉主观,但麻省理工学院的重要,当为不争的事实。反观同时创办的麻省农学院,始终无法脱颖而出,后经演变成为爱城(Amherst)的麻省大学。由此我们可知,一个切合社会趋势,满足社会需求,而又有长期发展潜力的创举,因势利导,有可能很快地发展为成功的事业。

麻省理工学院成立之初,应用科学尚压倒基础科学。直至1909年,物理学家马可伦(Richard MacLaurin)为校长,倡导"科学大学"之口号。马氏设立物理及化学等基础研究学科,在大学教育课程中,加强科学教育及人文教育课程,并增设学生宿舍。创办人罗吉士的理想,至此才渐渐成为事实。

马氏为校长之初,学校之财政极为困难。缘于当时美国大学开支不敷之数,赖当地富商慈善乐捐。波士顿地区富商之捐款,多为哈佛所垄断,麻省理工财税短绌。当时哈佛大学校长为雄才大略的伊利欧特,有意在哈佛发展工程学科,曾四次要求与麻省理工合并。麻省理工董事们由于财务压迫,于是接受此要求,但遭校友强烈反对(此可谓19世纪波士顿学校统独之争。)

马氏为性格强悍之人,他就职演说时,即断然宣布拒绝哈佛之计划,引得全体听众起立鼓掌。为解决学校财政问题,马可伦与工业界建立关系,说服若干公司向麻省理工缴纳年费,换取学校师生的研究结果之资讯,学校并帮助各公司解决种种技术困难,并供应毕业生。由此,麻省理工脱出地区的限制,而受到全国工业界之资助,尤其杜邦(Cobman Du Pont)和意斯门(G. Eastman)大量捐款,使财务得以稳定。

实用科学与基础科学在麻省理工之均势,在1920年马氏去世后发生变化。由于麻省理工与工业界之密切关系,其又渐渐走回解决零碎技术问题之旧路。到了20世纪30年代,堪腾(Taylor Compton)担任校长。堪氏为一位卓越的物理学家,他以为基础科学研究是科技进步之本,为使麻省理工维持全国科技之领导地位,非做方向性之改变不为功。他把麻省理工的工科研究限制于有基本重要性或有教育价值的领域,取消了矿业工程等几个老化的学系,增强物理和化学的研究设备,并大量增加研究生的数目。他认为麻省理工的毕业生,不应是娴熟的技术人员,而是解决大的、困难的、组织性的、创造性问题的领导人物。

在第二次世界大战时,麻省理工在国防工业上扮演了举足轻重的位置。例如雷达的发明和实际应用,麻省理工的辐射实验室(Radiation Laboratory)功不可没。麻省理工的研究经费,因之飞跃增加。在战前的1940年,经费为300万美元,至1946年,已增至几达3000万美元,其中2400万美元为研究经费。战后的麻省理工,国防工业的研究仍执全国各大学之牛耳。此外,麻省理工在民生的建设及经济方面亦有巨大的贡献。据1997年的波士顿环球报估计,由麻省理工的教授及毕业生所创办的众多公司,在1996年时总收入达2500亿美元。

麻省理工学院在1989年时校长出缺。主持校长遴选的是双层的委员会。上层为校长遴选委员会,成员约10人,皆为校董,有投票权;下层为咨询会,成员约10人,皆为麻省学院教授,其中副教授1名、助教1名,其余皆为正教授。咨询委员无权投票。

值得注意的是,此次咨询会与10年前同名的咨询会有实质上的差异。10年前遴选校长时,教授们的角色只是点缀式的。据当年曾参与其事的林家翘教授说,彼时咨询会仅提供了几位候选人的名字。所有重要的讨论和决定,全由遴选会内的董事们独占。但到1989年,咨询委员们得和遴选委员们一齐参加所有重要会议。直至投票时,遴选会的董事们始退至一角单独进行。咨询委员会的教授们虽然没有投票权,但据咨询会的主席康尼沙利期(C. Canizares)说,他们的最理想人选,就是董事们投票选出的人。委员们最先讨论的重要问题是:麻省理工学院最迫切需要的校长应具备什么条件?讨论的结果,由咨询委员会主席写成秘密备忘录(见文后附录)。

两委员会和校内外的大学校长、著名学者、各团体主持人联络,在广征建议之后,认为有五六位候选人是值得进一步考虑的。其中一位就是咨询委员会的主席夏尔教授(Philip Sharp)。该教授即退出咨询会。

两委员会派出小组和候选人面谈。由于希望保持机密,最初的面谈大都在外地举行。到了后期,委员们认为泄漏机密的机会不大,始邀候选人及其配偶至校园参观,和两委员会全体成员及校董会主席面谈。除这些人以外,见到候选人的还有前任的几位校长,主要的目的是请前校长们现身说法,把过来人的经验和感觉告诉候选人。还有一个重要的任务是让候选人的配偶知道校长夫人的角色是什么。前校长强生(Howara Johnson)说:麻省理工不但选校长,亦选校长夫人。因担任校长的人有大量的应酬,校长夫人须胜任此种不正常的生活。

两委员会经历了 8 个月左右的时间,才获得共识。由遴选委员们投票,选出夏尔为校长后,将此投票结果通知校董会的行政小组(Executive Committee)。(附带一提,麻省理工校董会共 75 人左右,多为工商业界有地位人士。此人数众多之组织,决策全赖成员 11 人的行政小组。行政小组包括 7 名董事,加上董事长、校长、财务副校长及秘书长。)行政小组投票通过后,再交董事会,由董事会投票通过后,校方始正式宣布夏尔为新校长,而全校师生及外界此时始得知校长人选的谜底。

这次遴选高潮还在后面。夏尔获选后,经过数天考虑,忽然宣布拒绝接受新任校长之职,全校愕然。两委员会只好重新开始工作,最后选出密大副校长韦斯(Charles Vest)。韦斯的长处和短处,恰与夏尔相反。夏尔是国际闻名的生物学家,几年后获诺贝尔奖,但行政经验较缺乏,当时为癌症研究所主任。韦斯则按行政系统逐步上升,由系主任至工学院院长,升至政务副校长(propost),可谓正统班底出身,但学术成就并不卓越。由此可知,找到各方面都符合理想的校长几乎是不可能的。在夏尔当选之时,韦斯不在候选人名单上。他是夏尔退出后才被考虑的,故韦斯并非次于夏尔的第二人选。

据一般评论,麻省理工学院遴选校长,从 20 世纪 50 年代开始,显得保守而内向。董事们认为,麻省理工办得很成功,不需要大刀阔斧的改革。因此从50年代开始,历任五届校长多为校内的现职行政人员。我记得30多年前,当时颇为教授们拥护、后来获得诺贝尔奖的汤斯(Charles Townes)落选,当选的是曾任麻省理工的商学院院长、学术成就不高而人缘甚佳的强生。最近一次的遴选,韦斯虽然不是从校内提拔的,但亦不是一个大胆而有新意的选择。

*　　　　　*　　　　　*

谈完麻省理工学院,让我来谈谈哈佛大学。

哈佛建校于1636年,相当于中国明代崇祯九年。当时此校主要任务为教育学生以备传教士之训练。建校达200多年,仍保持此区域性大学的形式。直至1869年(相当于中国清代同治九年),伊利欧特就任校长。伊氏为一化学家,学术成就不高。但他高瞻远瞩,且行政能力极强。伊氏观察当时美国在南北战争之后,社会发生了急剧的变化,美国正从一个松懈的农村组织,向城市化和工业化发展。伊氏认为哈佛在此转型期,应以德国大学为模式,将重心由宗教性的学科,转移到非宗教性的、与现实社会息息相关的学科;从大学本部,转移到高一层的研究院。他鼓励开放性的、创新的研究。他认为哈佛的毕业生,应是未来都市化和工业化社会的领导人物,而非传统之教会人士。

一个改革性的计划,常常遭到强烈的反对。但伊氏时机甚佳。波士顿当时经济欣欣向荣,地方的富商对哈佛捐助甚力,故伊氏有能力以全国最高的薪金聘请美国最卓越的教授,建立最完善的图书馆,并储备了庞大的基金。伊氏对美国脉络的掌握是正确的,哈佛的毕业生受到社会之重用。40年后伊氏退休时,哈佛的教授人数从50余人增至600人,哈佛成为美国最优秀的高等学府,而伊氏亦成为美国教育界之领袖。

哈佛的行政组织又与麻省理工不同。哈佛有两个校董会,其一为学监委员会(board of overseers),一年开会五六次,其主要任务是委派各系的咨询委员,权力不大。具有权力的是哈佛公司(Harvard Corporation)的董事会。此会成员为院士(fellow)6人,加上校长和财务长。院士们皆为与哈佛有深厚渊源的工商政界领袖,大多是校友,近年受潮流影响,亦有外校名教授受聘为院士者。院士每两周开会一次,商议政策性之大计。校长遴选,由院士全权负责。

前校长伯克说,哈佛院士均是有繁重公务的人,有的在外省居住,但他们对哈佛极忠诚,绝少有人缺席两周一次的会议。他举了一个例子:温伯格(Casper Weinberger)卸美国国防部长之任时,要求和他密谈,希望哈佛聘他为院士。伯克说:"你卸任后住在加州,可能两周一次来此参加会议吗?"温伯格说:"我一次都不缺席。"后来,他果然做到了。(加州在美国西部,乘飞机至美国东部的波士顿需五六小时。)

伯克说,他不但不赞成学生参加校长遴选,连教授也不必参与遴选。伯克以为教授们的自我定位,首先是专业团体的一分子,然后才是所属学校的一员,且教授限于经验,多乏恢弘之视野。校长遴选的任务,应由富有事业经验,对学校忠诚,知人善任,从整体利害着眼的院士们来承担。他又以为遴选会成员人数不宜过多,五六人优于20人。因人数多则不易相互沟通,且大家推诿责任,竭尽心力的人反而少。

和麻省理工一样,哈佛对校长候选人保持高度机密,除院士外无人得知。伯克说,卓越的候选人,常常已有满意的工作环境,不需要求职。来求职的人,反而是不需要的。(用我们的俗语说,来者不善,善者不来。)如果遴选程序公开,卓越的候选人更不肯来了。

这种封闭式遴选,善闹风潮的哈佛学生不会抗议吗?伯克说,在1969年至1970年的一年,哈佛是经过一番权力斗争的。但校长遴选制度,大致没有改变。而其所以能坚持此制度者,其一是因为选出的校长能孚众望,其二是因为院士们能广征哈佛师生及外界人士的意见。顺便一提的是,哈佛和麻省理工的校长都是没有固定任期的。麻省理工的校长约10年一换。据前校长们说,麻省理工的校长工作相当磨人,在校长任上10年,就筋疲力尽,不得不辞职了。哈佛的校长一般任期较久。除伊利欧特在任40年之久外,其余在20世纪上任的校长,平均在任20年左右。伯克以为,校长任期以10年以上为理想,五六年任期的校长,常常没有足够权力驾驭部下。

至于过去哈佛最有贡献的校长,除伊利欧特外,伯克尚推崇罗尔和康能。罗尔在1909年继伊利欧特为校长,此时的哈佛重心不在大学本部而在研究院,论者有以为矫枉过正者。罗尔极力重整大学本部。特别值得一提的是,他建筑了学生宿舍。在这之前,哈佛有钱的学生住公寓,穷学生住房间,分成两个阶层。自宿舍建成后,哈佛大学生按照规定一律住宿舍,平等相处,朝夕见面。据哈佛校友调查纪录,哈佛毕业生对哈佛生活最怀念的,乃是学生时代的宿舍生活,结识了许多朋友,而且彼此互相学习得益甚多,甚至超过在课堂上之收获云。而哈佛的毕业生对哈佛维持忠诚、向心力强、捐款慷慨者,对学生生活之满意度为主因之一。

康能在1933年接任校长。他鼓励年轻教授多做研究少教书,以铁腕辞退了许多不做研究的教师,一度引起教授们的抗议,几乎下台。康氏树立了哈佛教授获准终身俸的程序。每次终身俸案件都由校长邀请校外权威学者数人,由校长亲自主持,开会讨论被审查人之学术贡献,每案须耗四五小时。伯克说,他任校长时,办公的时间至少一半花在终身俸案的评审上。哈佛对评审教授终身职如此严格,教授水准自然较高。康氏还致力于吸收外省及各经济阶层的学生。在20世纪30年代的哈佛学生多限于美国东北区,由于康氏的措施,哈佛在第二次世界大战后渐吸引全国最优秀之学子,成为全国性之大学。

* * *

最后让我谈谈波士顿大学(Boston University)。

波士顿大学在1869年由富商理乔(Isaoc Rich)捐助全美空前的170万美元建校。此校以剑桥和牛津为模式,乃多元而全面的男女同校的大学,恰和六年前成立的麻省理工学院截然相反。第一任校长华伦(William F. Warren)。除大学本部外,尚计划建立高水准之法律、医学、神学及文理的研究院。数年后,其研究生之人数已超过哈佛和耶鲁。

但波士顿大学的崇高目标始终没有达成,主要是因为财政经营不善。理乔的捐款,到了第一次世界大战之时已用罄。财政的困难,令此校没有能力维持第一流的教授阵容。其次,此校没有一个完整的校园,学校的建筑零星地散布各地。种种原因,此校之校誉始终未能建立起来,后来只好适应地方需要,办一些商务、秘书业务、艺术等科系。

1970年,波士顿大学校长辞职,董事会组织了一个校长遴选会找寻继任校长。遴选会成员21人,其中董事5人、校友2人、院长2人、教授5人、研究生2人、大学生3人。大家首先讨论校长须具备的条件。由于每人代表了不同的立场,各有不同的提议。一位委员说,即使耶稣基督来参加遴选,恐怕都不能令所有人满意。

经过多次讨论和面试后,他们选中了一位医院院长。但由于面试时触及一个敏感的种族问题,此院长拒绝接受校长之位。后来委员们找上了得州大学的文理院长萧拔(John Silber)。

萧拔是个极有争议性的人物,他头脑锐敏,主观性极强,言辞锋利。经过再三讨论,遴选委员会投票选出萧拔,交给董事会讨论。董事会投票的前夕,萧拔被邀向董事和委员们演讲。他说:"波士顿大学病入膏肓了,我是外科医生,替你们开刀。今年你们说没有亏空,那是财政上的,在教育上你们亏空了。你们学校优良的教授不够。你们给我150万美金,我一年内找30位最好的教授。明年再找下去,一直找满200名为止。财务上你们要负责筹款,筹不够的话,你们自己掏腰包。我不喜欢你们的校园,太丑了,要是我来当校长,这是我的蓝图……你们不欠我一个校长,我也不欠你们一个允诺……我的政策,至少要五年后才见效,你们要我来干,要长期支持我。否则,请不要投我的票。"演讲完毕,几位委员私下说:萧拔完了。但第二天,董事们投票选出萧拔为波士顿大学的新校长。

萧拔认为现在许多的大学校长,权力愈来愈弱,乃因他们恋栈校长的位置,事事皆恐得咎。1970年,一两百个学生包围波大校长室,为了肯特州立大学事件(按,肯特州立大学学生示威运动被枪杀)要求取消毕业典礼,校长被迫照办。一年后萧拔上任。一次学生示威,抗议美国政府参加越战。他对学生们说:"美国的外交政策不是波士顿大学决定的,因此,如果你们占据了一个学校大楼,你们就是从事一种轻度的暴行。你们的行动,不会直接影响你们关心的政策,我也无法改变任何美国政府的决定。所以,你们不该犯上封闭我们学校大楼的错误。这是一种法律上的罪行,你们会立刻被捕。"萧拔对我说,在波大的校园里,学生非法示威,保险在15分钟内被校警逮捕。

萧拔担任校长后,由于他聘了许多资深教授,又举办了许多为大众注目的学术活动,导致第二年财政亏空。他又施加压力令年老而贡献少的教授提早退休,引得波士顿学术界人言啧啧。萧拔宣布第二年的赤字还要增高,波士顿大学面临破产,必须大幅增加学费。学费增加后,学生开始减少,财政困难依旧。1974年,萧拔宣布要裁掉教授150人。

萧拔的强势作风引起了教授们的强烈反对。教授议会通过了不信任案。10位院长联名要求董事会解除萧拔的校长职务。董事会没有接受。

1975年,波大的财务有了转机。一年级的新生入学申请增加了,高年级学生和研究生增加得更多。原因是由于除了波大师资提高外,有人以为萧拔对20世纪60年代自由派思想的抗争,平息学生风潮的成功,使他成为许多美国人心目中的英雄,代表了美国传统的价值。波士顿的学术界人士则多数为之侧目,对他的强制手法不以为然。

平心而论,萧拔对沉疴的波大而言确是一帖猛药,而这帖猛药亦产生了起死回生的效果。没有萧拔,就没有今日的波士顿大学。但猛药之所以为猛药,乃具有强大之杀伤力,故此颇有受其伤害者。且萧拔的许多措施,并非样样成功,失败的也不少。但今日的波士顿大学,与1970年时相比,教授的水准确实大幅提升了。萧拔向我举了4个引以为傲的例子。其一,他为古典系请了3位当代卓越的古典学教授。其二,他从麻省理工聘了一位经济学教授主持拉丁美洲发展的研究。其三,以500万美元从密大聘来了一位高能实验物理学家。其四,从麻省理工请来了一位应用数学教授。后面两个例子,尤其第四例,我可能比萧拔清楚。萧拔云:当年麻省理工数学系主任对他说,今年数学系只有一个终身职的名额,轮到纯数学,所以这是波士顿大学的机会。系主任说了谎,再不就是萧拔记忆有误。我曾参与该教授的升等评审,当时大家决定不再延聘,乃其研究成绩不敷,并非没有名额。该教授去了波士顿大学后,在外面申请到很多研究经费,还建了大楼,对波大是有功的。总而言之,波大的数学和物理两系确有新兴现象,但不算是第一流。

萧拔对遴选校长权属谁的问题,这样对我说:学生们不应该有选举校长的权力,因为他们没有判断校长资格的能力。如果他们有这种能力,他们的父母就不该花钱送他们上大学。每位学院院长不应该有选举校长的权力,因为他们要的是弱得不能再弱的校长。教授们不应该有选举校长的权力,他们要的也是最弱的校长。民主的大学,是个烂大学。(A democratic university is a lousy university.)

萧拔在1996年7月下野。在他卸任之前,董事会发表了声明:遴选校长是董事会最重要的任务,不可移交给教授、学生、校友或他人。为了考虑继任人选,董事会成立特任小组(Task Force),成员包括教授、校友、董事及学生。特任小组的权限为建议性的,不能作程序上或对候选人的任何决定。校长继任人选的主要条件为能够继续执行萧拔的政策和方针,特任小组限在一个月内完成讨论,向董事会作报告……最后,董事会说明,这是对萧拔建议成立特任小组的回应。

教授议会随即开会,其后向特任小组提出继任校长人选的条件。教授议会并向董事会要求作全国性的公开性的征选。特任小组讨论后表示,最符合波士顿大学的利益的,乃为从校内人选中决定继任校长。随即校董会选出了副校长威斯灵(Jon Westling)。

*　　　　*　　　　*

上文所谈美国四大学,其遴选程序或不是最具代表性的,但借此亦可窥知美国大学校长遴选的一鳞半爪。总括来说,美国大学校长遴选权掌握于董事会之手。[在州立大学,此权则掌握于督学会(Board of regents)之手。附带说明,除当然督学外,督学多由州长聘任。]每次校长出缺,由董事会或督学会组织委员会找寻校长候选人。这种委员会有双层制和单层制之分。前者分成两个委员会,一为咨询委员会,有建议权而无投票权;一为遴选委员会,有权投票决定校长人选。麻省理工学院及佛大均采取双层制。在此两校,遴选会决定最后人选一人,交董事会或督学会通过。但有些学校,则由遴选会选出若干候选人,再由校董会或督学会,投票决定其中一人。至于单层之遴选制,则由一遴选委员会包办双层制两委员会之事。

少数的大学不再另立遴选会而直接由董事会主办遴选,哈佛即其一例。1994年的波大校长选举,虽组织了特任小组,事实上仍由董事会作一切重要决策。

我们明了了美国大学校长的遴选制度后,有人也许感到意外。其一,美国的制度,或不如我们想象之民主。其二,此制度仍在继续演变中。什么是最理想之制度？这并无共识。

参考美国的情形，希望能有助于中国台湾地区教育界对校长遴选制度之沉思。我们有自己独特的省情和文化背景。举例说，中国有尊师重道的传统。在大学的层次，前辈的大学校长如蔡元培、傅斯年，在中国人心目中景仰或熟识的程度，恐怕要超过美国人心目中的康能。因此我们大学校长的风格和操守，对学子们更有潜移默化的功能。再举一个例子，美国现在大学校长的主要任务之一是财务上的，校长常常需向外界募捐。有人说，19世纪的美国大学校长，在办公室看的是康德；20世纪的美国大学校长，在办公室看的是账簿。因此，今日的美国校长在校友、富商、议员身上须耗费很多时间。一个捐款成功的校长，常与好校长划等号。因此现在的美国大学校长，很少有在办公室沉思反省的余裕。我以为一个大学校长应是全校学术和思想的领导人，不是募捐专家。中国的传统，读书人受尊重的是他的文章和道德。在21世纪的现实中，如何在财务和学术中取得均衡？这应是我们面对的一大课题。

附　录

麻省理工学院1990年校长遴选会校长资格列表

Ⅰ. Personal Issues

  Leadership qualities

  Integrity

  People skills

  Energy

  Presence

  Ability to grow

  Acceptability to MIT constituencies

  Enthusiasm for job

Ⅱ. Intellectual Issues

  Vision & perspective for future of MIT

　　　　Intellectual depth & breadth
　　　　Curiosity & ability to learn
　　　　Grasp of MIT's problems & opportunities
　　　　Research stature & accomplishments
　　　　National & international reputation

Ⅲ. Academic Issues
　　　　Educational philosophy & priorities
　　　　Commitment to diversity
　　　　Commitment to undergraduate & graduate education
　　　　Commitment to MIT as Research University
　　　　Relevant experience & accomplishments

Ⅳ. Management Issues
　　　　Management style: effective & appropriate to MIT
　　　　Demonstrated management experience & accomplishments
　　　　Balance of thoughtfulness and decisiveness
　　　　Suitability for presidential management role
　　　　Fund-raising experience & abilities
　　　　Concept of MIT presidency

香港地区的大学主管产生办法及校务运作内涵

梁天培[①]

一、前　　言

香港特区政府自从 1990 年开始,便大量扩大大专以上教育。香港特区政府主要通过它所设立的"香港大学教育资助委员会"拨款资助八间大专院校。1997 年,有 18% 的适龄年轻人(17—20 岁)在这些大学念本科学位。它们是:

香港大学

香港中文大学

香港科技大学

香港理工大学

香港城市大学

香港浸会大学

香港岭南学院

香港教育学院

除了以上八所大学外,香港特区政府还有两所由它所设立及资助的院校是可以颁授学位的。它们是:

---

① 梁天培,香港理工大学副校长。

香港公开进修学院

香港演艺学院

还有一所在港府注册并被其认可的私立大专院校,它就是树仁书院。

二、大学的财政来源及管理架构

由于香港地区的公开进修学院是为在职及成年人士提供学习机会的,所以它是要自负盈亏的。所有其他的大专院校基本上所有经常性开支及基建投入都是由香港特区政府所提供的,而学生家长则通过缴交学费支付经常性开支的18%。

香港地区教育的整体政策是由政府的"教育及人力统筹科"所制定的,而高等教育则通过香港大学教育资助委员会(简称"教资会")拨款、统筹学生人数和类别及为大学的管理、科研和教学水平做调查评估。教资会的成员主要来自英美的知名学者,亦有一部分是本地的学者及工商专业人士,他们全部由港府委任。委员们都是义务的,非受薪的。教资会每年都要向政府做工作报告。

每所大学都设有校董会,控制全校的发展,财政、教职员的编制与任命等事项。校董会成员都是社会知名人士,亦是义务性质及全部由港府委任的。由于校董除少数为政府高官外,都是工商业的负责人及社会精英,所以对人力市场的需要比较了解。近年来由于立法局议员以至普罗大众都要求实现民主化及社会化,所以大学愈来愈趋向讲求效率及受到社会公众舆论的监督。自从20世纪90年代以来,大学生人数增加了超过一倍,大学数目亦比前增多了,故此大学都好像商业机构一般,存在着相当激烈的竞争,以招收良好的教职员、学生以及争取资源。

三、大学的学制

香港特区政府采用小学六年、中学七年(五年中学加上两年预科)、大学三年的学制。讲授课程及考核都以英文为本。高等教育主要是与英国的内容挂钩,但由于每所大学的历史发展及领导班子不同,所以倾向亦不一样。近年来美国系统的影响比英国的还要大。这可从招聘大学教师的来源(美籍华人)以至学制都逐渐采用学分制两个方面体现出来。最近七所大学校长都一致建议采用中学六年、大学四年的学制,以与世界大多数大学看齐。

四、大学主管的产生办法

香港特区政府并没有对大学作具体或微观的管理及控制。但大学都遵从港府的建议,从世界各地(主要是英语系统地区)招聘最好的人才。所以副教授或相等级别的教职员空缺的招聘,并不局限于本地人。每所大学对教职员都有严谨的评核方法,务求去芜存菁。比较好的才给予长期雇用,享有养老金的位置,否则都是以合约形式雇用。

可是,大学校长都是以合约形式雇用的。通常招聘校长都要经过很严格的程序。甄选条件都包括教学经验、科研成就、知名度、大学管理经验及能力、办学方针等。近年来由于香港地区社会的转变,所有校长已全由华人出任了。

如有校长位置空缺,大学首先成立一个遴选委员会,主要由一些重要的校董会成员组成,有些大学亦包括教师代表在内。然后公开在本地及海外登报招聘。近年来有些大学亦雇用国际知名的"猎头公司"帮助选聘。通常都要从上百名的合资格申请人中选择数位,请他们到香港接受面试。面试前后还要会见学生代表,接受咨询。面试后校董会要立即通过遴选委员会的决定,以便与当选者商讨聘用条件。最后还要得到香港政府的同意,才能真正作出委任。

五、大学校长的责任

近年来大学校长不单要在一门学科里有所贡献,以此得到同行的认可尊敬,亦要好像大企业的董事长、总裁一样,管理时值数十亿元的经费及数千名教职员,为数以万计的年轻人的学习而努力。校长要为大学的现在及远景作计划部署。他要对全校的教学及科研水平以至管理作全面的控制及领导。不仅要出席校内外会议,主持大小仪式,作经常性的演讲,更要努力筹款,以支持一些非政府拨款足以支付开展的项目。近期香港地区传媒对大学异常留意,尤以学校的财政开支及教职员的操守为关注要点。可以说,大学校长责任繁重,而学生及社会人士对校长的要求亦比从前高得多了。政府及公众要求校长称职及有所交代。有些校长觉得光是在教学科研方面做工夫是不够的,还要辅以适当的宣传及社会服务。

六、大学的校务运作及内涵

大学校长有副校长为他分工分忧。通常都会有数位副校长分掌学术及科研等事务。香港地区所有大学都把相关的学系放在同一个学院里。学系有系主任,学院则有院长进行管理。不同学校有不同的委任或选举方法以任命系主任及院长。大学的教务委员会对学术、课程、考试及学位颁授等有最高的决定权力。每个课程都有课程委员会,在听取各方面的意见后,为具体的教学内容作出编排。

每所大学,由于办学宗旨不一,都会在课程内容上有所不同。例如,一些大学标榜先进的科研设备及成果,而有些大学则主张学以应用、理论与实际结合。亦有些大学觉得应给予学生"完人"的教育,而不只限于传授专业学识以谋生。由于近年来课程转向学分制,加上大学生的中英文水平下降,所以学系都趁此机会,在课程内加进语文及通材教育的一些内容。其中,中文大学及岭南学院的通识课程是强制性的;其他几间大学则提供选修性的通识课程,但不计算考试成绩,也与学位成绩无关。目前的通才教育较着重人文学科,平衡了当今各个大学以培养专业人才的内容。

七、对大学的监管

虽然香港特区政府一直强调大学的独立性,但通过教资会、校董会以及对财政上的控制,加上最终的校长委任权,特区政府的控制可以说是相当有效及隐蔽的。教资会虽然对各大学并不进行微观的管理,但对各大学的教与学的素质保证系统,科研及整个大学行政的管理,都有定期性的评审。传媒亦是一种很厉害的公众监管工具。特区政府有核数署来检讨学校行政是否浪费,还有廉政公署以杜绝贪污枉法,此外,这些大学亦有严格的评审及考勤系统,而学生亦需每年填写表格对老师教学成绩作出评估。大学亦每数年对学系及课程的水平作整体的评核。

八、结　　论

大学校长的位置非常重要,可以说是任重道远。虽然现代社会并不像数十年前一样尊重大学校长、教授,但高等教育对一个国家及地区的兴盛起了莫大的作用。如何把大学办得好,又达到学生、家长、社会及工商界所冀求的,实在很不容易。近年来教育经费普遍收缩,而又兴起一股以商业手法办学的风气,加上社会要求更大的透明度,这都给了大学的领导们很大的挑战。是否以不变应万变,还是走在时代的前端,实在是见仁见智了。

台湾地区大学校长遴选方式及问题(一)

朱敬一[①]

一、前　　言

　　台湾地区的若干大学自 1992 年起开始争取其校长选聘的主导权。在 1992 年之前,各公立大学校长的择聘完全是由台湾教育主管部门主导;私立大学的董事会虽然有若干校长择聘的决定权,但在实际运作上却仍然不得不尊重台湾教育主管部门的意志。解严后,民间各部门逐渐挣脱政府的管制,寻求自主空间,而大学也在这股民主风潮中逐渐摆脱台湾教育主管部门的威权管辖。1992 年起,台湾大学、台湾师范大学、台湾清华大学等大学陆续举办选聘校长的活动。由于当时新的"大学法"并未通过,各大学选聘校长并没有法律基础。为了使这项欠缺法律基础的活动足以震撼台湾教育主管部门的威权结构,各大学都必须在选聘校长的过程中扩大校内的参与,形成"大学全体与台湾教育主管部门对抗"的形势。衡诸当时的客观情势,这大概是不得不然的策略选择。

　　在各大学"群起对抗台湾教育主管部门"之后,台湾教育主管部门

---

① 朱敬一,台湾大学经济系教授。

果然溃败。在修改的"大学法"之中,虽然台湾教育主管部门依然保有部分的大学校长择聘权,但主动权已然操在各大学手中。进一步观察,我们发现台湾教育主管部门的溃败也仅仅是"大学择聘校长"一项而已;其他诸多法令、规则、制度、招生、学分、课程的管制,台湾教育主管部门丝毫没有松手。析言之,各大学动辄千余名教授(要求自择校长)的联署签名,确实给台湾教育主管部门相当大的民意压力,但其他大学自主的活动因为欠缺这些民意压力,台湾教育主管部门遂能不理不睬。大学教授的民意凝聚,一方面逼迫台湾教育主管部门释出权力,另一方面也形成了大学校园里的民粹主义。原本虚应故事的大学校务会议摇身一变成为各大学的最高决策机关。如今大学校长择聘的主导权不在台湾教育主管部门,而是由各大学校务会议制订办法自行推选。各大学在赶走台湾教育主管部门之后,能不能从校园民粹主义中清醒过来,寻找一种更能契合大学需要的校长选聘办法,也许是各大学未来能否健全发展的关键。这篇文章的目的,就是要对目前台湾地区许多大学择聘校长的设计,提出检讨与批判,希望能借此反省得到一些改进制度的思考,以改善台湾地区的高等教育。

二、澄清若干错误观念

(一)谁做校长不重要,学校制度才重要?

有些人主张,若是系、院、校的制度健全,则谁做这些单位的主管影响并不很大,单位还是能正常运作。持这些看法的人似乎对"人"与"制度"做太过简化的二分,缺乏对学校行政事务的实际运作经验。

曾经参与教育行政的人都了解,即使在校园民主气焰高涨的大学,校长身为校务会议、行政会议的主席,对大学的发展仍有极大的控制与影响。大学所有的法案修改均需经校务会议议决,各大学组织规程的修订也是由校务会议主导。而行政会议的决议直接影响学校运作的细节,对于校内各单位的预算、人事、资源调配等,都能绝对地控制。

　　有理想、有抱负的校长,通过校务会议与行政资源的调配,可以使校务蒸蒸日上;没有视野、理念贫乏的校长,则会使校内各单位在系、院务的推动上全无方向。一旦校务欠缺理念的领导,久而久之,校内各单位资源的竞逐遂趋向"谋略化"、"派系化"。各单位努力争取学校行政首长的支持,资源分配次序不以教育理念为依归,而以"与校长的关系"为考量。

　　不论制度为何,校长的理念对校务发展有绝对的重要性。好的大学校长才了解什么是"好大学",才可能将大学引领向上;一位够差的大学校长不但对学校发展不利,也能将大学带向持续堕落的境地。我们从台湾地区若干大学最近的发展中,已经看到一些"持续堕落"的典范。因此,制度固然重要,人的领导也一样具有关键性。

(二)什么样的选举制度不重要,教授同仁的共识才重要?

　　有论者指出,教授普选也能选出好校长,遴选也会选出不好的校长,所以普选、遴选没有绝对的好坏。析言之,如果大学里的教授水准都很高,由他们普选也能选出好的校长。反之,如果多数教授目光如豆,则他们所推选出的遴选委员自然也是见识浅短,即使由他们遴选也选不出好校长。

　　这样的论点也有将"推选制度"与"教授共识"简化二分的谬误。甲制度"曾经"选出好校长、乙制度"未必"选出好校长,并不代表甲、乙两个制度不分轩轾。我们考虑制度设计时,不但要考虑大多数的情况,更要从理念层次分析探讨,不能由一两个个案之成败,推论整体制度的优劣。就实际情况而言,台湾地区各大学所面对的情况大概既不是"教授水准都高",也不是"教授水准都低",而是介于其中。此时制度设计,往往即能产生重大差异。

（三）校长于我何有哉？

也有许多教授认为,就算校长不理想,他能影响教学研究的范围与程度都很窄。教授们只要在自己的岗位上尽心教学研究,则校长的干扰实在有限。如此的逻辑则有"宏观"与"微观"简化二分的谬误。校长是大学整体资源的分配者,更是大学教育理念的推动者。举例而言,如果校长分不清大学与技术训练班的差别,误将诸多技术训练视为大学教务的主流,则系、所在一片"应用至上"的扭曲声浪中,坚持学术研究的教师将很难存活。这不但影响研究风气,也会影响个别教师的研究成果。此外,如果校长误将教授升等视为纯粹的"权益"问题,忽略了"资格"的考虑,则久而久之,教授水准将日渐低落。这不但影响整体的教授水准,也会因为研讨、思辨环境的恶化而影响个别教授的研究潜力发挥。

三、大学校长的任务到底是什么？

众所皆知,"大学(university)"一词是由"宇宙(universe)"变异而来的,大学的任务便是探索、传递宇宙的知识。这探索、传递的知识,其范围既是无所不包的宇宙。我们乃需要对大学的学术活动提供特殊的保障,一方面不希望大学受困于宗教信仰的局限,另一方面也不希望大学受困于政治势力的干扰。大学的学术自由,乃是在这样的背景下孕育成型。大学之所以需要学术自由,是因为大学的宗旨就是在追求、传递广大无边的学术知识,提升学术卓越(academic excellence)。

既然追求学术卓越是大学的宗旨,大学校长的一切施政,当然就要以达成这个目标为宗旨的。然而,现代大学由于外在环境的改变,对校长"做事方法"的要求也越来越多。现代大学规模日大,不论公立私立,校长均需对外募款,没钱校务根本无法推动。此外,校长身为数千名教师、员工的行政领导者,其沟通、协调的能力也日渐重要。然而不论是募款能力或沟通协调能力,应该都只是追求学术卓越的"手段",学术卓越的追求绝对还是大学发展的根本。

如果我们同意学术发展是大学的根本任务,那么我们对大学校长的产生方式,或许即能有更清楚的了解。

(一)学术的高下优劣是可以"客观"判断的,不是全然"见仁见智"

民主社会中人人皆有自己的看法,从"人权"的观点来看,每个人的基本权利也都相同。既然人人权利相等,自然得票票等值,然而这样的逻辑并不适用于学术团体。

一位学术诸葛亮的判断,其重量应该远大于十位学术臭皮匠。西方许多系所教授升等,也不是单看系所内票数的相对多寡,还要看系所内同领域的权威如何评断。如果系里只有两三位教授持反对意见,而他们都是学术权威,则人数虽少,却形成"显著少数"(significant minority),系所主管往往不得不尊重他们的意见,搁置原案。因此,在一个追求学术卓越的团体中,不必然存在教授之间"票票等值"的观念,自然也就没有教授(职、工、生)"普选"校长的逻辑基础,这道理应该是十分清楚的。

(二)大学的目的是要追求学术卓越,为了使大学进步向上,不可避免地必然要对其教师有所要求、筛选、淘汰

大学对教授的要求与筛选固然有一部分可以在教授进入学校以前完成,但不可避免的仍有许多教学研究的督促与激励是在教授入校以后方始进行。西方的续聘、升等评鉴,因行之有年,过程较为客观,人情压力较少;即使已升为正教授的教师,系所仍有薪水调整的权力,激励同仁做学术研究。不论是升等、续聘或是薪水的调整,这些压力与要求的推动者,都是学校的行政首长。因此,从提升学术的角度来看,行政首长其实是学术要求的推动者。如果在制度上"要求他人的人"是由"被要求的人"所选出来的,则后果不难想象。

前述"由被要求者投票选要求者"所产生的弊病,一般而言,在越堕落、越需要改变的学术单位越严重。举例而言,如果一个学院年龄结构很轻,过半数的同仁都是副教授以下的教师,在人类好逸恶劳的本性驱使下,副教授们比较有动机选一位"将来会使自己日子好过一点"的教授做他们的首长。而在普选的架构下,候选人也倾向以"讨好头家"的诉求为竞争号召,于是迎合大众好逸恶劳本性的候选人,便容易当选首长,形成追求学术卓越的反向淘汰。

(三) 普选与大学校长的声望

换一个角度来看,也可以看出相同的道理:就普选而言,其成败胜负的关键必然是"中位数选民"(median voter)。校长候选人若要在普选中获胜,其政见与诉求必须要获得中位数选民的认同。然而在普通一所大学中,中位数的教授当然不太可能是了解学术卓越为何的教授,讨好中位数选民的结果,当选人的水准很可能会堕落。一般而言,有抱负、有理想、有治校视野的候选人,也绝不可能愿意去"讨好"一位见识平庸的中位数选民。

(四) 选举文化

民间选举文化与大学选举文化,一般而言,还是有相当的互动与影响。民间候选人以一次的流水席办桌买票,大学校长候选人则以分批的餐厅聚会向教授们交心。民间候选人以工程、土地重划等政策承诺期约贿选,校长候选人也可以用系馆大楼、系所增班、建院划地等校务优先排列的承诺绑票。一旦普选之风吹进校园,有清望的校长候选人必然望之却步,而剩下的汲汲营营之辈,恐怕多数是想尽办法彼此竞逐者,而民间的恶质选举文化,久而久之必将渗透校园。

四、几点反省

（一）学术社群与社会的不同

以台湾地区现在各大学的情况来看，不论是普选或所谓遴选，都有不同层次的"教授投票"的过程。许多学校即使最后的过程是由遴选委员会遴选的，但遴选委员本身也往往是由教授普选产生的。有的学校是遴选、普选交错进行，以普选方式删除一些人，再以遴选方式择定最后人选。这些或多或少的普选过程，事实上反映出大学也无法抵挡台湾地区的"民粹主义"，只得在不同阶段做不同程度的妥协，让校园"民粹主义"的主张能够适当的宣泄。另一方面，台湾地区各公立大学的校长推选办法都不能免俗地纳入一些普选程序，也显示各大学教师对"校园"与"社会"之间的分际，未能清楚掌握，不了解民主社会与大学社群之间基本的区别。

社会是一群基本权利相同的人基于共同利益而结合的，其结合的关键在于成员彼此利害的分配与协调。大学社群是为了追求学术卓越而存在，其结合的关键是追求学术卓越的有效达成。而在社会中，每个人的权利不容侵犯；但在学术社群中，学者必然要面对学术竞争与淘汰。由于大学的内涵根本就与社会不同，我们也就没有理由将社会上那一套"全民普选"的民粹逻辑强加于大学之上。

（二）如何破除遴选过程中的民粹干扰？

除了德国、日本之外，西方几乎所有知名大学的校长推选，皆是由遴选委员会遴选产生的。一般而言，西方的大学不论公立、私立，都是法人，都设有董事会（board of trustees）。学校的董事会与公司的董事会（board of directors）不同；公司归股东所有，董事由股东互选产生；大学的所有权不属于原始创立人、捐款人,更不属于学校教授、职工、学生。大学是社会的资产,是社会全体"信托"给董事会依大学宗旨营运管理的。因此,大学董事会的成员往往是校友、政府代表、社区公正人士、捐款人等,与学校教授没有任何必然关系。大学因为已经有董事会这样的组织,董事会自然是学校的最高权力机关,校长遴选当然是由董事会办理的。董事会可以自己扮演校长遴选委员会的角色,也可以另行设立遴选委员会,邀请资深教授等了解校务的参与。

由于中国台湾地区的公立大学不是法人,没有类似董事会的机构,因此,学校有不少的权力,都流入校务会议的手中。依"大学法"的规定,大学的校务会议是大学最高决策会议,而依同法十三条之规定,又要求学校校务会议之组成半数以上需为教师代表,这里显然蕴涵着校园民粹主义的思潮,使得大学的实际运作,根本无法摆脱校园民粹的阴影。

要改变上述情形,恐怕修"大学法"是不得不走的路。校务会议可以是大学"运作"层次的决策会议,但不应该是大学"方向"、"发展"层次的决策会议。如果由教授直接或间接选举校长,又期望这样被选出来的校长回过头来引领督促教授的教学研究,这其中显然是矛盾的。目前中国台湾地区各公立大学的组织设计,都受制于"大学法",而"大学法"基本上却是将大学视为一个共营厂商(labormanaged firm),由其员工(教授)共同经营治理。全世界著名的共营厂商原本都在欧洲,如今皆面临解体崩溃的命运。我们希望中国台湾地区的公立大学,不至于走向类似的坎坷之途。

台湾地区大学校长遴选方式及问题(二)

黄昆岩[①]

一、前　　言

　　自从 1993 年台湾大学主动由校内组织遴选委员会遴选校长开始,台湾大学校长的产生程序突然发生了急遽的变化,类似遴选方法为所有台湾地区的公立大专院校所仿效。各校方法虽根据各校之背景与特色而有所修正,但皆可谓大同小异。这种变革经这几年来的施行之后,各方诟病甚多。不少人认为台湾地区高等教育之水准因而会受不良影响,故有悬崖勒马加以检讨之必要,这也是这个研讨会之动机。

　　大学校长产生方法的变革,一般人皆归因于李远哲博士回台湾地区鼓吹"教授治校"所致。诚然"教授治校"观念之引进是其主因,但当时之所以有这些变化,台湾地区的政治气候所营造出来的环境变化是其主因。李远哲先生想引进的理念只成了有意外效应的触媒而已。换言之,变革另有不少副因。

　　校园并非一个独立的社会,而仅是一个社区。外界社会与校园之间没有隔开两区的壕沟,防止不了外界一般社会风气吹袭的影响。台湾地区政治与思想枷锁在 20 世纪 80 年代逐渐松懈,起而代之的是选

---

① 黄昆岩,台湾成功大学医学院创院院长,现任教授。

举政治的畸形发展。台湾地区的选举风气是对戒严时期的政治思想与学术教育拑制措施的一种增幅性的反弹作用。一般人突然有了手中一票在握的快感是很容易引人上瘾的。恰好这时又有大专院校呼出"校园自主"的口号与主张,台湾教育主管部门又对此种声音加以默认而逐渐进入对校务推行松绑的态势。在这两个潮流已经正在冲击之当儿,李远哲先生又鼓吹"教授治校","教授治校"不但迅速传开,它的基本精神迎合校外选举文化,迅速地变了质,校长半遴选、半选举的制度于是问世。

本人曾经经历过在美国延揽大学校长的过程。其各大学之延揽制度虽然不尽相同,唯基本理念则极为类似。不管相异多少,却没有以全民投票方式的行使同意票的一流学校。通常"教授治校"的最高机构,即所谓 Executive Committee,会指定遴选委员会。委员们当然都是德高望重的教授们,而并不是以"受欢迎度"或选美式的评断而产生的。这些委员对教育的真正意义与目标、做学问与研究的态度与方法、为人、操守、胸襟、价值观以及领导魅力之为何物皆有一套正确的看法。成员里面并没有职员代表,更没有所谓校外公正人士。委员会以该会的名义经一些有关之重要人脉线索写信放话,征求介绍提名。有一些院校在这些管道之外,另在各重要学术杂志等登载广告,好让天下有志者毛遂自荐。但美国有名院校通常不屑在杂志刊载广告招揽应征者,因为他们认为这种管道找不到顶尖人物。这种动作通常在一年或一年多前即行开始,以便中途如遇波折,尚有充分时间予以转圜。资料搜集之后,委员会反复开会把名单逐步缩短到三四或五人,然后开始面谈。面谈时的接待颇为隆重,而且面谈并不一定只是一次,同一个候选人可能有二轮三轮的面谈,只要委员会觉得有再深入探讨的必要,重复面谈是很平常的事。最后决定人选以后还可以讨论接任的时间。接任的时间由校方来说当然是愈早愈好,但校方如果锁定了特定的人,就会尽量地去将就他,使上任顺利为首要的顾念,但通常在半年或数月之间。

西方院校延揽校长的理念,另有一个和中国台湾地区截然不同的特色,那就是他们往往认为一个学术机关的领导人更迭是整顿该校防止它因循苟且,使它返老还童、重新出发的良机,为了避免校内同仁互祖利益,他们选人时,视野投向校外而非向校内的。换言之,他们不但不畏"空降部队",还认为"空降部队"才能摆脱一切既得利益的裙带关系而重新起步,这里重要的是,如何蓄养进步的动力与提升校誉,其他的都是次要的。他们邀请候选人访校,目的在使委员们充分认识候选人之外,更重视候选人了解校方的现况。所以了解与认识,指的是双向的。这种双向了解才能使两边都能进入情况,掌握现状,有利于使工作立即起动。

二、"教授治校"的制约分际

李远哲先生所鼓吹的"教授治校"在台湾地区已经被严重的曲解。本来引进"教授治校"的理念以求大学校园之自主,以达到大专院校潜力之充分发挥无可厚非,只是如果"教授治校"可行的范畴不清,失去制约,则"教授治校"有百害而无一益。

据我个人的看法,"教授治校"的目的可以归纳成简单的两点:一是让大学社区里的知识分子发挥智慧,集思广益,辅助校长,达到在学术自由的风气之下,追求大学开发新知,培养下一代知识分子之工作至于尽善尽美。二是在以校园自主精神做导向,在辅助校长、推行校务之际,每位大学教员应该借机学习什么是培养知识分子大学社区的柴米油盐,了解其幕后又有看得到看不到的真正运作与障碍,以求自己在专业修身(professionalism)方面有所成长。

目前台湾地区各大专院校之组织规程,因台湾地区高等教育圈之过度解读"教授治校"四个字的意义,教员可以影响校务之权限已经超过西方大专院校"教授治校"之定义范围。以校务会议为例,对校长或校方治校牵制太多,校长与校方为追求卓越所推行之工作常有不受校务会议青睐之风险,此对故意独断独行之校长固然有使其悬崖勒马之功用,但对有理想、有理念之校长则必起碍手碍脚的恶果。故大学组织规程与校务会议之权责等皆应有合理之弹性以便留给校长发挥其理念。大学在西方是绝对自重的个体,美国近年虽然有教育部,但它和中国台湾教育主管部门是迥然不同的。美国校长可权衡治校之需要，针对在个人人力与时间无法顾及之工作项目，或为校内特别值得群策群励的各项工作设立委员会各拟对策解决问题，才能集中精力于影响全校之原则性大问题或在外募款、公关及发展计划等事项全力以赴。"教授治校"既然是对校长的辅助制度，故各委员会之决议事项原则上仅做校长参考，校长尽可斟酌实情，并以个人之治校理念加以衡量，认为可行者则采用，认为窒碍难行，则送回委员会再加研议。简言之，"教授治校"之分寸在"辅助校长"，不是只讲制衡校长，否则遴选校长之严谨推敲候选人理念皆失去其意义。既然遴选时冠冕堂皇谓目的在于选出有理念、有理想的校长，赢选的校长则应有足够的空间让其有施展抱负的机会，如假以"教授治校"之名，加选举之弊病与陷阱，以制衡过度，即有违"教授治校"之初衷。

由全体教员票选产生校长或行使同意权，背书遴选委员会之抉择之制度皆取之于所谓选举制。近代的选举制始于法国革命。针对法国专制统治被革命推翻而后产生之共和，曾有人士率直指出，一人一票之选举制将降低社会品质。姑且不论教育是否能改善一个人的品质，其论点是一个文盲与一个大学教授如同样握有一张选票，则投票结果，精英之英明抉择将被无知者之盲从所稀释与受连累而致品质较之预期与理想会低落甚多。选举之这种遗害，在水准较低之社会推行民主选举时最为明显，在这种社会，不但选举结果之品质不如理想，甚且选民极易被有心人所操纵，以致选举之意义全失。

三、台湾地区大专院校遴选校长方法之缺点

台湾地区大专院校现行遴选校长办法皆大同小异。一般人皆以"竞选"两字加以描述，可见"选举"而非"遴选"是台湾地区延揽校长办法最强烈的表征，这些办法有下列的共同缺点：

(一) 有害于大学校长之崇高地位与形象

校长以选举方式产生是否适当？大学校长应是学术界的领袖,舆论的领航人与管理的干才。这样的人物是否可以以选举方式产生,大有讨论的余地。就是在讲究管理睿智的企业界找经理级人物,也未曾闻有以选举方式而产生者,何况是学术领袖。学术机关的领导人物重在能引人景仰,吸引默默的追随者,绝不应以当众鼓吹政见求宠的选举方式产生。以选举方式推举校长,有害于大学校长之崇高地位与形象。

(二) 政界选举丑剧在校园演出

台湾地区政界的选举文化已经侵害校园。这种风气已经使学术殿堂的尊严坠地,是对学术研究的一大讽刺。外界所风行的拜票与配票活动在大学内都有例子,不同的只是与外界一般选举相比较,较为低姿态下进行而已。虽谓低调,这种活动仍可以明目张胆来形容。成功大学的遴选办法第九条规定:候选人不得从事竞选活动,亦不得委托他人拉票。但1995年,早在遴选开始之前即有候选人颇有一般所谓的小动作,在同意票行使之前即更有候选人以电话或亲自登门造访的。这种现象在去年遴选时亦再重演。至于以传单做文宣工作,以校外人士集会为某特定候选人助阵等竞选方式在南部某大学亦有所闻。更常见的是,在"竞选期"利用参加喜酒宴会的机会,候选人在场内到处奔走、敬酒、拜托等所谓的小动作。另一方面,在"竞选"期间,黑函常常满天飞,这些黑函皆是候选人各拥有的"党团"要出中伤的把戏而来的,这些黑函有时甚至是故意扭曲选举办法之规定而伤害特定候选人的。

帕利坎的《大学理念之再考察——与纽曼对话》及各种论文,皆强调大学的教育重在培养眼光与智慧,不是在于培养高级科技人员。故比起中学,大学的教育更必须注重教授的为人与典范性。教授们在校园内为了推举校长,不断地模仿校外政治场上选举最丑恶的一些剧情,对大学教育的崇高理想是最富讽刺意味而无情的污蔑,做出这种行为的教员几乎是亵渎了教育者的职责。在课堂上讲得再唾沫横飞头头是道,皆无益于治愈这种行为所引起的对后代的伤害,应彻底予以谴责。古语说,听其言观其行,如果大学教员不能身体力行,不加检点,如何能收到春风化雨造就后代之效?大学生不像中学生,几乎是生活在校园里的,他们是二十四小时全天候吸收校园这个学术社区的经验的下一代,选举文化的恶果,对下一代知识分子的影响多大,当不难了解。选举丑剧不应在校园演出!

(三) 行使同意权等于自我否定教员能力

目前各院校所推行的校长遴选办法中之选举或同意票行使部分,基本上有极大的矛盾。西方大学的校长遴选方法已如上所述,遴选委员会是基于教授治校最高委员会的 Executive Committee 挑选指定遴选委员而组成的,这个委员会就负责到底遴选校长。但假如能接受以选举方式推举校长这种理念,就是可以接受现行的方式蕴藏着极为明显而不合理的矛盾。中国台湾地区大专院校的遴选委员既然是票选,就应选出能真正代表草根意见而有智慧与理性的委员,一旦选出,应授以全权,尽遴选之职责才对。但根据中国台湾地区各校的大学遴选办法,教员们选出遴选委员组成委员会之后,又保留同意权之行使权,意味着投票时未善尽"选民",未选出一些价值观与判断力能代表全体教员,所以需要设立另一道关卡来加以监控。著者认为这是自己打自己嘴巴,有失代议制度之真意。世界各国,没有听说过民选出来的立法委员,选出来的立法院长,或立法委员代表选民同意过的行政院长人选需要再经全民投票同意的荒唐故事。果真如此,我们选的代表是干什么的呢?如果不足以信任你所选出来的代表行使职权,那你为什么选他呢?我们需要如此否定我们自己的智慧吗?全体投票与监察权也扯不上关系,因为监察是在监视官派的行政人员的,不是监察民意代表遴选委员。如果遴选委员是台湾教育主管部门指定,该委员会推举的人选需经由全体教员同意,则逻辑上较能说得过去。

(四)不符合"升等投票回避原则"

全体教员投票推选校长或仅是行使同意权,在各院校在实施上另有第二个矛盾,台湾地区大专院校教员同仁很少察觉。台湾地区的大专院校的教评会投票决定教员升等时,规定讲师不能参与升为副教授之教员的评审与投票,副教授不能参与升等为教授之教员的评审与投票。果真这是基于敬老尊贤或尊师重道之儒家精神,则遴选校长又敬请讲师以上所有教员投票,是把校长当做什么来看待呢?校长是否该是教授之教授?是否是超级教授,或是否只是一位单纯的管理专才?的确,西方的医院多数都由医院管理专才来当院长,而非医师。同一个道理,校长如果纯粹是一位行政管理专才,著者尚可接受讲师以上行使所谓同意权。但大学校长所代表的是教育家与学术家的形象成分远多于管理家的成分。既然他应该是教育家的典范,是教授中之教授,则依照上述升等投票的回避原则,无法让讲师、副教授参与。以同一个精神推论,甚至连教授似乎也在应该回避之列。这类推理只能推到一个结论:遴选委员的选举要异常慎重,应选出教授中之智慧佼佼者,赋予全权代表遂行遴选之全程工作,教员们则不再行同意权。最好教育主管部门亦完全不必干预,以求贯彻校园自主、学术自由与松绑之原则。

(五)使大学成为院际对立与党派竞争的舞台

教员们之全民投票或同意权之行使,已经变成表达大学里院际对立与党派竞争的一个舞台。台湾地区所有大学因为其发展历史不同,校内各学院之间,有规模、人力、学生数目各有差异之现象。像"成功大学"在60多年前由日本统治者设立为高等工业学校,历经1945年光复之改制为台湾省立台南工业专科学校,1946年升格为省立台南工学院,1956年改制为省立成功大学,于1971年进一步升格,始终保持以工学院起家的工科大学面貌。工学院教员占全校教师约1/2,教员之投票结果,自然会受这类院际规模上差距之影响。何况台湾地区大专院校教员站立在票箱面前时能把自己立于超然立场,只专心于追求卓越者究竟还是极端的少数。这也是台湾地区各层选举在推举候选人阶段即处心积虑斟酌出身,甚至地缘关系的原因。真正的选贤与能的精神照台湾地区目前的选举文化是一种褪了色的理想,相信眼光雪亮的人士都看在眼里。

据我个人的看法,一所高水准的大学的必要条件是要有一所坚强的文法学院。如果大学里的文法学院,换言之,人文社会方面的学术水准不够强,这大学只能说是披着大学外衣的科技大学,够不上称为名副其实的一般性综合大学。大学校长亦是如此,西方的一流大学,一律有极为浓厚的人文素养,而校长多数实际上是人文方面为背景出身而有管理才华的人物居多。这会立即带给大学一种崇高的书香风气,校园才容易为适于熏陶学习者的良好环境。教育应该讲究平衡,应该重视面与点兼顾的原则,台湾地区大专院校具备了太浓的职业训练所的气息,这并非大学或社会之福。因为长期下来,台湾地区已经有太多的科技人员,而缺乏有智慧的知识分子。最近哈佛大学教授波特为中国台湾地区经济竞争力把脉时,曾谓"中国台湾地区的经济竞争力问题,应该由解决非经济层面的问题先解决",其中的含义,对我个人来说,是极为深远的。

(六) 遴选结论的资讯传递不易,造成盲目或操纵的投票恶习

经过遴选委员仔细评断之后再提请全体教员表决同意,除了上述缺点之外,更有接触面传达资讯不易的实际困难。这问题恐怕与上述缺点有同样的严重性。通常台湾地区的校长遴选委员会向候选人索取的最重要文件有履历表、推荐书与治校理念文章一篇。治校理念的文字数通常在一千字左右。仅一千字文章里汲取一个人的理念精华

本来就不是易事,遴选委员却必须根据这些文件评估候选人之资格之后做初步的取舍而产生一小名单。这小名单是经过反复斟酌和不同深度的考验而定的,但经全体教员投票行使同意权前,全体教员则是凭什么来做对候选人评断？是遴选委员传递的讯息吗？一般非遴选委员并不会握有比遴选委员更多有关候选人的资料是当然的。既然如果没有足够的资料来对每一个候选人做充分的考量,那他们投的票的意义何在？可见这种遴选办法的另一个严重的缺失,在于不易把遴选委员的脑际震荡的结果传达给所有教员。这是资讯传达的接触面(interface)的问题,这是不易解决的大问题。这种接触面资讯传达的困难,就是开说明会也解决不了。因一方面是说明不清,短短的说明会无法把遴选委员会花好几个小时才获取的结论有效地传递给全体教员而加以说明清楚。另一方面据本人观察,一般教员对说明会反应极为冷漠,参加说明会之热度很低,每次参加者寥寥无几。在这种情况之下,提给全体教员行使同意权几乎等于是把事情从已经进入状况、握有更多资料的一批人手中转交给未充分进入状况、手上很少资料、根本不认识候选人的一大群人去做复查工作,显然是本末倒置的。这一不合逻辑的关卡除了满足教员参与遴选的自尊心以外,并没有多大的实质意义。多数配票与操纵之恶习都是利用这一阶段乘虚而入的。

(七) 无法为高等学府注入新血液

台湾地区现行之校长遴选方法几乎无法为任何高等学府注入新血液。英文有一句话:Vigor of hybrid,所表达的意义或可译为"杂种的活力"。台湾地区的学府崇尚纯种由来已久,目前情况依旧,未见改善。对医学院来说,除了目前还没有足够数目的已经立业的校友的成大、长庚与慈济之外,其他各校教员阵容几乎清一色是自己的校友。以综合大学来说,据我所知,台大是如此,而成大更是如此。细读现行校长的遴选办法,里面虽然并没有崇尚纯种的明显字眼,但实际作业却处处有利于延续纯种的风气,而全体教员投票同意的这一动作,更不啻为纯种精神之薪传提供担保。近年来台湾地区各大学所产生的校长,绝大多数是校内产生或空降而下的"回娘家"校友。

纯种并非毫无是处。但纯种的坏处显然比杂种多。纯种在生物学上称 inbreeding,或可译为近亲结婚,与它相对立的杂种就叫 outbreeding,杂种从遗传学观点来说,它的基因就是 hybrid。纯种或近亲结婚常使隐性基因相配对而使缺陷加幅显现。一个有机体的社会的缺陷何尝不是如此?在一个单位共同做事多年的同事会染上同一种作息上的习惯。不但如此,同事间多少会建立互相护短,互顾利益的心态与关系。昔日的同事一旦被提拔为校长,会有利于自己的利益继续被照料,日子当然较一个外来人来当校长时会好过得多。反之,跳进来的空降部队,可以无情无面地做一番该做的事。这是西方大学为什么常会把换主管的机会叫做大扫除(house cleaning)的原因,也就是在求社会生活面的所谓 Vigor of hybrid。每次校长的更迭,不但是一次大扫除,更是大学工作的大调整、细调整的大机会,目标在求避免老化,避免积重难返。1950 年,哈佛大学外科主任退休,哈佛向外找了一个 35 岁的 Francis Moore 来担任外科主任,是 Vigor of hybrid 战略最好的例子。这种自我成长的意志与欲望,或换言之,一种学府的活力,要靠所有大学教员的胆识与勇气,这在中国台湾地区的大专院校是很少看到的。我常说,不钻出安逸与惰性的壳子,就不能创新,不能创新就不会有进步,就是这个道理。

四、结　语

任何制度都有它的正面与负面的两面,如果有道,而走的的确是不歪的正道,一个制度的优点可以充分发挥,则负面会相形之下无法遁形。所以我们应该也有所警惕,天下没有绝对的坏制度或绝对的好制度。制度本身诚然也有好坏之比,但一个制度之能否发挥全看执行这制度的人或人群的智慧如何而定。执行的人群智慧有差距,制度执行的效果一定是千疮百孔、惨不忍睹。同一个道理,遴选校长的办法,依照上述各种解析,可诟病之处甚多,但如果教员们的意境够高,它还是可以推行而有可观的成果的。所以问题的核心不得不又回归到我们台湾地区的大学教育者的水准与智慧问题了。

白修德(Theodore White, 1915—1986)曾经在他的巨著《历史寻踪》(*In Search of History*)里对台湾行政当局有如下一段的评断。他认为台湾地区的官员尤其是台湾行政当局组成人员,自重庆时代以来,学历与学识可以说是世界无双的。因为光从学历来说,台湾行政当局组成人员及各级主管有太多太多的博士专家。就以现在的台湾行政当局来说,上自台湾地区领导人、台湾行政当局负责人及台湾行政当局组成人员,几乎清一色是各行业的博士精英。这种现象一直延伸到更下层的主管与非主管,哪一个西方国家的政府可以比得上台湾行政当局呢?但以这么一大批的知识分子治理,台湾社会与生活的品质却逐日恶化,还没能享受有文化而民主的社会生活。而更遗憾的是,台湾行政当局也没有治理的智慧。知识分子口说无凭,还需要有实践的能力,这是所谓的"听其言而观其行"这句话的真正含义。台湾地区知识分子的智慧之脆弱可以说不堪一击,在怪力乱神的宋七力事件中也曾表露无遗,在妙天法师事件中也如出一辙,而在口蹄疫事件中表现得亦复如此。因为我们的知识分子的智慧有限,台湾行政当局的智慧也不足,所以西方好的制度引进中国台湾地区,立刻逐渐开始变样变质,成为不能沿用的怪物。我相信台湾地区的象牙塔需要持续的大补强。

"教授治校"本来是在西方运作极为理想的制度,在台湾地区就走了样,民选校长成了它的产品。我们眼看着这种校园民主而产生的校长并不如昔日的校长的品质,我们就必须大胆地修改现行办法,才能为百年树人大计提供理想肥沃的土地,否则大学真的会继续沦落为纯粹的职业训练所。

台湾阳明大学遴选校长经验

武光东[①]

一、前　言

　　地无分中外,时无分古今,大学校长这一职位,总让人有仰之弥高的感觉——学识渊博,道德崇高,见人之所未见,言人之所不敢言,既是社会清流,也是国之栋梁。在近代史上,我们确曾有过几位这样的校长,如蔡元培、胡适、傅斯年等人,他们的高风亮节永为后世讴歌赞叹。

　　1949年以后,台湾地区绝大多数知识分子采取了苟全性命于乱世的低调态度,躲进象牙塔,凡仍高谈是非,坚持"士"格的人就免不得像飞蛾扑火,或为阶下囚,或成为烈士。在这样的政治大环境之下,实在容不下"仰之弥高"型的大学校长。于是乎,大学校长或者本身就是政客,或者成了政客的附庸,办教育是为了替政治服务,一言一行都要以长官的意志为依归。大学校长这个位置每每成了党政高官官路的中途站,有人用它作升官的跳板,也有人用它作从官位下来后的临时休息所。经过三四十年这样的摧残,不但高等(各级)教育变了质,大学校长的形象也被蹂躏殆尽了。台湾大学校长傅斯年去世后,可曾有过

[①] 武光东,台湾阳明大学通识中心教授兼主任。

另一位傅斯年的化身吗？

　　近年来教育体系逐渐走向"教授治校"、"大学自主"的新境界,而大学校长从官派改为遴选,是这个新境界中最为社会称道和诟病的一环。官派的特征是"黑箱作业",大学里的师生无权过问谁将做他们的校长,事前既无建议权,事后也无否决权,甚至连抗议的声音都发不出来。如若台湾教育主管部门真能唯才是用,把教育看成是百年树人的神圣事业,这样的任命也未尝不好,蔡元培、胡适与傅斯年等校长都是任命的产物。但是衡诸事实,过去几十年所任命的校长大都乏善可陈,其中有些人实在不是大学校长的材料,也有些人是很杰出的教育家(如前台湾大学校长虞兆中),却被政治大环境扼杀了他们应有的表现。校长遴选乃是突破黑箱作业的重大变革,由大学当局自己当家作主,去寻求最理想的校长人选。就是在这种充满"美丽新世界"的憧憬下,台湾阳明大学追随台湾地区其他几所先进大学之后,进行创校以来首次校长遴选工作。

二、遴 选 过 程

(一) 校长遴选委员会的组成

　　台湾阳明大学的前身为阳明医学院,创校于1975年,历经韩伟、于俊、韩韶华等三位先生主其事。韩韶华校长的第二任任期预定于1996年6月30日届满,为了能有较充裕的时间来办理首届校长遴选,校方于1995年5月24日的校务会议中,审核通过了"阳明大学校长遴选办法",复经台湾教育主管部门于同年6月21日核定。该办法共二十三条,成为其后校长遴选作业的基本依据;其中有关遴选委员的产生,规定教师代表11人,由校务会议选举;校友代表1人,由校友会推荐;行政人员代表2人,由全体行政人员票选;社会公正人士,由上述委员协商决定。依此程序,于同年6月27日完成遴选委员会的筹组工作,其成员名单如下:

教师委员：张心湜、张茂松、杨世芳、周碧瑟、夏萍绢、吴国海、高材、于俊、武光东、吴妍华、张仲明

校友委员：陈宜民

职员委员：唐木才、林慧龄

社会人士委员：黄俊杰、吴成文、罗光瑞

于首次会议中公推于俊先生为主任委员，武光东先生为执行秘书，立即开始运作。

（二）求才

所谓"中兴以人才为本"，教育的成败尤以人才为重。要选出众望所归的好校长，就应该上穷碧落下黄泉，集天下英才而选之。因此在同年7月5日所举行之遴选委员会第二次会议中，对于求才管道做出了如下决议：

1. 在媒体刊登广告：计台湾地区媒体有《中央日报》、《中国时报》、《联合报》、《科技报道》；西方媒体有 Nature、Science、《世界日报》、《美洲华人生物科学学会会讯》等。

2. 致函台湾地区各公私立大学暨学术机构。

3. 致函本校全体教授、副教授、讲师、助教、技职同仁、校友会及学生会请为校举才。

4. 请各位委员主动荐才。

所有推荐函及相关资料均应于同年9月10日前寄至遴选委员会办公室。

（三）有关遴选作业的议定

1. 在同次会议中，并决议下列诸事：

（1）最后2～3位候选人产生后，由遴选委员会举办说明会，详细说明作业过程，若任何阳明人对候选人有补充意见，可提供委员会参

考者,请以书面并具真实姓名向委员会提出。

(2) 校长候选人如有年龄限制,应在广告中说明。

(3) 请各委员对遴选作业过程严守秘密。

2. 8月2日,遴选委员会第三次会议之决议:

(1) 通过新任校长就职时年龄不得届满65岁。

(2) 被列入复选之候选人,应提出书面的治校理念。

(3) 校方应提供候选人阳明校况的有关资讯。

3. 9月13日,遴选委员会第四次会议之决议:

(1) 由校方发函教育主管部门请示新任校长及任期届满续任之校长有无年龄限制之规定。

(2) 初选时,应有2/3(含)以上委员出席始得开会,采用不记名方式投票,出席委员1/2(含)以上赞成始为通过。

(3) 复选时,应有2/3(含)以上委员出席始得开会,采用不记名方式投票,出席委员2/3(含)以上赞成始为通过。

(4) 经审查后,有8位候选人完成自荐或他人推荐手续。

(四) 初选

9月29日,遴选委员会第五次会议,重要决议为:

1. 张心湜委员来函接受提名为校长候选人,所辞遴选委员职务,依规定由陈庆铿教授递补。

2. 由8位候选人中,经无记名投票初选,有6人入选。

3. 立即将阳明大学及其教学医院——台北"荣总"——的若干简介资料以快递奉寄各位候选人。

4. 各位候选人除已提供之著作目录外,若有其他著述亦欢迎惠予提送。

5. 正式发函邀请各位候选人莅校访问,为期2天。

(五) 相关事件

10月2日,某先生自美来函,谦辞候选人之资格,因此候选人由6位减为5位。

10月3日,奉台湾教育主管部门台(84)人048199号函核示:年满65岁或聘期届满时年满65岁者不得初聘或续聘为校长。

(六) 候选人来校访谈

从10月23日至12月7日期间,分别安排5位候选人来校访谈,访问期间之活动包括下列三事:

1. 访问校长,教务、学务、总务三长,生命科学院、医学技术暨工程学院院长,医、牙、护三系系主任。
2. 演讲:依讲题性质由各相关学术单位负责主办。
3. 座谈:召开遴选委员会议,与遴选委员作深入而广泛之对话,以增进彼此之了解,每次约2.5~3.0小时。

(七) 复选

12月19日,遴选委员会第11次会议,讨论投票方式,决议依第四次遴选委员会所通过之复选办法进行。每位委员并一一对候选人做出评议,评议之参考依据包括候选人之学经历资料(学历、经历、著作目录)、介绍信(每位候选人3~5封)、演讲及座谈之表现等作综合考量,评选之指标可归类为:学术成就与国际声望、行政经验与领导能力、教育理念与人文素养、人际关系及品德操守。17位委员全体与会,2/3票数为12票,凡开票时已达12票之候选人即不再计数其余所得之票,以避免产生名次先后的结果。依上法经4次投票,选出3位入围者。

(八) 说明会

12月20日上午11时,在综合第二教室为全体师生员工举办校长遴选作业说明会,详细介绍过去半年多的作业情形,整个过程平和,会众反应良好,凡对候选人有补充意见者,规定应于12月27日前以书面具名向委员会提出,以供委员们最后评议之参考。

(九) 最后评议

12月28日,遴选委员会第12次会议,除由于主任委员报告12月20日之说明会情形外,同时秘书处提出于12月20—27日期间所收到之5封反应函,由22位教师具名,对某位教授未能晋入最后三位候选人名单一事,表示质疑与不满,希望委员会能提出书面说明。与会委员面对此一讯息,均感心情沉重,经一一发言加以广泛而深入的检讨后,都认为各委员在认知上虽有不同,但遴选程序并无瑕疵。决议第11次遴选委员会议所通过之三位候选人名单不予更动。唯应以最诚恳的态度,发表公开信,向全体阳明人说明某教授未能入选之始末,并希望能获得提出书面意见同仁的谅解。

为了对台湾教育主管部门的尊重,本校所呈报之三位候选人将不予排序,唯将提报各候选人之学经历、治校理念和推荐信等资料,以及本委员会对各候选人之简评,提供台湾教育主管部门评选时之参考。

三、茶壶里的风波

台湾阳明大学校长遴选过程,大致上可说是风平浪静,但仍免不得些许微波,兹分述如下:

(一)候选人年龄有无限制

在遴选委员会作业之初,就有委员提醒要查明候选人有无年龄限制。本人受命后即请人事单位转询台湾教育主管部门,所得的答复是新校长在就职时年龄不得届满65岁,据此在求才广告(经遴选委员会审查通过)中即予明列。不幸的是,校方在见报后立即指示秘书小姐,将广告中"就职时年龄未及65岁者"一语删除,在其后的广告中即依新版本出现,其时我人在美国,秘书小姐虽急电相告,但生米已成熟饭,实无可奈何。

广告有两种版本是一件严重的事。如若确有年龄限制,遴选委员会未能依法执行,则所选出的逾龄校长将有作废之虞。若无年龄限制,而我们的广告中却自行加入,这样很可能使很多合格的候选人流失。因此我于7月底返回台湾地区后,立即商请于主任委员,召开遴选会议,以谋补救。在8月2日的第三次遴选委员会议中,委员们以压倒性多数通过"新校长就职时年龄不得届满65岁"的规定,这样在其后接受推荐人选时就会有明确的规范,不会无所适从。

但是有少数人就是不愿守法,而倡导"灰色地带论",认为台湾教育主管部门对大学校长年龄并无明文规定,因此不肯尊重遴选委员会的决议,以致有推荐函要强行闯关。有鉴于此一情势发展,在9月13日第四次遴选委员会中,遂另行决议由校方致函台湾教育主管部门请示,从而在10月3日得到台湾教育主管部门复函,白纸黑字言明"年满65岁或聘期届满时,年满65岁者不得初聘或续聘为校长",这一个小小的风波就此打住。

(二)某位候选人未能晋入决选的抗议之声

在决选之前,我们安排5位初选入围者来校访谈,其中的一个节目是公开演讲。为了保护各位候选人勿过早曝光,因此演讲的题目乃各人的专业,主办单位是各专业系所,遴选委员会并未出面。尽管如此,来听讲的人都心知肚明,了解到这场演讲的真意何在。其中有一位候选人,白发苍苍兮而精神矍铄,集科学、人文、艺术的修养于一身,大师之风,听者动容。有许多在场的听众,已认定了这就是我们未来理想的校长,在决选名单上必名列前茅。但是事与愿违,在 12 月 19 日的复选会议中,此君竟然未能上榜,消息一出,群情哗然,从而有第 12 次遴选委员会的召开。经过冗长的讨论,最后通过向全体阳明人发表下列一封公开信:

亲爱的阳明人,大家好:

本校校长遴选工作,依据本校第四次校务会议通过之"阳明大学校长遴选办法",自 1995 年 6 月份开始作业,至 1996 年 1 月 18 日举行第十三次会议,为期 8 个月,承蒙大家对遴选委员会的信赖与支持,使各项作业均能按部就班,顺利进行,遴选委员会全体委员一直心存感谢,并时时不忘付托之重,力谋以完美的遴选成果报答各位。在 12 月 19 日的会议中,首先决定我们应由 5 位候选人中选出 3 位呈报台湾教育主管部门,然后花了很长时间,讨论复选办法,并由各位委员一一对 5 位候选人所具备条件的利弊得失充分陈述及分析,最后依 1995 年 9 月 13 日第四次会议所通过之复选办法进行投票,该条条文如下:

复选时,应有 2/3(含)以上委员出席

始得开会,采取不记名方式投票,出席委员 2/3(含)以上赞成始为通过。

该日 17 位委员全部出席,经 4 次投票,入选者计有△△△、△△△、△△△(依姓氏笔画序)三位。此项结果于次日(12 月 20 日)的说明会中向全体师生同仁宣布,于其后一周内共收到 5 封来自老师的反应函,列名人数计 22 人,同声对某位教授未能入选有所质疑,希望本会公开答复。同年 12 月 28 日举行第十二次遴选委员会会议,前后历时四小时,出席委员对于此一事件发展,无不心情沉重,经过与会委员反复讨论,各委员的认知虽有不同,但遴选程序并无瑕疵。最后决定对 19 日的复选结果仍维持原议,咸认遴选委员所代表的是不同单位,不同背景,大家虽一心要做最佳的抉择,但"最佳"的共识似乎并不易达成。有人重理念,有人重实务;有人重学术成就,有人重人际关系;因为人非圣贤,任何一位候选人都不可能样样俱全。因此,在投票时如何选择自己心目中最理想的候选人,乃是由每位遴选委员的良知所决定。投票的结果有人满意,有人失望,也就不足为奇了。从此次遴选经验中所获得的启示是:台湾地区大多数校长现行的遴选制度均强调遴选委员产生之单位代表性;遴选过程亦以获票数之多寡决定候选人之入围与否。此种遴选方代虽符合"民主化"之原则,但是否即为遴选校长之最佳方式,有待各方深入思考。

我们非常感谢投书的22位老师,您们的心声代表着大家对阳明的爱,只要大家不冷漠,肯参与,阳明就必定会进步,遴委会同仁在此向大家表示最大的敬意。

阳明大学是一所小学校,校园风气一向纯朴,师生的专业绝大部分是生命科学,因此同仁们对事虽偶有建言,但绝无借机兴风作浪之举,因此这一场小风波也随这封公开信而平息。

(三)遴选工作报告书校方有异见

1996年1月15日遴选委员会举行最后一次(第13次)会议,来审查由笔者所拟将呈送台湾教育主管部门的"阳明大学校长遴选工作报告书"以及相关事项,报告书的前言只是一段简短的文字,原文如下:

阳明大学的前身为阳明医学院,创校于1975年,首任院长韩伟先生为一虔诚之基督徒,满怀对教育之崇高理念,身体力行,牺牲奉献,在位九年,为阳明树立了清新的校风,唯不幸于任期届满前罹患脑癌,英年早逝。继任院长于俊先生,平易务实,行政能力卓越,在位六年,一方面为阳明争取了70个员额,同时对于日后之发展,诸如多项硬体建筑、运动场搬迁、改制大学等做出具体规划,影响深远,居功厥伟。第三任院长韩韶华先生于1990年莅校视事,任内着力最多者为学校的改制事宜,对于新系所的增设,各学院的组成都有完整的规划,希望能为台湾地区的医科大学立一楷模。改制之事于1994年7月实现,其规模(学院数)并不如预期之完善,同时人员编制与预算量无增益,对于学校之良性发展构成了实质上的瓶颈。时光易逝,韩校长的六年任期预定于1996年届满。为追随时代脉动,遂于1995年5月开始着手遴选下一任校长之工作。

这一段看来十分平实的文字,意外地引起校方强烈反弹,认为遴选委员会逾越权限,不应对过往的校务加以批判。建议对前言予以删除或修正。我当时颇有点啼笑皆非之感。在历经8个月的遴选工作之后,委员们真的是辛劳备至。在第12次遴选委员会上,就有委员希望那是最后一次会议,而今为了一小段与遴选无实质重要的文字再开一次会实无必要。经向于主任委员请示,首先函询各委员可否取消"前言",结果有人赞成,有人反对。最后由我将原文加以修改,修改后的"前言"如下:

  阳明大学的前身为阳明医学院,创校1975年,到目前虽仅有20年的历史,但在历任院(校)长韩伟、于俊和韩韶华等三位先生的辛勤耕耘下,无论在教学、研究和医疗服务方面均有卓越的表现,为同侪所称道。改制大学的构思始于院长任内,而在韩韶华先生接掌院务后,更订定近、中、长程校务发展计划,苦心经营,全力以赴,卒于1994年7月奉准改制,全体师生均感鼓舞。唯美中不足的是,台湾有关当局未能在改制之时,配合校方的实际需要,扩增员额和预算,因此主持校务的人,也就倍感艰辛。时光易逝,韩校长的六年任期预定于1996年届满。为追随时代脉动,遂于1995年5月开始着手遴选下一任校长之工作。

这个修正版总算获得全体委员和校方的首肯,遴选工作也就此画下了休止符。

四、感想与建议

在本文的前言中,曾言"大学校长从官派改为遴选是这个新境界中最为社会称道和诟病的一环"。从过去的黑箱作业过渡到公开公正的遴选制度,受"称道"是理所当然之事,那又为何受到社会的"诟病"呢?这乃是因为有几所已进行遴选的大学,在作业过程中所暴露出来的恶质选举文化,诸如结党营私、黑函、攻讦、拉票、宴客等世俗化的选举戏码,都搬到大学校园里来公开上演,令许多有心教育改革并对未来充满憧憬的人士受到很大的冲击,顿感悲观和失望。这些大学的先驱经验,对阳明师生有很大的警惕作用,在我们讨论阳明的校长遴选办法时,都希望能不再重蹈覆辙,从制度层面上建立一个良好的规范,消极方面是要把社会上不良的选举风气摒绝于校门之外,积极方面是希望借着校长遴选办法的实施,能为校园注入新的生命力。衡诸我们的遴选过程,消极的目标似乎已经达成,遴选委员会的全体委员,自始至终都坚守"程序正义"的原则,一切依法办事,并排除任何不当的干扰。但是在积极方面,限于阳明主客观环境因素的限制,遴选委员会在"实质正义"上似做得有所不足。这也是所以会引起部分同仁抗议的原因。

关于阳明大学遴选委员会的组成,我个人一直持不同的看法。其一是人数太多,17个校内外委员要经常集会,是一件十分困难的事。我认为9～11人是较为理想的数目。其二是职员委员实无必要。参与大学校长遴选的人,应该是教育界和学术界的精英之士,本身就应该有做大学校长的条件,有对教育的宏观与远见,这样才有识才的能力,才有从众多候选人中挑选理想人选的能力。遴选委员不应该只是要糖吃的人,要候选人承诺对自己所属的院、系、所或者对行政人员要提供什么好处。除非是政客型的候选人,也不该在当选校长后做只图讨好众人的事。高等教育有待兴革之事正多,凡兴革必然会得罪人,为了怕得罪人而放弃兴革,这样的校长会有成为杰出校长的可能吗?为了避免遴选委员有个人门户之私,我主张应扩大校外委员名额的比例,譬如若总数为9人,其理想比例是校内教师4人,校外公正人士4人,校友委员1人。

  阳明的校长遴选,全程花了将近9个月的时间,事无巨细,无不戒慎恐惧,力求完美。对于所有来应征或被推荐的人,无不待以"国士"之礼。该保密处尽量保密,该请益处(如安排访谈时间)尽量尊重候选人的意愿;对初选和复选被淘汰的人,也无不以诚挚而委婉的书函,敬致告知和慰问之意,因此获得所有候选人的好评。但是当校方把三名入围者名单报到台湾教育主管部门后,其演出就完全走样。譬如我们有一位身居美国学术界要津的候选人,台湾教育主管部门要请他回来与该部门遴选委员面谈,所采取的全是官派作风,一纸公文指定某年某月某日某时,到哪里接受面询。其他有关旅费、食宿等事一字不提。当局用这样的态度来对待一位大学校长候选人,实在嗅不到一点尊师重道的气味,在还没有作大学校长之前就已赔上了尊严被践踏的命运。难道台湾教育主管部门的官员在这件事上不能做得更有气度一点吗?难道台湾教育主管部门不能以私函取代公文来邀请这三位候选人与会吗?难道对海外来的人不该在旅费食宿上多费点心吗?希望台湾教育主管部门能检讨这件事。

  最后,我要回到本文开场白所说的对大学校长"仰之弥高"的期许。任何一所大学,在遴选校长时,不妨以此为假想目标,对于所有的候选人,要检视他们是否"学识渊博,道德崇高,见人之所未见,言人之所不敢言,既是社会清流,也是国家栋梁"这些要素。人非圣贤,虽不可能样样条件具备,但也要择其多者而选之。另一方面,有心想做大学校长的人,也应该反躬自问,自己是否已具备令人"仰之弥高"的特质。如若没有,最好不要朝候选人的行列里挤,以维护这个行列的素质和清新。做大学校长不等于做官,其地位实高于任何官位。这样才不会像某位大学校长,听到被任命为台湾当局有关负责人的消息时,竟说出连一分钟都不需考虑就会答应的笑话。希望知识分子都能自勉勉人,维持士格于不坠才好。

台湾清华大学遴选校长经验

陈力俊[①]

  1914年冬,梁启超先生到北京清华大学演讲,以"君子"为题,引述《易经》中之"天行健,君子以自强不息"及"地势坤,君子以厚德载物"勉励同学,学校遂将"自强不息,厚德载物"作为校训。清华大学自创校伊始,即以培育"君子"为理念,前有梁启超、王国维、陈寅恪、赵元任、李济诸先生为导师,后有杨振宁先生为杰出校友。1956年,台湾清华大学成立后,自原子科学研究所一所,而后慢慢滋长扩展,逐渐成为理工大学。自1984学年度起更增设人文社会学院。1992年7月,增设生命科学院。

  学风鼎盛、人才辈出的台湾清华大学,除于1993年6月在"大学法"尚未通过之前,也就是在各大学选聘校长并没有法律基础之前,台湾清大与台大、师大为第一批在校园民主声中开始遴选校长的大学。今年初再度展开遴选校长作业,创所有公办大学第一次再度办理遴选校长作业之先例,备受各方瞩目。

---

① 陈力俊,台湾清华大学材料科学工程系教授。

一、遴选过程

沈君山校长于 1994 年 2 月经遴选程序后接任校长，在 1997 年初因任期届满，且近退休年龄，决定不再续任。台湾教育主管部门于 1996 年 11 月 20 日致函嘱托台湾清华大学遴选新校长，并于 1997 学年度开始前完成遴聘程序。台湾清华大学乃依"大学法"第 6 条、"大学法施行细则"第 4 条以及《（台湾）清华大学组织规程》第 34 条之规定成立遴选委员会展开遴选作业。

（一）遴选委员会的组成

校内于 1 月组成遴选委员会，校内委员包括理学院代表沙晋康教授、吕辉雄教授，工学院代表陈力俊教授、彭宗平教授，原子科学院代表欧阳敏盛教授、潘荣隆教授，人文社会学院代表郭博文教授、梅广教授，生命科学院代表张子文教授、李家维教授，非学院教师与研究人员代表吴茂昆教授以及行政人员代表赵君行博士等共 12 位。

遴选委员会校内 12 位委员于 1 月 20 日下午召开第一次会议，会议先就委员们心中理想的校外人士所属之领域及特质进行讨论。最后决定从校友代表、学术界、产业界三个类别，寻找身为领袖级人物，并愿意积极为台湾清华大学物色校长人选之人士。经过提名与讨论，所有的委员对人选产生高度共识，再经过沟通与协调之后，三位校外委员分别是台湾知名人士李远哲、刘兆玄、台湾地区集成电路公司董事长张忠谋。

委员会全体委员 15 人于 1 月 23 日中午召开第一次会议。会中推选李远哲为召集人，陈力俊教授为副召集人，李家维教授为执行秘书兼发言人。首先决定要勤于准备作业并做好沟通的工作，以约两个月时间建立遴选委员对学校现阶段需要与长程发展方向的共识，了解台湾清华大学在现阶段迫切需要的校长应具备的条件，再考虑具体的候选人。同时通过《征求推(自)荐校长候选人启事》、《推(自)荐书准备说明》,并于3月5日第二次会议中通过《作业办法》。

(二)推(自)荐人选

委员会在第一次会议中决议自即日起接受各界推(自)荐人选,截止日期为3月31日,并预定于5月31日前向台湾教育主管部门推荐2~3位人选。

《征求推(自)荐校长候选人启事》、《推(自)荐书准备说明》于1月31日至2月4日陆续在台湾地区各大报以及美洲《世界日报》、《欧洲日报》刊登,并刊载于2月15日的《科技报道》上。

(三)设立电子布告栏、网际网路首页

遴选委员会第一次会议即决定要勤于准备作业并做好沟通的工作。一方面设立电子布告栏、网际网路首页,为师生同仁提供及时与迅捷的资讯,并让大学可通过《清华简讯》、网路等各种管道来表达意见。一方面在校内举办座谈会及公听会,广征师生同仁对新校长人选的看法及对台湾清华大学发展方向的意见。

(四)座谈会

委员会校内委员于2月24日至3月1日针对各学院、非学院教师与研究人员以及行政人员共七场校长遴选座谈会,与校内师生同仁充分沟通,了解师生同仁对台湾清华大学未来发展的意见、对新校长的期许,以及对校长遴选委员们的意见,4月24日晚校内委员另经"研究生联谊会"安排与学生社团领袖座谈。

各场座谈会参加人数虽不多,发言却甚为踊跃热烈。一般而言,能做到"知无不言,言而不尽",中肯而精到。对学校未来发展是否定位为研究大学或以理工为特色的综合大学?专精与博雅、精英与平民教育孰重?职业训练机构或学术殿堂属性?教育与职业训练的平衡,是否应促成医学中心成立?领域间沟通与整合,教育多元化、正常化,加强通识教育,重视古典与人文价值,师生伦理等议题有许多的讨论,对新校长形象、声望、理念、人文素养、决策领导能力多所期许,希望新校长能经过充分沟通、协调落实现念,通过整合,重视学术卓越与伦理,争取与善用资源,启动学校发展潜力,使整体力量得以发挥,对遴选委员会则多有期许与鼓励。

(五)全校公听会

3月25日晚举办全校性的正式公听会,全体委员15人全程参与。会中报告遴选委员会目前的工作进度,以及前几场的意见讨论与收集的情形,并且在现场做最后的公开意见的讨论与整理。

公听会一开始由李政道召集人首先致词说:"在委员会成立两个多月以来讨论的共识下,校长候选人必须符合客观的五大条件及能力。具体的人选要考虑到新校长的办学理念,也必须要适合理学校目前的需要。"李远哲并提醒大家:"台湾地区的大学常对校长期望过高,在美国一流学校的校长多数只是扮演执行全校师生决定的方向的角色。实际上校长最能发挥的是领导学校优秀热诚的教师为教学、研究与服务工作而努力。"

副召集人报告遴选委员会的成立概况与工作进度,目前进度已经进入到搜寻人选与讨论的阶段。会议中师生对新校长的办学理念、资格条件、施政方针多所期许。也包括对新校长的健康状况、评鉴制度、纷争排解能力与角色、平衡教学、校园伦理各方面的意见。整个讨论会的发言非常踊跃,有各种不同的意见与声音,对新校长与台湾清华大学未来也有很多期望与愿景。

(六) 与候选人面谈

在预定日程3月底时,遴选委员会已经有10多位初步人选,经过审核与淘汰后,于4月9日第四次会议中投票决定邀请5位候选人面谈。于5月4日与10日分两梯次举行。并于5月10日的全体会议中共同决议推荐张立纲教授、黄昆岩教授及刘炯朗教授(以姓氏笔画为序)为校长候选人。遴选委员们都认为这三位候选人皆是一时之选,前瞻性、国际观与现代化的教育理念是他们的共同特质,而过去的经历也充分显示他们具有卓越的领导能力与丰富的行政经验。

(七) 候选人说明会

遴选委员会在一周内将候选人的详细推荐资料与推荐书分送校内教师,同时在电子布告栏、网际网路首页上公布,并于5月29日邀请三位候选人与校内师生同仁们见面,期许经由背景介绍、理念说明及茶叙沟通的方式增进大家的相互了解。当天下午3—5点,三位候选人分别在三个不同场地与学生、教师、研究员、职工同仁,校长与教务、学务、总务长会谈。接着在下午5—6点,邀请全校师生与候选人茶叙。

台湾清华大学师生对候选人表现出高度的关切,与教师和同学对话的场地分别可容纳100与300人,说明会自始至终,几乎座无虚席。说明会与茶叙均在轻松和谐的气氛下进行。候选人除自我简介外,恳切阐述教育与治校理念,并就学校未来发展方向与远景侃侃而谈,给予在座师生很深刻而良好的印象。而不论教师或学生也都能在理性文雅的情况下,畅所欲言。

(八)长聘教师同意投票

依《台湾清华大学组织规程》第 34 条之规定"……同意投票由全校长聘教师不记名投票,得投票总数 1/2(含)以上之同意票为通过。对每一候选人选票之统计至确定通过或不通过时即告中止。"遴选委员会于 5 月 30 日办理同意投票。全校长聘教师以 88%的投票率顺利通过向台湾教育主管部门推荐张立纲教授、黄昆岩教授及刘炯朗教授(以姓氏笔画为序)为校长候选人,由台湾教育主管部门就中聘任之。

同意投票的投票单在一周前由学校各单位转交全校长聘教师签收,请投票人将三张圈选过的投票单装入白色信封封口后,再装遴选委员会黄色专用信封,并在封口处签名后投送。开票由六位遴选委员会校内委员、五位校监督委员会委员共同执行。整个开票过程确实做到即使开票的遴选委员与监督委员也不知道各候选人确切同意票数,过程异常严谨。

二、台湾清华大学遴选的特色

台湾地区的大学校长从官派改为遴选,虽历经 1992 年起各校以风起云涌之势,"挑战威权"之态"先斩后奏"而得到台湾教育主管部门的被动"模糊"配合,以致"大学法"条文于 1994 年 1 月 5 日修正公布给予遴选法源依据迄今,为时尚短,可谓尚在摸索阶段。一方面符合"校园民主"之潮流,另一方面"恐怖故事(horror story)"不断,"毁誉参半"甚至于"贬损多于赞誉"。

成功大学医学院黄昆岩教授在今年 5 月 30 日举行的"大学校长遴选与治校风格"研讨会中即痛陈目前台湾大学校长遴选方法之缺点,包括遴选沦为竞选、校园政治挂帅、本位主义盛行、自亲繁殖(Inbreeding)为常态。与此次台湾清华大学遴选委员会推荐的三位校长候选人均为"空降部队",皆非台湾清华大学校友,来自不同领域,甚至

包括台湾清华大学未有的医学院教授,遴选过程毫无竞选活动,校园平静,恰成强烈对比。究其原因主要如下:

(一)台湾清华大学优良的校风

教师们大都能自律自重,"有所不为",对校务发展高度关切,才能以超高投票率,同意遴选委员会推荐的"空降部队"。目前大学的校长遴选过程中,多实行"普选式"的"同意投票",遭遇到许多批判。有从学理、逻辑、法理观点,也有从实务层面角度。以台湾清华大学此次遴选经验,行使"同意投票"的措施,总体而言,增进同仁间的参与感,祛除"黑箱作业"的疑虑,反而有相当正面的意义。

值得一提的是,台湾清华大学在1993年遴选校长时并没有"同意投票"的程序,此次遴选包括"同意投票"乃反应校务会议的"民意"。从这一次的遴选经验来看,"同意投票"为一凝聚校园向心力的大好契机。正所谓"普选"有多种,在优良的学术生态中,可以有良性互动的选择。

(二)高水准的遴选委员会

校内委员的推举公平、公正、公开,未经竞选,没有争议,充分反映到遴选过程中,委员们大致能跳离所系、学院、领域框框,认真严谨的执行同仁们托付的任务。由校内委员推举的"重量级"校外委员更发挥了提升思考层次、扩大搜寻层面、启发提示的作用,同时由于校外委员的参与,使遴选工作更超然客观,配合校内委员的深谙校园文化,而使遴选工作几乎达到"立于不败之地"的境地。

台湾清华大学很幸运地邀请到身为领袖级人物,并愿意积极为台湾清华大学物色校长人选的校外委员。虽然在安排三位身负重任的校外委员能同时与会的时间上颇费周章,但蒙各委员尽心尽力而全程积极参与,贡献卓越识见,多所启发指引。

（三）遴选委员会的作业方式恰当

遴选委员会一开始即决定要勤于准备作业并做好沟通的工作，建立遴选委员对学校现阶段需要与长期发展方向的共识。经由电子布告栏、网际网路首页、台湾《清华简讯》为师生同仁提供及时与正确的遴选资讯、加强沟通，得到大家的认同与支持。而各场座谈会也发挥了与师生同仁共同自我分析检讨，成为思考讨论台湾清华大学目前与未来发展的重要问题论坛的功用。遴选委员会同时决定积极主动求才，切实做到对候选人的保密以及礼遇。值得一提的是，最后三位候选人都是经由主动求才寻觅而来的。另外，遴选委员面对重要议题均有充分的讨论沟通，往往能顺利达成高度共识，对遴选工作进展产生了关键性影响。

（四）杰出的候选人

从理论上来说，"江山代有才人出"，对主要任务为求才、荐才的遴选委员会来说只要放大视野，广伸触角，尽力寻觅，应该会找到理想的候选人才对。在实务上，大千世界，茫茫人海，却又是千头万绪，在有限时间内找到杰出的候选人也要靠相当的运气。

遴选委员们都认为这三位候选人皆是一时之选，台湾清华大学在找到理想的候选人方面是非常幸运的。令人遗憾的反而是，无法同时揽聘这三位杰出学者到台湾清华大学服务。

三、理想的遴选方式

在校园民主的趋势下，纯粹由各大学遴选委员会自行操作而不经学校教师某种形式的"同意投票"来推举校长恐已成"绝响"。因此在设计理想的遴选方式上，可能必须要在此"边界条件"下思考。

台湾清华大学此次遴选校长有其得天独厚的环境。尤其是优良校风促使"越轨"行动无法产生预期效果，遴选经验对某些以往遴选校长"记录不良"的大学是否"不足为训"？这可能要看各校的反省能力！台湾清华大学的遴选经验显示可以有良性选择。

首先，校内委员成员主体应由校内具有学术地位、素有清望的教授组成。校内委员的产生应掌握"推举"而非"竞选"的精神。校园中"智慧甚高"的教师们长期相互"听其言，观其行，察其安"，"人人心头一把尺"，一般应可推举出"正心诚意"、称职的遴选委员。校外委员则可交由校内委员把握"取法乎上"的原则"推举"。

在跨出"正确的第一步"后，遴选委员会要能掌握主动求才、过程保密的大方向。由于真正人才对担任大学校长并不一定为"第一志愿"，虽然可尽力"感化"，不一定"保证成功"。1993 年，台湾清华大学校长"征选委员会"曾经"锁定"一位极为理想的候选人，虽然当事人从未表示感兴趣，"征选委员会"秉持"精诚所至，金石为开"古训，"锲而不舍"，经由各种途径"劝进"，终于未能"克尽事功"，但整个遴选过程受到相当的延误。因此"过早锁定"遴选对象可能是遴选作业需要避免的。

在遴选委员会确定推荐人选后，由学校教师同意投票要力求避免民粹干扰，强调是"同意投票"而不是"选举"，尤其不是竞选"最佳人缘奖"。因此门槛设定以及同意单设计、开票技术皆须妥为规划。台湾清华大学以投票总数 1/2（含）以上之同意票为门槛。各候选人有不同颜色的同意投票单，既易于区分，又可能减低化"行使同意权"为"评比"之心理因素。以投票总数 1/2 之同意票为门槛，可适度反应校园对候选人的"接受度"。开票时始能确实做到即使开票也不知道各候选人确切同意票数，一方面与投票总数 1/2 以上的得票数意义不大的理念相应，另一方面可能遏抑一些竞逐高票的"大动作"带来的选举症候。建议：

（一）台湾教育主管部门的适当角色

在台湾大学举行的"大学校长遴选与治校风格"研讨会中，许多学者均呼吁台湾教育主管部门不必在遴选委员历经长时间的用心遴选后再加最后一道圈选。有人建议台湾教育主管部门在学校组织遴选委员会时即介入，由台湾教育主管部门代表加入大学遴选委员会一起参加遴选工作，则现行"大学法施行细则"第4条"各公立大学校长之产生，台湾教育主管部门应分别聘请具有崇高学术地位之人士及台湾教育主管部门代表共5～9人组成校长遴选委员会择聘、直接选聘之"可以加以删除。

台湾清华大学在1993年遴选校长时，即曾报请台湾教育主管部门推荐代表五人，台湾教育主管部门也"从善如流"，推荐一位政界知名人士、三位前大学校长（包括一位前台湾教育主管部门负责人）为代表。这样的大"卡司"，因各种因素，并未能发挥预期效果。尤其令人惊讶的是，台湾教育主管部门在"监军"之后又组成台湾教育主管部门的"校长遴选委员会"直接选聘，应属法令规章未明时期的"笑话"。因此不如借由沟通，由台湾教育主管部门对大学遴选委员会作"事先核备"，对遴选作业"事后审查"，而能充分授权大学遴选委员会，一次完成主要遴选工作。毕竟大学遴选委员会的长期细密、严谨工作并不适合由台湾教育主管部门直接推荐会感到"却之不恭"的社会贤达为遴选委员。如果由各大学去寻找充满热诚，愿意为遴选校长竭尽心力的社会公正人士，则可避免原已日理万机的"局外人"涉入，成为其"不可承受之重"的问题。而对遴选作业"事后审查"或可收纠正较"离谱"的偶发案例之效。

（二）大学校长资格与年龄限制应松绑

根据"教育人员任用条例"第10条规定"大学校长应具有下列资

格之一：一、具有博士学位，曾任教授或相当于教授之学术研究工作，并担任教育行政职务合计四年以上，成绩优良者。……"第33条"……已届应即退休年龄者，不得任用为专任教育人员。"

"教育人员任用条例施行细则"第12条"……本条例第10条所称曾任教育行政职务，指曾任相当于高级荐任以上教育行政工作之职务，或曾任大学或独立学院一级单位主管以上学校行政工作之职务。"

"教职员退休条例"第4条"教职员任职五年以上，有下列情形之一者，应即退休：一、年满65岁者。……教职员已达前项第一款所规定之年龄，服务学校仍需其任职，而自愿继续服务者，得报请主管教育行政机关延长之，至多五年。"

大学校长在就任与续任时须未满65岁，而且须具备四年以上教育行政资历。大学校长须具备协调、沟通、规划之行政能力的条件相信是没有争议的，而且是重要的考量，但行政经验不等于行政能力，有关教育行政资历规定似可删除。尤其以往台湾教育主管部门曾有以在海外担任研究计划主持人即为具有教育行政资历之"判例"，则此项规定又形同虚文，更不如加以删除。至于年龄问题，如因为一两年的差异，而让"难能可贵"的"大有为"校长不得续任，实大有商榷的余地。

（三）学术卓越是重视研究大学校长所必备的条件

"学术卓越"是否为重视研究大学校长所必备的条件？如果答案是肯定的，要卓越到什么程度？台湾清华大学遴选委员会认为校长人选须具备"公认之学术成就与声望"，应是"学术成就与声望不可量化，但有公认标准"的写照。台湾地区在官派校长时代，"学术卓越"通常未被考虑，在遴选校长时代，则似应认真思考。

以大学为探索、创造、累积与传承知识学术及教育机构观点来看，学术领导应该是大学校长的一个主要工作。校长不具有"公认之学术成就与声望"则很难"众望所归"，对学术研究的精神所在、学术生态及发展的远景有深切的理解，善用资源，进而带动提升学术的工作。

1985年，美国麻省理工学院讲座教授柯亨教授(Morris Cohen)接受台湾教育主管部门委托考察台湾大学系所教学研究状况时，曾经在公开场合述说以其当时在麻省理工学院工学院任教近40年的经验，最有成就的工学院院长还是以"学术卓越"而非仅以管理见长的院长，颇足发人深省。在本年"大学校长遴选与治校风格"研讨会中，林孝信先生提出："依统计指出，负责美国大学校长遴选的校董的组成以企业经理及专业人士(如医生、律师、会计师)占绝大多数。不仅促成了美国大学的管理企业化，在校长的遴选标准上，也深受美国企业管理的影响。相对地，学术领导的比重就下降了。20世纪六七十年代，美国大学水准的平庸化，正和美国大学领导的高度企业化倾向同步的。"此论点虽然略失之"以偏概全"，但也相当程度地说明大学校长"学术卓越"的重要性。

（四）"行政中立"宜有规范

大学校长遴选另一个需要正视的问题是行政资源运用的规范。在与台湾清华大学沈君山校长讨论遴选校长问题时，沈校长认为："在大学自主、教授治校的原则下，现在台湾地区的大学，大概都要经过一个教授投票的过程。在这种情形下，现任校长握有一定的资源，而且任职数年，难免也有一定的恩怨，若介入遴选，尤其若自身也是候选人，必然会有纠纷，会影响他领导全校推动校务，也会留下后遗症。"观诸1993年始作俑的台湾大学校长选举，直到最近中兴大学校长遴选，皆可为证。

这次台湾清华大学遴选所以风平浪静，而且基本上非常有效率，校长只是配合而不介入遴选，也是一个原因。而且因此校务之推动，反而顺利，这一年比前两年更多做了些事。因此，作为以后本校或他校遴选校长之参考，可以考虑下述建议：

1. 原校长除非迫不得已，应该负责到任期完成、新任校长产生为止，而在此期间，现任校长负责校务之推动，配合而不介入遴选。

2. 万不得已，要经过代校长的过渡，则此代校长不宜为新校长之候选人。

3. 现任校长续任,不宜通过竞争选举方式。首先,这不是公平竞争,而且必然留下后遗症,最好是有董事会,作超然的评量(当然校内教授的意见是最主要的参考因素)。没有董事会,修正后现在的清华大学同意投票方式,也还可行。"沈校长以"过来人"的身份"现身说法",适切掌握了行政资源介入遴选可能造成的问题与缓解之道,相当有参考价值。

四、行到水穷处,坐看云起时

在台湾清华大学备受台湾地区有关人士期许于不久的将来能跻身于国际一流大学行列之历史时刻,"遴选委员会"躬逢其盛,负有遴选一位能领导台湾清华大学持续发展为世界名校校长的重大责任,具有历史性的意义,都感任重道远。经过四个多月的遴选作业,顺利地选出三位校长候选人。

本人忝为1993年台湾清华大学校长(征选委员会)委员与本年校长(遴选委员会)副召集人,谨遵照召集人李远哲先生指示将遴选经过作一记录,作为台湾大学遴选校长的参考。希望能借由一次成功的遴选经验,有助于台湾大学遴选校长"行到水穷处,坐看云起时"。最后要声明的是,本文在撰稿期间虽蒙多位遴选委员会同仁指正,但有涉议论之处,纯属个人管见,并不一定代表遴选委员会的共同意见。

大学校长遴选的理念与实务：
从台湾地区经验出发

黄俊杰

一、前　　言

　　大学校长由各校自主推举产生,是近年来台湾地区民主化过程中,在学术领域的新发展。但推举产生校长之方法,则各校颇不一致,瑕瑜互见。近年来大学校长由全体教师普选之呼声甚嚣尘上,耸人听闻。如何才能找出优秀而适当的大学校长？这是后戒严时期台湾地区各大学共同面临的严肃课题。这篇论文写作的目的,在于析论大学校长遴选的理论基础,并就遴选之实务问题加以探讨。

　　为了使这篇论文对大学校长遴选的理念与实务之分析更加具体化,我想扣紧"大学法"第六条与"大学法施行细则"第四条之条文,分析法律条文在落实过程中所呈现的问题,作为提出修法建议之参考。这篇论文除了第一节"前言"之外,第二节分析当前大学校长遴选中由于票选所产生的问题,并建构遴选的理论基础。第三节分析遴选委员会之组成及其背后之理念。第四节讨论遴选过程中的实务问题,尤其集中在"候选人访谈"这项重要工作上。第五节讨论遴选委员应具有之心理准备。第六节则综合以上各节之论点,提出结论性看法。

二、大学校长的"遴选":票选的困境及其批判

我在这一节的论述里,想首先针对现实状况论述以下三点:(1)"大学法"第六条虽规定大学校长以"遴选"方式产生,但是一切"遴选"实务"均由各大学组织规程订定之",为各校留下了极大的自主空间。(2)在若干大学里,这种自主空间常转化为近似普选的"校务代表投票",或全校讲师以上之教师行使同意权之方法。(3)这种近似"普选"之方法,有其似是而非的"校园民主"之理据,但是这种理据在理论上与实务上,均难以成立,有待严正厘清。

首先,让我们细读"大学法"第六条的条文:

> 大学置校长一人,综理校务。
>
> 大学校长之产生,应由各校组成遴选委员会遴选2~3人;台湾教育主管部门立者,由各大学报请台湾教育主管部门组织遴选委员会择聘之,其余公立者,由该主管部门层报台湾教育主管部门组织遴选委员会择聘之,私立者,由董事会组织遴选委员会遴选经董事会圈选报请台湾教育主管部门核准聘任之。
>
> 前项之大学遴选委员会成员应包括教师代表、行政人员代表、校友代表及社会公正人士,其中教师代表人数不得少于总数1/2。大学遴选委员会之组织、运作方式及有关校长之任期、去职方式均由各大学组织规程订定之。台湾教育主管部门遴选委员会之组织及运作方式由台湾教育主管部门订定之。
>
> 校长之资格,依有关法律之规定。

配合上述法条,"大学法施行细则"第四条进一步规定如下:

> 各校遴选委员会依本法第六条第二项规定遴选校长,应广征人才、参酌各方意见,本独立自主精神,自行合议遴荐最适当之人选。
>
> 各公立大学校长之产生,台湾教育主管部门应分别聘请具有崇高学术地位之人士及台湾教育主管部门代表共5~9人组成校

长遴选委员会择聘,直接聘任之。

本校第六条第三项所称大学遴选委员会,系指公立大学及私立大学董事会为遴选校长所组成之遴选委员会。

私立大学校长之产生,由董事会组织遴选委员会遴选2～3人,送请董事会圈选后,报请台湾教育主管部门核准聘任之。

以上"大学法"及其"施行细则"之基本原则在于"遴选",但具体之"遴选"方法与程序,则本于大学自主之精神,由各大学之组织规程自行订定。

其次,"大学法"为"大学自主"所留下的广阔空间,在许多大学自主"遴选"校长的实务上,常常转化为类似"普选"的两种"遴选"方法:

第一种方法是:遴选委员会提出校长候选人名单,经由校务会议代表投票选出。例如早在"大学法"制订之前,1992年12月12日,台大经1992学年度第一学期第二次校务会议通过的《台湾大学校长人选推举组织章程》第十条就规定:

本会提出推荐名单后,现任校长应于一个月内专案召开校务会议,就被推荐人个别依简单多数进行投票。获出席代表半数以上同意者,依得票多寡排定至多三人,送请台湾教育主管部门择聘。

依据上述规定所进行的校长遴选作业,虽名为"遴选",但是最后经由二百余位校务会议代表投票,其实已经形同实质的竞选。台湾大学现行的《组织规程》第三十八条也将"校长由校务会议代表选举产生"的新方法加以法制化,其条文如下:

本大学校长任期一任4年,得续任两次。

校长于任期届满后不拟续任者,应于任满前一年向校务会议表示,并依本规程规定办理新任校长遴选事务。校长拟续任者,应于任期届满10个月前由校务会议议决得否续任;第一任任期届满者应经出席代表逾1/2同意,第二任任期届满者应获出席代表欲2/3同意始得续任,校长未获同意续任时,应依本规程规定办理新任校长遴选事务。校长于校务会议开会议决得否续任前,应提出书面校务绩效报告以供会议代表评鉴,并于召集会议即行回避。

本大学遴选校长委员会,于校长任期届满前9个月成立,委员15人,由教师代表、行政人员代表、校友代表即社会公正人士组成,其中教师代表人数不得少于8人。主席由委员互选产生之。

遴选校长委员会,应于原任校长任期届满前3个月,依据校务会议决议之遴选标准及办法,遴选校长候选人若干人,于提请校务会议选出2～3人后,由本大学报请台湾教育主管部门择聘之,并于台湾教育主管部门择聘后解散。

遴选校长之办法、遴选校长委员会之组织、委员之选任及议事规则,于校务会议另定之。

本规程修正施行前以聘任校长之初任与续任准用第一项及第二项之规定。

这种校长候选人经由遴选委员会选出初步名单后,再交由两百余人的校务会议代表投票选出的方法,虽名曰"遴选",实则与"普选"并无本质上之差异。台湾大学创新提出的这种方法,对继踵跟进的台湾师范大学颇有影响。师大校长的产生基本上也是循当时的台大模式,由校务代表选出校长。

第二种方法是:将遴选程序分为若干阶段,其中有一个阶段是将初步候选人名单交由全校专任教师"行使同意权"之后,再回遴选委员会决定2～3人之最后名单送台湾教育主管部门。例如1993年12月22日,台湾成功大学1993学年度第一次校务会议所通过的《成功大学校长遴选办法》第七条,就如此规定该校之遴选程序:

遴选委员会分三个阶段决定校长人选:

(一) 第一阶段:由遴选委员会就被推荐人选中依第五条之条件遴选。同时秘密征询被推荐人参选之意愿,原则决定10人参与第二阶段之遴选。

(二) 第二阶段:遴选委员会第一阶段应将选出候选人之资料公布,并分送与本校专任讲师以上之教师,且安排适当的时间与地点,由上述教师针对每一位候选人行使同意权。

(三)第三阶段:遴选委员会就第二阶段决定之候选人中遴选2～3人,向台湾教育主管部门推荐。

台湾成功大学所建立的这种遴选方法,对台湾地区若干大学颇有启示,例如某大学的组织规程第五章第42条第2款,就如此规范该校校长之遴选程序:

新任校长之遴选程序依下列程序为之:

(一)原任校长任期届满前6个月,且无意续任时,校务会议当即成立"校长遴选委员会",其遴选委员会产生之办法如下:遴选委员共15人,由教师代表8人、非学院教师及研究人员1人、行政人员代表1人、校友代表2人、社会公正人士2人及学生代表1人组成之。前列各委员之产生办法,由校务会议订定之。

(二)遴选办法——校务会议应根据当时学校情况提出对校长候选人之积极及消极条件,以下列程序遴选之:

1. 遴选委员会组成后,向校内外广征人选,经慎重审核,向校务会议推荐3～8人为候选人。

2. 校务会议代表就候选人举行无记名认可投票,得票1/2(含)以上为通过,对每一候选人选票之统计至确定通过或不通过即告中止。

3. 遴选委员会就投票结果再进行遴选,推荐2～3人送台湾教育主管部门择聘之。

4. 候选人经校务会议代表两次投票仍无两位候选人达到推荐标准,则再征人才(可含前为通过者),然后举行校务会议代表投票。(其程序再回本遴选办法第二步)

这种由全校教师"行使同意权"的遴选精神,也延伸到校长的续任程序上。成功大学的《校长遴选办法》第十一条规定:

校长的每任任期届满前8个月应召开校务会议,就校长是否连任行使同意权。校务会议出席人员应依据所属单位同仁之意见行使同意权。校务会议开会时，由教授（或副教授）代表中，推选1人主持会议；并推选3人组成小组，负责行使同意权之事务。行使同意权之结果以电脑配合光学读卡机进行统计，结果不能对外公开。若校长获多数同意，则呈报台湾教育主管部门作为决定是否续聘之参考；若校长未获多数同意，则依本办法重新遴选。

台湾大学现行的组织规程第三十八条也是通过全体校务代表行使同意权的途径，而确认现任校长的续任：

本大学校长任期一任四年，得续任两次。

校长于任期届满后不拟续任者，应于任满前一年向校务会议表示，并依本规程规定办理新任校长遴选事务。校长拟续任者，应于任期届满10个月前由校务会议议决得否续任；第一任任期届满者应经出席代表逾1/2同意，第二任任期届满者应获出席代表逾2/3同意始得续任，校长未获同意续任时，应即依本规程规定办理新任校长遴选事务。校长于校务会议开会议决得否续任前，应提出书面校务绩效报告以供会议代表评鉴，并于召集会议后即行回避。

在上述"行使同意权"的过程中，有些学校（如成功大学）特别强调"以电脑配合光学读卡机，结果不能对外公开"，主要是着眼于保护校长候选人，不希望因为"公开"而造成对候选人之伤害，或者形成类似竞选之气氛。这种程序的设计，主要是汲取了若干学校由校务会议代表公开投票所出现之问题所得到的教训，而加以修正，用心可谓良苦。

第二种方法主要的长处在于可以照顾近年来大学校园中群众参与的客观要求，在一个"权威贫困"如台湾地区的社会中，诉诸群众常是一种做事的方法。有些大学在推选校长或院长时，参考第二种方法而略加改进，将校长或院长之遴选分成三阶段进行。第一阶段是由"校长遴选委员会"先由诸多人选中初步选出十余人。遴选委员除本校师生之外，应包括杰出校友、社会贤达、学界人士以及政府代表，以上诸委员皆由全校教师或校务会议代表投票普选产生。在这种制度设计之下，遴选委员之所以经由普选产生，除了求其多元性，使遴选之着眼点更为周延之外,也因为大学不只是现在在该校任教或求学的师生的大学,它更是整体社会的有机组成部分,因此,校长的遴选必须有校园以外的观点的参与(另详见第三节)。经由如此方式组成的遴选委员会,因其多元性而可以使大学校园内的本位主义降到最低。

第二阶段的遴选活动是:委员会将第一阶段选出之十余人,连同其学历、著作以及治校理念等资料,汇印成册,印发全校教职员生阅读,再行使同意权投票,但这种"行使同意权投票"并非竞选,投票者可以完全同意或完全不同意或只同意其中若干候选人。投票之方式可以有各种不同方式,但基本上是以教师为主体,职员及学生则以一定之比例作为代表参与同意权之行使。经由同意权投票之后,筛选某种数额(如8人或6人)之候选人,再送回"遴选委员会"。经过此一程序,候选人及取得某种形式之所谓"民意基础",而可以进入第三阶段。

第三阶段则完全是"遴选委员会"之作业。遴选委员彻底了解已获全校师生认可之候选人之相关资料,并约定时间与诸位候选人一一面谈,深入掌握个别候选人之状况及其工作构想,衡量本校之一般状况与特殊需求之后,选出最后名单(2～3人)报台湾教育主管部门聘请之。现行"大学法"第六条仍规定"由各大学报请台湾教育主管部门组织遴选委员会遴聘之",略嫌画蛇添足,因为台湾教育主管部门以匆促之时间临时邀请若干名人组成委员会,对候选人状况之了解与该校遴选委员会以长达一年以上之遴选工作相较,实不可同日而语。关于这个问题,我将在本文第三节详加讨论。

最后,不论是第一种或第二种方法,都是以"教授治校"作为其理论基础,认为大学之"政权所有者"是全校之师生,而"治权所有者"则是自校长以下之各级行政主管,后者须受前者监督,并兼承前者之意志处理校园事务。"大学法"第十三条就是立足于上述理论而制定:

> 大学设校务会议,为校务最高决策会议,议决校务重大事项,以校长、副校长、教师代表、学术与行政主管、研究人员代表、职员代表、学生代表及其他有关人员代表组织之。教师代表应经选举产生,其人数不得少于全体会议人员之1/2,教师代表中具备教授或副教授资格者,以不少于教师代表人数之2/3为原则,其余出、

列席人员之产生方式及比例,由各大学组织规程规定之。

在"大学法"第十三条的规定下,校务会议才是大学的所谓"政权机构",其理论背景就是所谓"教授治校"这个理念。但是,也有学者指出,"大学法"应再进一步修订,他说:①

> "教授治校"最近常被抹黑成教授不思专心教学与研究,只想夺权要求自己来治理学校。其实"教授治校"指的应是落实大学民主、法治的制度,厘清大学里的政权与治权之分,还政于教授而已。严格地说,应是还政于大学里全体成员(教、职、员、工、生)负责。"大学法"应以此精神重新翻修。

自从"教授治校"的理念被提出来以后,这几年来台湾地区各大学在校园民主的风潮之下,教授风起云涌地参与校务行政的运作,谓之"还政于教授",谓之"教授治校"。台湾地区高等教育界这项新发展,相对于过去戒严时代的大学校园状况而言,有其值得欣喜之处。在"教授治校"的风潮之下,校园内各种意见充分表达,百家争鸣,百花齐放,也有其正面的意义。但是,从近年来大学校园内部之实际状况观之,"教授治校"也出现了许多令人忧心的问题。举目所见,"教授治校"在许多大学中被解释为"教授参与学校行政工作",结果在大学行政人员的选举中,合纵连横、党同伐异成为常见的现象,而政党势力的运作更使校园沦为权力斗争的场所,影响学术研究及教学工作至深且巨。

所谓"教授治校"的真正含义,应该是指教授在研究及教学的专业范围内,具有自主之权,不受非学术因素之干扰。教授在自己专业研究领域内,可以决定自己的研究课题、方法,乃至研究资源之分配,而不是指教授牺牲研究时间投入庞杂的行政业务之中。这项行政与研究分际的厘清,至为重要,是当前大学教育改革的一个重要方向。

不论"教授治校"的适用范围如何,近年来台湾地区若干大学以"教授治校"为理论基础,而实行的校长由校务会议的代表选举或由全

---

① 王宝玺:《由私立中原大学组织规程修订经过谈起》,《学改会讯》第十八期,1995年4月14日出版,第169—172页,引文见172页。

体教师"行使同意权"等方法,虽对"校园民主"有一定的贡献,在相当程度上对于过去戒严时代大学校园内教师噤若寒蝉之病况有所匡正。但是这两种类似普选的方法,却也有其值得深思的问题。我分别从理论与实务两个层面加以分析。

从理论层面来看,类似"普选"之制度之所以不是产生大学校长最适当的方法,主要原因在于:作为"学术领域"的大学与作为"政治领域"的民意代表机构,各有其不同的运作逻辑,两者有其"不可化约性"(mutual irreducibility),不可互相援用。"政治领域"中的事务依"多数决",政治领袖是利益与权力的支配者与协调者;但"学术领域"中的大学校长则为"学术社群"的领导人,大学的事务应依学术原则而非依政治原则运作。从这个角度来看,主张以"普选"方法选出大学校长的人,实无异于将属于"政治领域"的运作逻辑强加到"学术领域"之上,其结果必然导致"学术领域"完全服从"政治领域",从而使"学术领域"独特之自主性为之彻底沦丧。这种结果相信绝对不是致力于维护校园"学术自主"的人所乐见的事。

以上论述中所谓"学术领域的自主性"是个复杂的概念。这个问题之所以复杂,乃是因为这个问题牵涉方面甚广,尤其集中在以下两项极具挑战性的事实上:(1) 专业自主与自律之间有其辩证性关系;(2) 自主与自律之间均以学术界的"自我立法"为其前提。

我们先分析专业自主与自律之间的辩证性关系。从一方面来看,教师的专业自主性建立在自律性之上。只有具有严格的自律性的教师,才有资格在专业领域里取得自主权,不受非专业因素的干扰。但从另一方面来看,只有拥有自主性的专业教师,才能积极主动地建立专业领域内的自律。因此,"自主"与"自律"是不可分割而且互为创造的两个概念。一个负责任的教师不能只一味要求"自主权",而拒绝服从学术专业应有的自律性规范。反之,只有具有自律专业道德的教师,才有资格或能力获得专业自主权。

我们再进一步分析,"自主"与"自律"这两个概念之所以具有辩证性关系,主要就是因为学术社群具有"自我立法"的能力。这是指学术界的运作有它自己的逻辑,它有自己的一套探索真理的方法,无待于非学术领域(如政治领域)的指导,学术领域有它的独立性。举例来说,"一加一等于二"这项真理的普遍必然性,并不靠政治上的投票行为而获得证实或否决。因此,学术领域的"自我立法"特质,产生了教师的专业"自主"与"自律";这种特质也因教师在教学工作时坚持"自主",严守"自律",而更获得强化。

从以上所论证的"学术领域有其自主性"这项命题,我们可以证明:"普选"或类似"普选"制度之所以不可取,乃是因为这种制度以政治领域的逻辑支配学术领域,从而伤害了学术领域之自主性。

从实务层面来看,实施校长普选或类似"普选"之全校教师行使同意权之制度,则必难免有竞选活动,否则选民将无法了解候选人及其政见。既有竞选活动,则当前台湾地区社会及政治生活中之重大议题如"统独"、"党派"以及"省籍"矛盾,以及大学中之自然科学与人文学科等问题,必然随之而渗透到竞选活动之中,而成为校园中之热门话题并在选举活动中产生发酵作用。由于普选系以选票比高下,所以新闻界之介入,合纵连横之运用,竞选对手之抹黑……一般政治领域之选举中常见之手段,将难以避免地出现于校园之中。这种校园选举的结果,将导致校园政治化,教授派系化,职员骑墙化,而这一切现象又为学生提供了"反面教材",使学生之价值取向为之扭曲,伤害学术与社会生机莫此为甚!

"普选"之所以在实践中有其不可行性,主要是"普选"或甚至由遴选委员以投票方法选出校长候选人之方式,都会在不同程度上陷入"数量性思维的陷阱"而使遴选工作未臻完善。"数量性思考"之所以潜藏着"陷阱",乃是因为校长的遴选基本上是一种对人的"品质"的判断,这种判断很难通过选票的"数量"而进行。1995—1996年阳明大学的校长遴选的经过,可以说明这一点。阳明大学的遴选过程中,有一位候选人经由遴选委员会委员投票而未能进入最后名单,引起校内二十余位教授的抗议,该校遴选委员会经详细讨论之后发表一封公开信说明,其中有一段话说:

> ……经过委员会委员反复讨论,各委员的认知虽有不同,但遴选程序并无瑕疵。最后决定对19日的复选结果仍维持原议,都认为遴选委员所代表的是不同单位、不同背景,大家虽一心要

做最佳的抉择,但"最佳"的共识似乎并不易达成。有人重理念,有人重实务;有人重学术成就,有人重人际关系;因为人非圣贤,任何一位候选人都不可能样样俱全。因此在投票时如何选择自己心目中最理想的候选人,乃是由每位遴选委员的良知所决定。投票的结果有人满意,有人失望,也就不足为异了。从此次遴选经验中所获得的启示是:台湾地区大多数校长现行的遴选制度均强调遴选委员产生之单位代表性;遴选过程亦已获票数之多寡决定候选人之入围与否。此种遴选方式虽符合"民主化"之原则,但是否即为遴选校长之最佳方式,有待各方深入思考。

诚然如此,在当前台湾地区的校长遴选制度之下,校长候选人的品质及其适任性,是由遴选委员或(行使同意权的)全体教师,以票数之多寡决定,这种校长产生方式的"陷阱"有二:

(1) 选票"数量"与候选人"品质"并不完全等同,其有其不相应性或不重叠性。

(2) 选票所代表的是投票人的单位或个人的观点,未必完全符合大学之整体观点。

更进一步分析,以上这两种"陷阱"之所以成为"陷阱",乃是由于:

(1) "数量"与"品质"之间并不等同。

(2) "个体性"与"整体性"并不等同。

因此,以票数决定候选人之取舍的现行方式,虽然合乎"程序正义",但未必符合"实质正义";虽然有其"合法性",但未必有其"合理性"。在表面的合法性之下,正潜藏着巨大的"不合理性",这正是当前台湾地区高等教育界的重大吊诡之一。

综合本节的析论,我们发现:现阶段台湾地区各大学之校长遴选工作,较诸过去戒严时代之官派方式所导致"学术领域"屈从"政治权威"之现象,诚然是一大变革,但是,在"教授治校"的口号之下,若干大学校园里风起云涌的"选票至上"风潮,甚至"投票拜物教"心态,却也对大学的精神造成颇为可观的伤害,从类似普选的校长"遴选"方式所引起的问题之中,可以略窥这种伤害之一斑。

三、遴选委员会的组成及其理念

在论述了大学校长必须采取遴选的理由之后,我想在这一节里进一步说明:(1)校长遴选委员会的组成,应尽量包括相当数量非本校之社会公正人士。(2)遴选委员会之校内委员可经由选举产生,校外委员或可经台湾教育主管部门负责人推荐。(3)遴选委员会由此一方式组成后,因为已经包括台湾教育主管部门之代表,所以校方遴选委员会所遴选产生之校长人选,应不必再经由台湾教育主管部门另组遴选委员会再次遴选。因此,现行《大学法施行细则》之规定应加以修订。

在"大学法"颁布以前,若干大学的校长遴选办法中规定遴选委员均为本校现任教师,例如:1992年12月12日,经1992学年度第一学期第二次校务会议通过的《台湾大学校长人选推举委员会组织章程》第二条就如此规定:

> 1. 本会由现任校长及教师代表每学院两人共同组成。
>
> 2. 各学院教师代表由该学院校务会议代表互选产生,但不得属于同一系、所,或同为兼任行政职务之教师。
>
> 3. 本会得视需要邀请学生代表、行政人员代表、校友代表及社会人士代表列席会议。

上述规定之第三条后来并未实施,而改为举办"公听会"以及遴选委员访问校友或学界人士之方式进行。这项条文第二项规定故为在这条条文之下,校长遴选成为本校现任教师之事务,完全忽略了大学除了属于现在在校的老师之外,也是整体社会的一个组成部分,更是本校过去毕业校友关心母校的一个组成部分,将社会公正人士及校友排除在外,实属不够周延。

针对这项缺失,"大学法"第六条对遴选委员会的组成就做了比较周延的规定:

> 前项之大学遴选委员会成员应包括教师代表、行政人员代

表、校友代表及社会公正人士,其中教师代表人数不得少于总数的1/2。大学遴选委员会之组织、运作方式及有关校长之任期、去职方式均由各大学组织规程订定之。台湾教育主管部门遴选委员会之组织及运作方式由台湾教育主管部门订定之。

"大学法"第六条第二款的规定,较能照顾到遴选委员的多元性,各校制订的遴选办法,也都本于"大学法"第六条之规定,例如《成功大学校长遴选办法》第三条如此规定:

  遴选委员会由委员15人组成。除原任校长(或代校长)为当然委员之外,其余14人依下列方式产生:

  1. 由各学院推举专任教授(或副教授)11人。其中工学院3人,其余各学院各2人。共同科、政治经济研究所及图书馆与文学院合并推举;体育组与管理学院合并推举;电子计算机中心与工学院合并推举。推举方式由各学院与合并推举单位共同订定。

  2. 由校务会议应出席人员推举校外杰出、公正且关心高等教育之校友及非校友各1人。候选人由各学院及上列不属学院之单位推荐。

  3. 由编制内之职技人员推举组员或技士以上之职技人员1人,推举方式由职技人员代表开会订定。

  遴选委员不能或不便参与遴选工作时,各推举单位依上列规定之名额依序递补。

私立大学的遴选办法也本此精神,例如《台北医学院校长遴选办法》(1995年11月2日第十届董事会第三次会议审核通过)第三条如此规定:

  校长遴选委员会置委员15人,由下列人员组成:
  1. 董事代表1人:由董事会推派。
  2. 教师代表8人:由副教授以上专任教师互选16人,送请董事会圈选8人。
  3. 行政人员代表1人:由二级以上行政单位之主管互选2

人,送请董事会圈选1人。

4. 校友代表2人:由校友总会推派4人,送请董事会圈选2人。

5. 社会公正人士3人:由董事会聘请。遴选委员之任期以自董事会聘请之日起至新校长报经台湾教育主管部门核定日止。

其余公私立大学的校长遴选委员会的组成模式,大致上与以上两校大同小异,所差别的只是各种类别委员之数额而已。

如果以近年来台湾地区若干大学遴选校长的实际经验来检验上述委员的组成办法,其中最具有关键性的就是校友及社会公正人士之委员。由于校内委员长期任教于本校,固然对本校各种事物较为熟悉,易于参与;但是,也易于因为种种人事纠缠而不易对遴选工作保持完全中立客观之立场。在这种状况之下,校友及社会公正人士之出任遴选委员,就颇具意义,并且对遴选工作可以发挥重要作用。

校外遴选委员可以发挥的作用甚多,其较为明显者有以下几点:

(1)校外委员可以超越本校观点的局限性,从高等教育发展的角度思考问题。校外委员思考遴选问题的层面与校内委员互有不同,但相辅相成,对于提升校长遴选工作之水准,助益甚大。

(2)校外委员之参与,可以提升遴选委员会之公信力,减低校内师生不必要的疑虑;而且,在遴选过程中,校外委员较无人情羁绊,可以畅所欲言,有助于对候选人之充分讨论。

综上所言,既然校外委员可发挥重要作用,所以,遴选委员会之校外委员之数额应予增加(如增为四名),以充分发挥校外委员之功能。

但是,以上建议都涉及一个关键问题:遴选委员如何产生?这个问题在现阶段的台湾地区特别构成一个问题,在"教授治校"风潮席卷校园的大学更是严重。针对这个问题,我的建议有二:

(1)校内委员的产生不妨仍循选举方式产生,主要原因在于:台湾地区各大学自从戒严令废除后快速迈向"校园民主",几乎所有的校内行政职员都经由选举方式产生。校长遴选委员会委员亦不能不经由选举产生。从实践经验来看,若干大学的校长候选人之竞争已经逐渐转型为遴选委员会委员选举之竞争,能掌握较多数遴选委员之候选人,将来出线的可能性也相对上升。这种恶质化的现象是处于"民权初步"的台湾地区一些大学的短期现象。这种经由选举产生校长遴选委员的方式,是否可以成功地完成遴选校长的工作,完全取决于个别大学的学术生态。在教师素质较为整齐的学校,可能选出较为公正而认真的遴选委员,反之则不然。

(2) 校外委员之产生方式,截至目前为止,许多学校之校外遴选委员有由各校院务会议提名经校务会议投票选出者,亦有由校内遴选委员投票选出者。这两种方式均各有其利弊。其利在于校外委员有其坚实之校内民意基础,易于获得认同;但是经由投票方式产生,也不免涉及所谓"知名度"之问题,对"知名度"不甚高而适合担任校外委员之公正人士,或不免有遗珠之憾。

如果遴选委员会依上述方式组成,则现行"大学法施行细则"第四条第二款就可以加以删除。第四条第二款条文如下:

> 各校遴选委员会依本法第六条第二项规定遴选校长,应广征人才、参酌各方意见,本独立自主精神,自行合议遴荐最适当之人选。

> 各公立大学校长之产生,台湾教育主管部门应分别聘请具有崇高学术地位之人士及台湾教育主管部门代表共5~9人组成校长遴选委员会择聘、直接选聘之。

如果台湾教育主管部门代表加入大学的遴选委员会一起参加遴选工作,则上述条文即可取消。因为大学的遴选委员会长达半年乃至一年的细密遴选过程,当比台湾教育主管部门匆促之间组成委员会匆促决定最后人选,更为周延。

四、遴选过程的实务工作:以候选人访谈为中心

在遴选委员会组成之后,就可以进入遴选的实务过程,诸如登报征求候选人、制订开会及工作日程等具体实务,各所大学大多大同小异,毋庸赘述。我想在这一节里论述的是:(1) 遴选之实务,以候选人

访谈这项工作最为重要。这项工作展开之前，委员会首先要确定理想中的校长风范。（2）确定了校长的理想风范之后，委员会应谨慎思考访谈中相关的实务问题。

在台湾地区各大学自主遴选校长的这几年里，从遴选实务经验所见，遴选委员会委员看法最不一致但最具有关键性的问题集中在什么人才是大学校长的适当人选上。社会各界人士以及各单位选出的遴选委员对这个看法颇不一致，其中流传甚广的一种意见是：大学校长的角色类似大公司的总经理，是大学教学研究资源的分配者与协调者，因为在现代社会中大学事务日趋繁杂，校长已经不再是专家学者或道德楷模，而是管理大学事务的经理人才；而且在多元社会中，大学不是象牙塔，而是社会整体结构的一部分，大学校长必须领导"知识从业人员"，以与社会互动，因此校长实质上是经理人才。

这种意见及其理由，观之固然持之有故，言之成理。但是大学校长的角色这个问题，不能抽离于时空情况来考虑，而应置于现阶段台湾地区的具体脉络来考量。从当前台湾地区的状况来看，大学校长不应只是总经理，而应是知识社群的领袖。

就现阶段台湾地区的特殊情况而言，大学校长不应等同于公司的总经理，主要的理由是：今日台湾地区高等学府的物质资源固然有所不足，但是最根本的问题则是精神资源的贫乏。因此，大学校长必须致力于大学精神资源的创造。我所谓"精神资源的贫乏"，是指现阶段台湾地区高等教育界由于缺乏以学术为终身志业的典型人物，因此，台湾地区许多大学表现出"职业训练所"的性质远超过于"追求真理的殿堂"的性质。许多大学校长平日忙于接见宾客，促进公共关系，参与政治活动的时间远多于在校办学的时间。流风所及，台湾地区的高等教育深深地受到政治力的渗透与支配，政治人物与大学校长常常互相交流转任，影响所及，大学普遍呈现理想主义的失落。我们的大学校园里，由于欠缺典型，所以精神资源极端贫乏。大学高层主管虽不乏才学俱优者，但亦不少唯唯诺诺之辈，其较优秀者仅止于略具行政能力的技术官僚而已。大学校长这个职位只是这些技术官僚一生仕途中的中途站，而不是生命的志业。

光复后50多年来的台湾地区高等教育，在实用主义与功利主义的双重夹杀之下,教育的主体性与自主性已沦丧殆尽,20世纪50年代年的教育部门以培育政治人才为目标,60年代则为经济发展而存在,到了80年代以后,则又成为科技人才的养成所,教育实已脱离教育的目的而自我异化。在这样的历史背景下,近年来台湾地区的民主化为教育的脱胎换骨提供了一个令人兴奋的契机,而大学校长的遴选正是这个契机的端倪。在这个快速转型的台湾地区社会中,大学校长绝对不只是物质资源的分配者而已,也绝对不只是大学与社会的沟通者而已。我们迫切需要的是怀抱理想主义的知识社群领袖。这样的知识领袖必然是大学校园中精神资源的开发者与维护者。由于丰沛的精神资源的支持,这样的大学校长,才能在时代的狂风暴雨中挺立人格,立定脚跟,为新时代树立典型。

以上基于大学的理念所提出的大学校长的理想典型,必然遭受到一种务实主义者的挑战。这种挑战的论述是这样展开的:大学校长的遴选并不是在选拔古代的圣贤典型,也不是在选现代的好人好事代表,而是在选择适合于个别大学的领导人。因此,遴选校长的标准,不在于高贵而抽象的道德原则或是华而不实的所谓"学术成就",而是在于是否"适合"本校"现阶段"的需要。在这种务实主义的考量之下,有些校长候选人虽有学术成就或社会声望或有"空洞的"理想与抱负,但并不适合在此时此刻担任本校校长,因为本校正努力于在日益激烈的国内各大学竞争之中力争上游,需要一位有强大募款能力之学者或行政之干才,才能完成阶段性之任务。

以上这种论点,就各大学之特殊而具体的状况与需求而言,在理论上确实言之成理;在实务上也常在各校的遴选实务中被印证。但是,这种务实主义的论述仍有值得商榷之处,其最关键性者在于所谓"适当性"之定义。所谓"适当性"这个问题可以分两个层次来看:其一,"适当性"是指"现阶段的适当"或是"长期性的适当"?目前台湾地区若干大学之遴选委员会常注重校长候选人之短期而立即的"适当性",强调候选人当前对本校在行政上与财务上的"适当性",而较少考虑就长远观点来看,某些候选人的短期适当性,可能成为大学长期发展上的负担。其二,"适当性"是指"形式的适当性"或是"实质的适当性"?若干大学的校长遴选委员会常常很重视候选人"形式的适当性"，如是否本校毕业校友？是否本校教授？是否担任本校系主任或院长或其他行政职务……而较忽略一种事实："形式的适当性"与"实质的适当性"常常并不重叠，而且在许多状况下常有内在紧张性在焉。有些具备"形式的适当性"的校长候选人，未必具有"实质的适当性"。

因此，归根究底，问题在于：大学之理念何在？从大学的发展史来看，大学固然可以如古代的书院一样，是一个"道德的社区"，也可以是如在许多近代威权国家中的各级学校一样，是一个"政治的领域"，大学沦为实践国家意志的工具；也可以如在资本主义社会中的许多学校一样，大学是一个经济领域中的重要部门，是资本主义社会中资产阶级后备部队的训练工厂。但是，从大学之所以为大学的本质而言，大学基本上是一个"知识的社群"。在近代以前的社会里，大学作为教育机构，多半以道德关怀或政权维持，作为创造及传播知识的基本动力；在近代的大学中，知识的创造则以功利主义或对未知世界的好奇为主要的动力。作为知识社群的大学，具有两种特性：一是自主性（autonomy），二是独立性（Independence），两者皆为大学追求"学术独立"与"学术自由"之根本基础。在大学知识社群里，校园的最高领导人校长与政治领导人或民意代表或公司经理之间，有其"异质性"（heterogeneity）在焉，泾渭分明，不可混淆。我们不能忽略了知识社群领袖与政治、商业领袖之间确实有其不可互相化约性（mutual irreducibility）这种事实。

确定了遴选委员会心目中理想的校长典型之后，委员会就可以开始进行校长候选人遴选的具体业务了。关于登报征求候选人及其截止日期，各学术团体或学者之推荐候选人之方式等等，皆属业务性的工作。各大学大致大同小异，我不必在此多加赘述。

我想集中焦点讨论的，是整个遴选过程中最具关键性的工作——候选人访谈。关于候选人访谈这项工作之所以在大学校长遴选过程中最具有关键性，主要是由于校长候选人的人格特质、领导能力等抽象性的要素，常常不是在候选人的履历、著作目录、科学引用指数（Science citation index），甚至是他们所撰写的治校理念等书面资料中所能够完全呈现的。因此，候选人与遴选委员会的面谈就极为重要，因为这项工作一方面可以使遴选委员会委员由于与候选人面对面的接触,而获得了第一手的资讯以作为判断的依据;另一方面,候选人也可以经由访谈的机会,而对该大学的相关具体问题向遴选委员会提出。因此这项工作是一个互为主体性(inter-subjectivity)的工作,对于促进遴选委员会与校长候选人之深刻的理解助益极大。

在进行候选人面谈工作时,遴选委员会委员所提出的问题,基本上不出两大范围:

实务性问题:候选人的访谈开始时,通常候选人约使用10分钟时间进行自我介绍,并对前来应征这一职位之原因进行初步的说明,以便使遴选委员会获得初步的印象,接着访谈工作随即开始。双方面谈通常都从实务性的问题开始,这些问题包括:从候选人的观点中,本校主要问题何在?应如何解决?对本校未来的整体发展有何蓝图?如何在台湾地区高等教育中为本校定位?如何提升本校的竞争优势?诸如此类的问题,在性质上都属于广义的大学学术行政的实务性问题,遴选委员会提出这类问题与校长候选人交换意见,可以相当具体地了解候选人对于大学行政事务的熟悉度,也可以在相当程度之内了解候选人的行政能力。

理念性问题:除了实务性问题之外,更为重要的是理念性问题的讨论。这一类的问题范围至为广泛,可以包括高等教育及大学之理念,乃至于当前及未来之文化、思想、社会、政治、经济等重大议题。这一类的问题一般而言较少有明确之答案,因为这类议题常常并不是可以进行是非对错判断的问题,但是这类问题之所以极为重要,乃是由于遴选委员会可以经由候选人对于这类问题的反应,而作为判断候选人的人格特质、领导能力等高层次问题的一项重要参考。

访谈问题举例:为了要比较明确地将以上所述的理念性与实务性的问题作成具体范例,我想将过去某校遴选校长时,遴选委员会所准备的问题范例,列举如下以作参考:

1. 1912年以来,曾有过若干位杰出的大学校长,留给时人及后世一种"高山仰止"的崇高形象。请问就您所知,能否举一两位做例子,来说明他们之所以成功的人格特质。

2. 您觉得在即将迈入21世纪的台湾地区,高等学府对传统文化应持何种态度?傅斯年担任台大校长时,大一国文以《孟子》和《史记》作教本,您觉得它的利弊得失如何?

3. 您在大学都求过学或做过事,试请比较各大学的优缺点;若想对台湾地区高等教育加以改进,您认为应如何着手?

4. 自从台湾有关当局解严以后,所谓"校园民主、教授治校"的口号人人皆知。然几年来的经验,许多人觉得成效不如预期好。就学生而言,民主有余,法治不足,行政单位面对学生,常常畏首畏尾,不敢谈大是大非,而沦为乡愿。同时年轻人普遍好逸恶劳,取向功利,求知欲不高,这是许多大学的普遍现象。假如您出任校长,如何对上述现象振衰起蔽,走出新局?

5. 本校环境特殊,有一些特殊问题(例如……)若您出任校长,对此一现状有无任何改革的企图心?

6. 在大学里,教师的责任有教学、研究、服务三项,但多年来,各大学有一共同现象,即大学教师重研究而不乐于教学和服务,这有其切身利害之考虑但并非健康的教育取向。对于此一问题,有各种不同的看法和解决的建议。您如在本校担任校长,对此一问题有何高见?要不要采取什么具体措施?

7. 台湾地区各大学的教师虽为一年一聘或两年一聘,但不适任的教师很少有不发聘的先例,因此无法汰劣存优,以致影响教育品质。若您出任校长,有无改变现状的可能,做一些大刀阔斧的改革?您对职员的类似问题有何看法?

8. 今后在台湾地区的公立大学,自筹财源的压力将会越来越大,您如出任本校校长,在这方面有没有什么前瞻性的构想?

9. 您对"通识教育"这个名词的认知度如何?若您当校长,如何对待本校大学部通识教育的问题?

问卷调查举例:除了问题讨论之外,为了弥补遴选委员会的判断可能流于主观之弊病,遴选委员会也可以对于以下几种人发出问卷:一是候选人过去服务单位的上司;二是候选人过去服务单位的同僚;三是候选人服务单位的下属。过去某大学进行校长遴选工作时,曾经发出类似问卷，兹将问卷范例列举如下：

1. 对于人事等事务处理的公正性及客观性如何？
   特优□ 优□ 良□ 可□ 无意见

2. 对于认识人才与罗织人才之能力如何？
   特优□ 优□ 良□ 可□ 无意见

3. 对于幕僚、同事及下属之统合领导能力（如利害冲突之调解、工作士气之鼓舞及团队精神之凝聚）如何？
   特优□ 优□ 良□ 可□ 无意见

4. 对经费之争取合理分配与有效运用能力如何？
   特优□ 优□ 良□ 可□ 无意见

5. 对其主管单位整体性之考量及未来发展之见解与策略如何？
   特优□ 优□ 良□ 可□ 无意见

6. 对艰难事故之担当负责及对重大压力之承受能力如何？
   特优□ 优□ 良□ 可□ 无意见

7. 与其他平行单位、上级单位，以及关系单位之公共关系处理技术如何？
   特优□ 优□ 良□ 可□ 无意见

8. 会议、交涉、协调，以及公共演讲时口才与表达能力如何？
   特优□ 优□ 良□ 可□ 无意见

9. 在办学理念上是否尊重学术自由？
   特优□ 优□ 良□ 可□ 无意见

10. 是否有清廉诚信之品格？
    特优□ 优□ 良□ 可□ 无意见

11. 综合来说，候选人对担任学校最高行政首长之行政能力如何？
    特优□ 优□ 良□ 可□ 无意见

12. 如果您对候选人的行政能力上能提供文字叙述补充，请直言无讳（问卷收到后立即另行打字。绝对保证本问卷之隐秘性）

这种问卷收回以后，遴选委员会就可以加以统计，列出图表，分发给遴选委员会委员作为参考。

在遴选过程中,遴选委员会应该注意的问题甚多,其中在实务经验上较具有重要性,并且较为困难的问题至少有以下三类:

第一,委员会内部之整合问题。所谓遴选委员会内部之整合问题可以细分为两类:一是意见之整合:校内遴选委员皆经由各行政或教学单位普选产生,因此,遴选委员常常是代表他所服务单位的意见或利益,在后戒严时代的台湾地区各大学校园中,各个单位皆强调其权益的客观环境之下,代表各单位的遴选委员们对于校长遴选之实务及理念之意见常有出入,乃至于产生冲突。因此,委员之意见如何整合成共识,就成为一项重要的工作。二是立场之整合:除了以上所说,由于代表各自服务单位而造成的意见之分歧之外,就后戒严时代台湾地区的大学校园的具体实际情况而言,更重要的则是立场(特别是政治立场)的整合。所谓遴选委员会委员内部立场的分歧至少有以下四类:"统独"立场的分歧;省籍的分歧;党派的分歧;校园内部人文科学与自然科学之间的分歧,而其中以"统独"问题最具有关键性。在校长遴选工作实际展开之过程中,以上所说的"统独"、党派、省籍、学科等四大矛盾常会在不同的阶段发挥不同程度的影响。这关系着校长遴选工作之成败与否,故特别值得遴选委员会加以重视。我认为,不论委员会内部之意见或政治立场有何分歧,整合之根本原则在于"一切回归于教育与学则",只有坚守教育与学术立场,才能超越一切非教育与学术之干扰,而顺利完成遴选工作。

第二,守密问题。这是关系着遴选委员工作伦理的问题,大学校长遴选过程必须绝对严守秘密,在初步阶段应绝对不能使候选人名单曝光,以免对候选人造成不可预测的伤害。而在与候选人面谈过程中的各种对答之具体状况,遴选委员会尤需严守秘密,绝勿对外(尤其是新闻界)转述,以免各种不同立场之政治人士或利益团体趁机介入,使遴选工作复杂化,并对候选人造成难以弥补的伤害。

第三,对候选人的判断问题。大学校长遴选是一个高难度的知人与识人的工作,遴选委员会委员必须对校长候选人进行判断,所谓"知人知面不知心",遴选委员责任之重大可以想见。这种判断分成两个层次:第一个层次是对候选人行政能力的判断。关于这个层次的判断工作,遴选委员会参考候选人过去的工作资历,对他的同事的问卷调查及实务性问题的面谈,大致可以获得初步的了解。较为困难的是第二层次的判断,这个判断涉及对候选人人格与境界的判断。

中国的人文学术传统对于人的观察与判断讨论特多,例如,远在春秋早期中国人就有所谓"威仪"之说,《诗经·大雅·既醉》有"朋友攸摄,摄以威仪"的讲法,《左传·襄公三十一年》更对"威仪"一词作进一步的解释:

> 有威而可畏为之威,有仪而可象为之仪……君子在位可畏,施舍可爱,进退可度,周旋可则,容止可观,做事可法,德行可象,声气可乐,动作有文,言语有声,以临其下,为之有威仪。

以上《诗经》及《左传》的讲法,都在说明一个够格的君子型人物必有特别的气度。校长遴选委员会之工作,就是一种对人的观察与研究的工作,难度极高,也深具挑战性。关于对人物的观察,《孟子·离娄·十六》有很传神的分析:

> 孟子曰:存乎人者莫良于眸子。眸子不能掩其恶,中正则眸子了焉,居中不正则眸子眊焉,听其言也,观其眸子,人焉廋哉。

中国古代的儒家对人的观察有一套细致的理论,儒家大致认为一个足堪大任的领导人必须雍容大度,目光有神,散发着人格美的气质,而人格美可以集中体现在人的眼睛,尤其是眸子之上。

除了人的眼神之外,古代中国人观察一个人,也常常注意听其声音,公元前515年(鲁昭公二十七年),伯石刚出生,叔向之母前往探视:

> 及堂,闻其声而还,曰:"是豺狼之声也。狼子野心。非是,莫丧羊舌氏矣。"遂弗视。(《左传·昭公二十八年》)

古人讲求从人的身体或声音,观察人的品性。这一套观人之术到了魏晋时代更发展成一套人伦鉴识的理论,而以刘劭的《人物志》集其大成。《晋书》卷四十三《王戎传》记载王戎之子王衍:

> 神情明秀,风姿详雅。总角尝造山涛,涛嗟叹良久,既去,目而送之曰:"何物老妪,生宁馨儿!然误天下苍生者,未必非此人也。"

山涛(巨源)竟然能从王戎小时的言谈,预测王戎长大后的表现,诚精于观人之术矣。校长遴选委员会委员的主要工作,就是在于通过与校长候选人的面谈,而将诸多候选人中的璞玉浑金发觉出来,使他们能脱颖而出,为台湾地区高等教育界贡献心力。

五、遴选委员的心理准备

在上节的讨论里,我们以候选人访谈为中心,探讨校长遴选过程的若干实务工作问题。现在,我想就非常实务性的问题——遴选委员参与遴选工作时应具备之心理准备,再加以探讨:(1)遴选委员应以绝对严肃诚敬之心进行遴选工作;(2)遴选委员应深切体认遴选工作有其源自人性之局限性。我们依序论述两点看法。

大学校长遴选是当前台湾地区高等教育界中至为重要而影响深远的一项工作,参与这项工作的遴选委员,首先必须体认这项工作的严肃意义,将个人恩怨或单位利益搁置而不论,完全从"如何选出最理想的校长"这个角度着眼,这样,这项遴选工作才能成功。

关于这项心理准备工作,《六组坛经·自序品》所说"屏息诸缘,勿生一念"以及"应无所住而生其心"这两句话,最能说明这种心理状态。校长遴选委员必须置其身于是非之外,而后可以折是非之中;必须置其身于利害之外,而后可以观利害之变。从过去几年来台湾地区一些大学校长遴选之具体经验来看,导致遴选工作失败的原因,固然各校不尽相同,但是遴选委员之未能摆脱个人之各种羁绊,以至于如北宋苏洵(1009—1066)《辨奸论》中所说"好恶乱其中,而利害夺其外"的状况一再出现,实系遴选工作失败最常见之原因。

遴选委员除应有敬谨之心从事遴选工作之外,还必须对人性的局限性有所体认,如此才不会对遴选工作怀有过高而不切实际的幻想。

我所谓的"人性的局限性"可以从两个角度来说明:就校长候选人而言,校长候选人是一个人,可能在参加遴选时与出任校长之后判若两人。这可能源于权力对人性的扭曲,也可能起于权力使人本来面目获得舒展之机会,更可能是由于当事人的缺乏胆识,所以他的"认知"

无法落实而成为"实践",终于使他与遴选委员会访谈时所说的种种成为空中楼阁,镜花水月,令人浩叹!就遴选委员会而言,诸多遴选委员也是人,人不是孤岛上的鲁滨孙,也不是外太空的不明飞行物体,人是活在具体的社会政治经济脉络中的存在,当他们做抉择时不免受到具体而特殊的时空条件的制约,而终于不能依"理"而行,或因"气强理弱"(朱子之语)而使理为"气"所主宰。如果遴选委员对"人性的局限性"能有较为深刻的了解,那么,在参与遴选工作时就会心平气和,处事通达,而对其他委员及校长候选人也较能怀抱同情的谅解,对人性的不完美性较能曲谅其短,古人说"论人当节取其长,曲谅其短",正是此意。

六、结 论

这篇论文从近年来台湾地区各大学遴选校长的具体经验出发,分析大学校长遴选的理念及其实务问题,我们的看法大致可以归纳为两点结论:

第一,"大学法"第六条以及"大学法施行细则"第四条条文,应考虑修改,删除台湾教育主管部门另组遴选委员会择聘之条文,而由大学之校长遴选委员会完成遴选工作。但是,这项条文修订的前提是:各大学校长遴选委员会之组成,除了本校现在专任教师之外,应包括校友、社会与学界公正人士以及政府代表,而且这三种委员之总数最好占全体委员总数之半数或半数以上。其中校友代表可以经由本校教师或校务代表选出,社会或学界公正人士由台湾有关当局推荐,政府代表由台湾教育主管部门推荐。如此组成之委员会,较能避免各校专任教师代表之本位主义问题,也因为委员较具有多元性而能照顾多角度之视野,较为周延。因为台湾教育主管部门已有代表参与校遴选委员会长达一年之遴选工作,所以,台湾教育主管部门可以不必再另组遴选委员会再行遴选,一则避免重复,浪费人力与时间;二则可以进一步落实"大学自主"。

第二,遴选委员会决定校长最后名单时,最好避免动辄出之以投票方式,而尽量以理性之态度,就候选人之状况作客观之讨论,委员之间最好以理服人,而不是以选票定天下。

　　当然,以上这两项结论性的建议是否能改善台湾地区的大学校长遴选实务,其根本关键仍在于人心之自觉。只要所有的校长候选人及遴选委员,都能心体清明,自作主宰,校长遴选工作就似繁而实简,成功可期。如果人心未能醒悟,则一切的制度设计或法律条文修改,都适足以成为《道德经》所说"大盗窃国"的工具。南宋大儒朱熹(1130—1200)说:"心,主宰之谓也。动静皆主宰,非是静时无所用,及至动时方有主宰也。言主宰,则浑然体统自在其中。心统摄性情,非笼统与性情为一物而不分别也。"① 朱熹这句话值得处于历史转型年代中的台湾地区学界人士深思。

---

① 黎靖德编:《朱子语类》卷五"端蒙录",中华书局1981年版,第94页。

北京大学出版社教育出版中心部分重点图书

一、科学素养文库·科学元典丛书(第一辑20种)

科学元典是科学史和人类文明史上划时代的丰碑,是人类文化的优秀遗产,是历经时间考验的不朽之作。它们不仅是伟大的科学创造的结晶,而且是科学精神、科学思想和科学方法的载体,具有永恒的意义和价值。

天体运行论	[波兰]尼古拉·哥白尼 著
化学哲学新体系	[英]约翰·道尔顿 著
自然哲学之数学原理	[英]伊萨克·牛顿 著
化学基础论	[法]安托万-洛朗·拉瓦锡 著
几何	[法]勒内·笛卡儿 著
心血运动论	[英]威廉·哈维 著
热的解析理论	[法]约瑟夫·傅立叶 著
怀疑的化学家	[英]罗伯特·波义耳 著
光论	[荷兰]克里斯蒂安·惠更斯 著
关于托勒密和哥白尼两大世界体系的对话	[意大利]伽利略 著
基因论	[美]摩尔根 著
海陆的起源	[德]魏格纳 著
狭义与广义相对论浅说	[美]爱因斯坦 著
关于波动力学的四次演讲	[奥地利]薛定谔 著
控制论	[美]维纳 著
物种起源	[英]达尔文 著
进化论与伦理学	[英]赫胥黎 著
人类在自然界的位置	[英]赫胥黎 著
光学	[英]伊萨克·牛顿 著
从存在到演化	[比利时]普里戈金 著

二、北大高等教育文库·学习之道丛书

如何向学术刊物投稿	Rowena Murray
社会科学研究的基本规则	Judith Bell
如何查找文献	Sally Rumsey
研究资讯的管理	Elizabeth Orna
社会研究入门	Martyn Denscombe
学术研究的十个关键	Martyn Denscombe
学术道德学生读本	Paul Oliver

阅读、写作与推理	Gavin Fairbairn
如何成为大学尖子生	Phil Race
怎样撰写科学计划	Andrew Friedlandl

三、北大高等教育文库·教学之道丛书

如何成为顶尖的大学教师	Ken Bain
对大学新教员的忠告	Nihil Nimus
理解教与学——高等教育中的经验	Prosser and Trigwell
做一个有创新能力的大学教师	John Cowan
如何指导博士生	Sara Delamont
以学术为业	John Darley

四、北大高等教育文库·大学之思丛书（刘东主编）

大学之用（第五版）	Clark Kerr
废墟中的大学	Bill Readings
莎士比亚、爱因斯坦与盈亏——大学的市场化	David Kirp

五、北大高等教育文库·大学之道丛书（第二辑）

德国古典大学观及其对中国的影响	陈洪捷 著
探索无尽的前沿——MIT与研究型大学的作用	Charles Vest
大学校长遴选 理念与实务	黄俊杰 主编
东京大学的没落	胡建华 著
大国之梦——彼得堡大学的崛起	崔启明 著
转变中的大学——传统、议题与前景	郭为藩 著
大学教育与人文精神	龚鹏程 著
高等教育的理想	Ronald Barnet
美国大学之魂——清教建制的世俗消解	George Marsden
大学理念之再考察——与纽曼对话	Jaroslav Pelikan

六、生命之旅丛书

死亡的尊严与生命的尊严	傅伟勋 著
西方死亡哲学	段德智 著
中国死亡哲学	段德智 著
死亡与美	陆扬 著
人心与人生——广义心灵哲学论纲	高新民 著

七、北大高等教育文库·大学之道丛书（第一批书目）

丛书立足于从广阔的视野、全球的角度并以全新的理念来深入探讨大学的建设、发展中的一系列根本性问题，以探寻什么是真正的"大学之道"，为中国的大学改革提供一个思考和行动的参照点。

| 大学的逻辑（增订版） | 张维迎 著 |

高等教育市场化	戴晓霞等 主编
东西象牙塔	孔宪铎 著
我的科大十年（增订版）	孔宪铎 著
什么是世界一流大学？	丁学良 著
21世纪的大学	[美]詹姆斯·杜德斯达 著
公司文化中的大学	[美]埃里克·古尔德 著
大学之思	杨东平 编
高等教育有限公司——营利性大学的兴起	[美]Richard Ruch 著
美国公立大学的未来	[美]詹姆斯·杜德斯达等 著
学术资本主义——政治、政策与企业化大学	[美]Sheila Slaughter 等 著

八、北大高等教育文库·中国高等教育史丛书（第一批书目）

抗日战争时期解放区高等教育	曲士培 著
中国大学教育发展史	曲士培 著
国立西南联合大学校史	西南联合大学北京校友会 编
燕园杂忆	迟惠生 编著
建设应用型大学之路	孔繁敏等 编著

九、北大高等教育文库·中国高等教育史丛书（第二批书目）

张伯苓的大学理念	梁吉生 编
整顿北京大学的经过	蔡元培 著
蔡元培与北大校务革新	吴家莹 著

十、北大高等教育文库·高教论丛

中国大学外部经济关系研究	王卓君等 著
高等教育改革中的法律问题研究	
法治理想与精英教育：中外法学教育制度比较研究	
法学教育价值研究：兼论我国法学教育改革的走向	
文理基础学科人才的培养	王义遒 主编

十一、中国教育史哲丛书（第一批书目）

中国教育周期论	姜国钧 著
中国新教育的萌芽与成长（1860—1928）	苏云峰 著

十二、后现代交锋丛书

后现代思潮与当代西方各种社会文化现象对接，引发了文化的交锋。本丛书集中展示了西方学术大师对当代文化问题的认识、挑战和探索，观点新锐，阐述精当。在全球化进程不断加速的今天，丛书所论述的问题也逐渐成为热点。本丛书的引进出版，将会带来清新的空气、别样的感受。

第一批书目　　　　　　　　　　　　　　**第二批书目**
鲍德里亚与千禧年　　　　　　　　　　　　乔姆斯基与全球化

达尔文与基要主义　　　　　　　　道金斯与自私基因
德里达与历史的终结　　　　　　　海德格尔、哈贝马斯与手机
福柯与酷儿理论　　　　　　　　　柏拉图与因特网
海德格尔与纳粹　　　　　　　　　后现代主义与否认大屠杀
麦克卢汉与虚拟实在　　　　　　　利奥塔尔与非人
尼采与后现代主义
维特根斯坦与心理分析
库恩与科学战
哈拉维与基因改良食品
弗洛伊德与虚假记忆综合症
拉康与后女性主义
爱因斯坦与大科学的诞生
霍金与上帝的心智

十三、科学素养文库·科学、技术与社会系列
科学与中国（院士专家巡讲报告集·第一卷）
科学与中国（院士专家巡讲报告集·第二卷）
科学与中国（院士专家巡讲报告集·第三卷）
科学与中国（院士专家巡讲报告集·第四卷）
科学与中国（院士专家巡讲报告集·第五卷）

十四、古典教育与通识教育丛书
苏格拉底之道　　　　　　　　　　　　罗纳德·格罗斯　著
哈佛通识教育红皮书　　　　　　　　　哈佛大学通识教育委员会　编
全球化时代的大学通识教育　　　　　　黄俊杰　编
美国大学的通识教育——美国心灵的攀登　黄坤锦　著
文艺复兴时期的人文教育　　　　　　　Craig W. Callendorf　编

十五、家庭教育丛书
成为优秀父母的十大法则　　　　　　　劳伦斯·斯坦伯格　著
帮助孩子度过青春期　　　　　　　　　希拉·戴恩　著
好孩子 坏孩子——亲子关系成功技巧（第二版）　卫亚莉　著
好父母 坏父母——亲子关系沟通技巧（第二版）　卫亚莉　著

十六、其他图书
科学人文高级读本（插图版）　　　　　任定成　主编
人的性与性的人·大学性学读本（图文版）　彭晓辉、阮芳赋　主编
北大清华名师演讲录　　　　　　　　　李学勤等　著
大学何为　　　　　　　　　　　　　　陈平原　著
中国教育公平的理想与现实　　　　　　杨东平　著
中国教育与人力资源发展报告 2005—2006　闵维方　主编